U0738322

普通高校奥运特色项目系列教材

羽毛球

◎主　　编　郑其适　陈　浩　陈坚坚
◎ 副 主 编　潘四凤　楼恒阳　种新晓
◎参编人员（以姓氏笔画为序）
王立宁　王梓宇　卢文杰　叶先才
杜文娅　杨维山　陈　浩　陈坚坚
郑其适　赵　峰　种新晓　展恩燕
楼恒阳　潘四凤

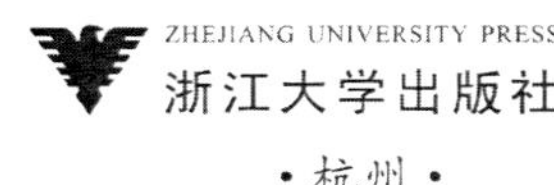

·杭州·

图书在版编目(CIP)数据

羽毛球 / 郑其适，陈浩，陈坚坚主编. —杭州：浙江大学出版社，2017.3(2025.7 重印)

ISBN 978-7-308-16250-0

Ⅰ.①羽… Ⅱ.①郑… ②陈… ③陈… Ⅲ.①羽毛球运动—高等学校—教材 Ⅳ.①G847

中国版本图书馆 CIP 数据核字（2016）第 233143 号

羽毛球

郑其适　陈　浩　陈坚坚　主编

丛书策划　葛　娟

责任编辑　葛　娟

责任校对　杨利军　丁佳雯

封面设计　周　灵

出版发行　浙江大学出版社

（杭州市天目山路 148 号　邮政编码 310007）

（网址：http://www.zjupress.com）

排　　版　杭州青翊图文设计有限公司

印　　刷　浙江新华数码印务有限公司

开　　本　787mm×960mm　1/16

印　　张　16.5

字　　数　342 千

版 印 次　2017 年 3 月第 1 版　2025 年 7 月第 4 次印刷

书　　号　ISBN 978-7-308-16250-0

定　　价　42.00 元

普通高校奥运项目系列教材
学术顾问委员会

普通高校奥运项目系列教材
编委会成员

（以姓氏笔画为序）

序
PREFACE

高等学校体育是整个国民体育的重要基础，是我国体育工作的重点内容。21世纪高等教育强调"健康第一"、学生全面发展，把教育改革提高到一个新的高度。2010年《国家中长期教育改革和发展规划纲要》指出今后十年我国教育改革发展要贯彻优先发展、育人为本、改革创新、促进公平、提高质量的方针。随着社会发展和人的需求的变化，高校的社会功能被不断深化，体育的育人功能日益突显，目前"办特色学校，创教育品牌"已成为我国众多教育工作者的共识。时代在变，学生的兴趣爱好也在变，丰富高校体育课程资源，开拓学生喜闻乐见的体育项目是高校体育教育工作者的重要工作。

浙江大学根据公共体育教学精品化的发展目标，"关注教育质量的提升，着眼教育内涵的发展"。学校对学生的培养目标是轻竞技，重参与，以大众参与为手段，丰富体育课程资源，满足体育锻炼需要，促进锻炼习惯养成。因而，公共体育教育中心在开设课程的形式方面也作了较大幅度的改革，进行分层次教学，注重知识、技术、技能的层次特点，为学生从事终身体育打下坚实基础。浙江大学公共体育教育以奥运与非奥运项目为主体，以传承与创新为根本，形成内容丰富多彩、形式活泼多样、学生积极参与的校园体育文化氛围。

这套奥运项目专项系列丛书包括《篮球》《排球、气排球与沙排》《足球》《乒乓球》《羽毛球》《网球》《游泳》《跆拳道》《高尔夫球》《健身运动》等，教材面向普通本科生、研究生，结合健康教育理念，摆脱传统平铺直叙的编写模式，形成师生互动关系，增加启发性和趣味性，培养和调动学生主动学习的兴趣和积极性。本系列教材既可作为学生体育课教学使用教材，也可作为学生课外自行锻炼的参考书。

浙江大学副校长

目 录

CONTENTS

第一章　体育与健康

本章导读

首先介绍体育和健康的概念，接着讲述两者的关系，在此基础上进一步阐述高校的体育目标。

第一节　健康概述

一、健康的概念

古老的健康概念，常以是否有病作为分界线：有病为不健康，无病则为健康。而现代对健康的科学定义是指机体与自然环境和社会环境的动态平衡，在关注身体健康的同时，亦重视心理健康，并强调两者的和谐与统一。就身体健康与心理健康的关系来讲，身体健康是心理健康的基础，而心理健康又是身体健康的必要条件，没有心理健康，就没有身体健康的保证。生理活动和心理活动是相互联系、相互影响的。心理活动对人体各器官、系统的活动起重要作用，与人们的正常生活、发病原因、症状和康复密切相关，健康的心理可以维持和增进人的正常情绪、维护人的正常生理，以适应外来的各种刺激。可以说：健康的心理，既有防病、抗病的能力，又给治疗和康复以巨大的影响，只有身心健康的人，才是完美的健康人。

1948 年世界卫生组织（World Health Organization，WHO）在其宪章中定义健康："健康不仅仅是没有疾病和衰弱状态，而是一种在身体上、精神上和社会上的完好状态。"

1978 年 9 月国际初级卫生保健大会所发表的《阿拉木图宣言》中，对健康的描述又重申："健康不仅是疾病与体弱的匿迹，而且是身心健康、社会幸福的完美状态。"

1989 年世界卫生组织又提出"身体健康、心理健康、道德健康、社会适应良好"四方面

的健康标准。

二、健康评价

根据健康的概念要定出一个普遍适用的健康指标是比较困难的。因为人的年龄阶段、性别、地域、民族都各不相同，一般说来，人的健康指标也只能起参考作用。

(一)健康的状况，由身体的健康、精神的健康和社会的健康三方面因素构成

1. 身体的健康

➢ 没有病，无需治疗。

➢ 身体的发育正常。

➢ 有良好的食欲，夜间睡眠好。

➢ 体态脸色好，有精神。

➢ 能很好地进行日常活动，消除疲劳快。

2. 精神的健康

➢ 能与家庭成员、朋友、伙伴们协力合作。

➢ 理解人生的意义，对生活充满希望。

➢ 有正确的判断能力。

3. 社会的健康

➢ 具有良好的衣、食、住条件。

➢ 社会和平，没有社会犯罪行为发生。

➢ 死亡率低，大家都能长寿。

(二)世界卫生组织提出的健康标志

(1)精力充沛，能从容不迫地应付日常生活和工作的压力，而不感到紧张。

(2)处事乐观，态度积极，乐于承担任务，不挑剔。

(3)善于休息，睡眠良好。

(4)应变能力强，能适应各种环境变化。

(5)对一般感冒和传染病有一定的抵抗力。

(6)体重适当，体态均匀，身体各部位比例协调。

(7)眼睛明亮，反应敏锐，眼睑不发炎。

(8)牙齿洁白、无缺损、无疼痛感，牙龈正常，无蛀牙。

(9)头发光洁，无头屑。

(10)肌肤有光泽、有弹性，走路轻松，有活力。

(三)针对心理健康，世界卫生组织给出的十大标志

(1)有充分的安全感。

(2)充分了解自己，对自己的能力做出恰如其分的判断。

(3)与外界环境保持接触。

(4)生活目标切合实际。

(5)保持个性完整与和谐。

(6)具有一定的学习能力。

(7)保持良好的人际关系。

(8)能适当表达和控制自己的情绪。

(9)有限度地发挥自己的才能与兴趣爱好。

(10)在不违背社会道德规范的情况下,个人的基本需要得到一定程度的满足。

(四)我国的一些保健专家结合日常生活经验,提出了较为通俗的“五快”、“三良好”的健康标准

1.“五快”

➢ 吃得快。进餐时,有良好的食欲,不挑剔食物,并能很快吃完一顿饭。

➢ 便得快。一旦有便意,能很快排泄完大小便,而且感觉良好。

➢ 睡得快。有睡意,上床后能很快入睡,且睡得好,醒后头脑清醒,精神饱满。

➢ 说得快。思维敏捷,口齿伶俐。

➢ 走得快。行走自如,步履轻盈。

2.“三良好”

➢ 良好的个性人格。情绪稳定,性格温和;意志坚强,感情丰富;胸怀坦荡,豁达乐观。

➢ 良好的处世能力。观察问题客观、现实,具有较好的自控能力,能适应复杂的社会环境。

➢ 良好的人际关系。助人为乐,与人为善,对人际关系充满热情。

三、影响健康的因素

一个人的健康水平受先天的遗传因素和后天各种因素相互交叉、相互渗透的影响。

(一)生物学因素

生物遗传因素是指人类在长期生物进化过程中所形成的遗传、成熟、老化及机体内部的复合因素。生物遗传因素直接影响人类健康,它对人类诸多疾病的发生、发展及分布具有决定性影响。人类在建造自身的时候,染色体除决定人的性别外,还要在胚胎发育时摄取环境中的许多物质,造成和亲代相似的多种特征,如体态、体质,甚至影响人们的性格、智力、功能等方面,还携带有许多隐性的或显性的疾病。如色盲、聋哑等遗传缺陷是常能见到的。

(二)环境因素

环境因素是指围绕着人类空间及其直接或间接地影响人类生活的各种自然因素和社会因素之总和。因此,人类环境包括自然环境和社会环境。

1. 自然环境

自然环境又称物质环境，是指围绕人类周围的客观物质世界，如水、空气、土壤及其他生物等。自然环境是人类生存的必要条件。在自然环境中，影响人类健康的因素主要有生物因素、物理因素和化学因素。

自然环境中的生物因素包括动物、植物及微生物。一些动物、植物及微生物为人类的生存提供了必要的保证，但另一些动物、植物及微生物却通过直接或间接的方式影响甚至危害人类的健康。

自然环境中的物理因素包括气流、气温、气压、噪声、电离辐射、电磁辐射等。在自然状况下，物理因素一般对人类无危害，但当某些物理因素的强度、剂量及作用于人体的时间超出一定限度时，就会对人类健康造成危害。

自然环境中的化学因素包括天然的无机化学物质、人工合成的化学物质及动物和微生物体内的化学元素。一些化学元素是保证人类正常活动和健康的必要元素；一些化学元素及化学物质在正常接触和使用情况下对人体无害，但当它们的浓度、剂量及与人体接触的时间超出一定限度时，将对人体产生严重的危害。

保持自然环境与人类的和谐，对维护、促进健康有着十分重要的意义。若破坏了人与自然的和谐，人类社会就会遭到大自然的报复。

2. 社会环境

社会环境又称非物质环境，是指人类在生产、生活和社会交往活动中相互间形成的生产关系、阶级关系和社会关系等。在社会环境中，有诸多的因素与人类健康有关，如社会制度、经济状况、人口状况、文化教育水平等，但对人类健康影响最大的两个因素是行为和生活方式。

行为是人类在其主观因素影响下产生的外部活动，而生活方式是指人们在长期的民族习俗、规范和家庭影响下所形成的一系列生活意识及习惯。随着社会的发展、人们健康观的转变以及人类疾病谱的改变，人类行为和生活方式对健康的影响越来越引起人们的重视。合理、卫生的行为和生活方式将促进、维护人类的健康，而不良的行为和生活方式将严重威胁人类的健康。特别是在我国，不良的行为和生活方式对人民健康的影响日益严重，吸烟、酗酒、赌博、滥用药物等不良行为和生活方式导致一系列身心疾病日益增多。

（三）医疗卫生服务

医疗卫生服务是指促进及维护人类健康的各类医疗、卫生活动。它既包括医疗机构所提供的诊断、治疗服务，也包括卫生保健机构提供的各种预防保健服务。一个国家医疗卫生服务资源的拥有、分布及利用将对其人民的健康状况起重要的作用。

上述三个影响健康的因素中，环境因素起重要作用，其次为医疗卫生服务，遗传因素虽影响较小，但一旦出现遗传病，则不可逆转。这三个因素彼此又有相互依存关系。

第二节　体育锻炼与健康

“体育”有广义和狭义两种含义：狭义的体育一般指体育教育；广义的体育则与通常所说的“体育运动”相同，其含义是指以人体运动为基本手段增进健康、提高生活质量的教育过程与文化活动。而健康不仅是指没有疾病和身体不虚弱，而且还指保持身体上、精神上和社会适应方面的良好状态。体育与健康的关系是手段与目的的关系，即健康以体育为手段，体育以健康为目的。

锻炼是增进健康、增强体质最有效的方法，并且能够起到防治疾病的作用。坚持科学的体育锻炼能达到“健身、健心、健美”的效果。

体育锻炼对健康的影响具有双向效应，运动过量或运动缺乏都无益于健康，只有适量的锻炼才会有益于健康。适量运动是指根据运动者的个人身体状况、场地、器材和气候条件，选择适合的运动项目，使运动负荷不超过人体的承受能力。运动过程中的运动强度、持续时间和运动频率适宜，运动时的心率范围控制在120～150次/分；机体无不良反应，运动后略觉疲劳，恢复速度快；情绪和食欲良好，睡眠质量高，醒后感觉精力充沛。过度运动是发生于体育运动中的一种运动性疾病，其发生发展过程既有运动方面的因素也有运动恢复、营养、心理及其他方面的因素，往往是多种因素综合作用的结果。

过度运动包含两方面的含义：一是运动负荷超过人体的承受能力；二是当身体的某些功能发生改变时，恢复手段无效、营养不良、情绪突变、思想波动等，使正常的负荷变成超量负荷。运动缺乏是慢性非传染疾病（指一组与生活方式密切相关的慢性病，如高血压、冠心病、高脂血症、肥胖、糖尿病等）的一级危险因素。运动缺乏的含义包括久坐习惯、机体缺乏运动应激刺激、不运动或很少运动。如果每周运动不足3次，每次运动时间不足10分钟，运动强度偏低，运动时心率低于110次/分，则为运动缺乏。运动缺乏将对人体健康产生不利的影响。

一、体育锻炼可使人体健康发展

世界卫生组织发表报告，指出适量规律的体育锻炼至少有以下好处：

(1)减少过早死亡。

(2)减少心脑血管病的死亡（全世界1/3的死亡是由心脑血管病引起的）。

(3)减少心脏病和直肠癌发病危险性50%。

(4)减少Ⅱ型糖尿病发病危险性50%。

(5)帮助预防和减少高血压病（世界1/5的人口受该病的影响）。

(6)帮助预防和减少骨质疏松症的发生，可减少妇女骨质疏松症的发病率50%。

(7)减少背下部疼痛发生的危险。

(8)促进心理健康,减少抑郁症、强迫症和孤独感的发生。

(9)帮助预防和控制不良习惯,特别是对儿童和年轻人,可帮助他们远离烟草、酒精、药物滥用以及不健康的饮食习惯和暴力。

(10)帮助控制体重,与久坐少动的人相比,可减少肥胖发生率50%。

(11)帮助强健筋骨、肌肉和关节,使有慢性疾患及残疾的人改善他们的耐久力。

(12)帮助减轻疼痛,如背部疼痛和膝关节疼痛。

二、体育锻炼可促使人的心理健康发展

(1)体育运动能改善情绪。心情郁闷时去运动一下能有效宣泄坏心情。尤其遭受挫折后产生的负面情绪将被转移或缓解。

(2)体育运动能培养人的意志。参加体育运动有助于培养人勇敢顽强、坚持不懈的作风,团结友爱的集体主义精神与机智灵活、沉着果断的品质,还有使人保持积极向上的心态。

(3)体育运动能使人际关系和谐。由于体育运动的集体性和公开性,在体育运动中的人际交往,能促进良好人际关系的发展,融洽关系,团结协作。

(4)体育运动使人正确认识自我。人在运动中对自己身体的满意可以增强自信,提高自尊。

(5)体育运动促进行为协调,反应适度。体育运动大多在规则的规范要求下进行,每位运动员都会受到规则约束,因此体育运动对培养人良好的行为规范有着重要和积极的作用。

(6)体育运动能培养合作与竞争意识。合作与竞争是现代社会对人才的要求。

三、体育锻炼可提高人适应社会的能力

1.提高人体适应环境的能力

有体育锻炼基础的人对外界环境适应能力强的基本原因有两点:一是长期进行体育锻炼,增进了健康,强壮了体格,身体的各个组织系统在中枢神经支配下,承受外界刺激和协调各组织系统的能力得到增强;二是体育锻炼往往是在各种外界环境和条件下进行的,因而使机体得到锻炼,适应能力不断提高。

2.促进社会交往和增进友谊

体育锻炼是一种社会活动,人们在体育运动过程中,不仅能够锻炼身体,而且在各种锻炼活动中可以促进社会交往和增进友谊。

第三节　营养与健康

一、营养的基本知识

营养是指人体从外界摄取适当有益物质以谋求养生的行为，是人体摄取和利用食物的综合过程，是对食物中养料的摄入、消化、吸收和排泄等的全过程。营养应理解为滋养或被滋养的行为，其含义为谋求养生。

人体组织的构造和增长，离不开基本的营养素，人体活动的能量也均来源于各种营养素，均衡的营养是理想健康的重要因素，营养良好与否直接关系到身体的健康。

营养素(nutrient)是指食物中可给人体提供能量、机体构成成分和组织修复以及生理调节功能的化学成分。凡是能维持人体健康以及提供生长、发育和劳动所需要的各种物质称为营养素。

目前所知，人体需要的营养素共有 45 种，可分成六大类：蛋白质、脂肪、碳水化合物(包括膳食纤维)、矿物质(包括常量元素和微量元素)、维生素和水。

1. 蛋白质——生命的物质基础：蛋白质是维持生命不可缺少的物质。人体组织、器官由细胞构成，细胞结构的主要成分为蛋白质。机体的生长、组织的修复、各种酶和激素对体内生化反应的调节、抵御疾病的抗体的组成、维持渗透压、传递遗传信息，无一不是蛋白质在起作用。婴幼儿生长迅速，其蛋白质需要量高于成人，平均每天每千克体重需要2 克以上。肉、蛋、奶、豆类含丰富优质的蛋白质，是每日必须提供的。

注意：

➢ 搭配的原则，如动、植物食品的搭配。多品种食物的搭配。

➢ 不过量提供的原则。婴幼儿期蛋白质热量占总热量 12％～14％为宜，过多会影响蛋白质正常功能的发挥，造成蛋白质消耗，影响体内氮平衡。

➢ 不过少提供的原则。蛋白质提供过少明显影响生长发育的速度，生化反应减缓，抗病能力下降，甚至导致营养不良。结果不仅仅造成生长落后，还会因影响脑细胞发育，造成智力落后。

2. 脂肪——细胞膜的成分和能量储备：脂肪是储存和供给能量的主要营养素。每克脂肪所提供的热能为同等重量碳水化合物或蛋白质的 2 倍。机体细胞膜、神经组织、激素的构成均离不开它。脂肪还起保暖隔热，支持保护内脏、关节、各种组织，促进脂溶性维生素吸收的作用。婴儿每天每千克体重需要 4 克脂肪，动物和植物来源的脂肪均为人体之必需，应搭配提供。每日脂肪供热应占总热卡的 20％～25％。

脂类是指一类在化学组成和结构上有很大差异，但都有一个共同特性，即不溶于水而易溶于乙醚、氯仿等非极性溶剂中的物质。通常脂类可按不同组成分为五类，即单纯脂、复合脂、萜类和类固醇及其衍生物、衍生脂类及结合脂类。

脂类物质具有重要的生物功能，脂肪是生物体的能量提供者。脂类也是组成生物体的重要成分，如磷脂是构成生物膜的重要组分，油脂是机体代谢所需燃料的贮存和运输形式。脂类物质也可为动物机体提供溶解于其中的必需脂肪酸和脂溶性维生素。某些萜类及类固醇类物质如维生素 A、D、E、K，胆酸及固醇类激素具有营养、代谢及调节功能。有机体表面的脂类物质有防止机械损伤与防止热量散发等保护作用。脂类作为细胞的表面物质，与细胞识别、种特异性和组织免疫等有密切关系。

3. 碳水化合物——生命的燃料：碳水化合物是为生命活动提供能源的主要营养素，它广泛存在于米、面、薯类、豆类等各种食物中。这类食物每日提供的热卡应占总热卡的60%～65%。任何碳水化合物到体内经生化反应最终均分解为糖，因此亦称之为糖类。除供能外，它还促进其他营养素的代谢，与蛋白质、脂肪结合成糖蛋白、糖脂，组成抗体、酶、激素、细胞膜、神经组织、核糖核酸等具有重要功能的物质。这类食物的重要性不言而喻，但也需提醒家长不要过早过多地加米粉或过多给孩子食物中加糖，这会导致肥胖，给孩子日后的健康埋下祸根。

纤维素是不被消化的碳水化合物，但其作用不可忽视。纤维素分水溶性和非水溶性两类。非水溶性纤维素不被人体消化吸收，只停留在肠道内，可刺激消化液的产生和促进肠道蠕动，吸收水分利于排便，对肠道菌群的建立也起有利的作用；水溶性纤维素可以进入血液循环，降低血浆胆固醇水平，改善血糖生成反应，影响营养素的吸收速度和部位。水果、蔬菜、谷类、豆类均含较多纤维素。

膳食纤维：膳食纤维的定义有两种：一是从生理学角度将膳食纤维定义为哺乳动物消化系统内未被消化的植物细胞的残存物，包括纤维素、半纤维素、果胶、抗性淀粉和木质素等；另外一种是从化学角度讲膳食纤维为植物的非淀粉多糖加木质素。

膳食纤维可分为可溶性膳食纤维和非可溶性膳食纤维。前者包括部分半纤维素、果胶和树胶等，后者包括纤维素、木质素等。其中苹果胶原作为一种天然大分子水溶性膳食纤维，具有强力吸附、排除人体“辐射物（正电荷物质）”的作用，是人体必需的营养平衡素。它具有独特的分子结构、不能被人体直接消化的生理特性，可以将自然吸附的“毒素”、“负营养”、“重金属”、“自由基”等人体内难以自我代谢的有害物质排出体外，从而达到营养平衡。经常食用苹果胶原可以预防和抑制心血管疾病、肠胃疾病、呼吸道疾病、代谢性疾病和肿瘤等人体的多种疾病。

4. 矿物质——生命的使者：矿物质是人体主要组成物质，碳、氢、氧、氮约占人体重总量的96%，钙、磷、钾、钠、氯、镁、硫占3.95%，其他微量元素共41种，常被人们提到的有铁、锌、铜、硒、碘等。每种元素均有其重要的、独特的、不可替代的作用，各元素间又有密切相关的联系，矿物质虽不供能，但有重要的生理功能：

➢ 构成骨骼的主要成分。

➢ 维持神经、肌肉正常生理功能。

➢ 组成酶的成分。

➢ 维持渗透压，保持酸碱平衡。

➢ 矿物质缺乏与疾病相关，比如说缺钙与佝偻病；缺铁与贫血；缺锌与生长发育缓慢；缺碘与生长迟缓、智力落后等，均应引起足够的重视。

5.维生素——生命的火花：维生素对维持人体生长发育和生理功能起重要作用，可促进酶的活力或为辅酶之一。维生素可分两类：一类为脂溶类维生素包括维生素A、D、E、K，它们可在体内储存，不需每日提供，但过量会引起中毒；另一类为水溶性维生素包括维生素B族、维生素C等，这一类占大多数，它们不在体内储存，须每日从食物提供，由于代谢快不易中毒。维生素A、D、B、C、E、K，叶酸……各司其职，缺一不可，并能对人体对抗物质的吸收起到一定的作用。

二、维持生命过程的营养素

1.营养素来源

科学家研究发现，同类蔬菜由于颜色不同，营养价值也不同。紫茄子含有丰富的维生素P，它能增加微血管壁的抗压能力，改善血管功能，对高血压、皮肤紫癜和易发生出血倾向的患者，大有裨益。

黄色胡萝卜比红色胡萝卜营养价值高，其中除含大量胡萝卜素外，还含有有强大抑癌作用的黄碱素，有预防癌症的功用。

科学家还发现，同一株菜的不同部位，由于颜色不同，其营养价值也不同。大葱的葱绿部分比葱白部分营养价值要高得多，每100克葱白含维生素B_1及维生素C的含量不及葱绿部分的一半。颜色较绿的芹菜叶比颜色较浅的芹菜叶和茎含的胡萝卜素多6倍，维生素D多4倍。

另外，由于每种蔬菜所含营养素种类和数量各异，而人体的营养需要又是多方面的。所以，在选用蔬菜时除了要注意蔬菜的颜色深浅外，还应考虑多种蔬菜搭配及蔬菜和肉食混吃。

2.含蛋白质较多的食物

动物性食物中以蛋类（鸡、鸭、鹅、鹌鹑蛋）、瘦肉（猪、羊、牛、家禽肉等）、乳类（母乳，羊、牛乳）、鱼类（淡水、海水鱼）、虾（淡水、海水虾）等蛋白质含量丰富。植物性食物中以黄豆、蚕豆、花生、核桃、瓜子蛋白质含量较多，米、麦中也有少量的蛋白质。

3.含脂肪较多的食物

动物油，如猪油、鱼肝油（图1-1）；植物油，如菜油、花生油、豆油、芝麻油。最佳植物油是橄榄油。肉类、蛋、黄豆等也含有脂肪。

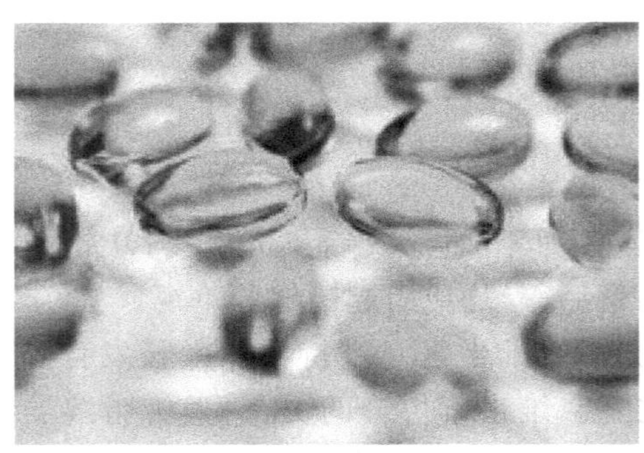

图 1-1　鱼肝油

4. 含碳水化合物较多的食物

谷类，如米、面、玉米；淀粉类如山芋、土豆、芋头、绿豆、豌豆；糖类如葡萄糖、果糖、蔗糖、麦芽糖；还有水果、蔬菜。

5. 含矿物质较多的食物

含钙较多的食物：豆类、奶类、蛋黄、骨头、深绿色蔬菜、米糠、麦麸、花生、海带、紫菜等。

含磷较多的食物：粗粮、黄豆、蚕豆、花生、土豆、坚果类、肉、蛋、鱼、虾、奶类、肝脏等。

含铁较多的食物：以肝脏中含铁最丰富，其次为血、心、肝、肾、木耳、瘦肉、蛋、绿叶菜、小白菜、雪里蕻、芝麻、豆类、海带、紫菜、杏、桃、李等。谷类中也含有一定量的铁质。

含锌较多的食物：海带、奶类、蛋类、牡蛎、大豆、茄子、扁豆等。

含碘较多的食物：海带、紫菜等。

含硒较多的食物：海产品、肝、肾、肉、大米等。

6. 含维生素较多的食物

含丰富维生素 A 的食物：鱼肝油、牛奶、蛋黄、蔬菜（苜蓿、胡萝卜、西红柿、南瓜、山芋等）、水果（杏、李子、樱桃、山楂等）。蔬菜及水果中所含的胡萝卜素，即维生素 A 的前身。

含维生素 B_1 较多的食物：谷类、麦麸、糠皮、豆类、肝类、肉类、蛋类、乳类、水果、蔬菜等。

含维生素 B_2 较多的食物：肝、肾、蛋黄、酵母、牛奶、各种叶菜（菠菜、雪里蕻、芹菜等）。

含维生素 C 较多的食物：新鲜蔬菜、水果和豆芽等。

含维生素 D 较多的食物：鱼肝油、蛋黄、牛奶及菌类、干菜。

含叶酸较多的食物：酵母、肝及绿叶蔬菜。

三、食物与营养素的关系

食物中某种营养素的含量高，不一定其营养价值就高，要看它的整体营养素组成及其比例才能确定其营养价值高低。尽管如此，我们了解一下各种营养素含量较高的食物，对我们还是很有益的，有助于各种食物的合理搭配和重点补充某种特定的营养元素。

动物性食物的蛋白质含量都较高，一般在20%左右。植物性食物中，蛋白质含量最高的要数大豆，每百克含36克。

脂肪含量最高的动物性食物是猪肉，含60%左右；植物性食物是各种油料作物，其中又以芝麻含油最多，达61%。

糖类含量最高的是各种谷物，其中又以稻米为最高，达77%。动物性食物中含糖类最多的是羊肝，达4%。

维生素 B_1 含量最高的食物是花生仁和豌豆，每百克分别含1.07毫克和1.02毫克。

维生素 B_2 含量最高的是羊肝、猪肝和紫菜，每百克分别含3.57毫克、2.11毫克和2.07毫克。

烟酸含量最高的食物是羊肝和牛肝，每百克分别含18.9毫克和16.2毫克。

维生素C含量最高的食物是鲜枣和辣椒，每百克分别含540毫克和185毫克。

维生素A含量最高的食物是各种动物肝脏和鸡蛋黄，如每百克鸡肝含50900国际单位，羊肝含29900国际单位，鸡蛋黄3500国际单位。

维生素D含量最高的食物是鱼肝油，每百克含8500国际单位。

维生素E含量最高的是麦胚芽油，每百克达149毫克。

虾皮是含钙元素最多的食物，每百克含991毫克。

虾皮和全脂牛奶粉是含磷元素最多的食物，每百克分别含有1805毫克和883毫克。

黑木耳和海带是含铁元素最多的食物，每百克分别含185毫克和150毫克。此外，猪肝、牛肾和羊肾中含铁量也是很高的。

海带是含碘最多的食物，每百克含2400毫克。

生蚝和海蛎是含锌最多的食物，每百克含量达到71毫克和47毫克。

四、缺乏营养素的各种症状

缺不缺营养，这是很多人关心却不容易判断的问题。其实，身体会有意无意向我们发出种种营养缺乏的信号，提醒我们迅速找出应对之策。

1.头发干燥、变细、易断、脱发

可能缺乏的营养：蛋白质、能量、必需脂肪酸、微量元素锌。

营养对策：每日保证主食的摄入，以最为经济的手段为机体提供足够的能量。每日保证150克瘦肉、1个鸡蛋、250毫升牛奶，以补充优质蛋白质，同时可增加必需脂肪酸摄入。每周摄入2～3次海鱼，并可多吃些牡蛎，以增加微量元素锌。

2.夜晚视力降低

可能缺乏的营养：维生素A。如果不及时纠正，可能进一步发展为夜盲症，并出现角

膜干燥、溃疡等。

营养对策：增加胡萝卜和猪肝等食物的摄入。两者分别以植物和动物的形式提供维生素 A，后者吸收效率更高。应注意的是，维生素 A 是溶解于油脂而不溶解于水的维生素，因此用植物油烹炒胡萝卜比生吃胡萝卜吸收维生素 A 的效果更好。

3. 舌炎、舌裂、舌水肿

可能缺乏的营养：维生素 B 族。

营养对策：洗米、蒸饭等可造成维生素 B 族的大量丢失。长期食用精细米面、吃素食，同时又没有其他的补充，很容易造成维生素 B 族的缺失。为此，应做到主食粗细搭配、荤素搭配。如果有吃素的习惯，每日应补充一定量的复合维生素 B 族药物制剂。

4. 牙龈出血

可能缺乏的营养：维生素 C。

营养对策：维生素 C 是最容易缺乏的维生素，因为它对生存条件的要求较为苛刻，光线、温度、储存和烹调方法都会造成维生素 C 的破坏或流失。因此，每日应大量食用新鲜蔬菜和水果，最好能摄入 500 克左右的蔬菜和 2～3 个水果，其中，蔬菜的烹调方法以热炒和凉拌结合为好。

5. 味觉减退

可能缺乏的营养：锌。

营养对策：适量增加贝壳类食物，如牡蛎、扇贝等，这是补充微量元素锌的有效手段。另外，每日确保 1 个鸡蛋、150 克红色肉类和 50 克豆类也是补充微量元素锌所必需的。

6. 嘴角干裂

可能缺乏的营养：核黄素（维生素 B_1）和烟酸。

营养对策：核黄素（维生素 B_1）在不同食物中含量差异很大。动物肝脏、鸡蛋黄、奶类等核黄素含量较为丰富。为此，每周应补充 1 次（100～150 克）猪肝，每日应补充 250 毫升牛奶和一个鸡蛋。应注意对谷类食品进行加工可造成维生素 B_1 大量丢失，如精白米维生素 B_1 保存率仅有 11%，小麦标准粉维生素 B_1 保存率仅有 35%，因此主食应注意粗细搭配。而烟酸主要来自动物性食物，特别是猪肝、鸡肝等。

五、营养素之隐性饥饿

隐性饥饿是由营养不平衡或者缺乏某种维生素及人体必需的矿物质，而其他成分过度摄入，机体产生隐蔽性需求营养的饥饿症状。营养元素让人体能够正常生长，并确保人体能够完成重要的生理功能。

六、如何选择营养素

如何选择适合自己的营养素呢？其实，选择营养素的时候，最主要的依据是个人的情况以及需要。在补充营养素之前，首先要确定自己是否真的缺乏某种营养素，最好的方法是到医院和正规的体检单位做一个简单或者详细的检查。

如果确实缺乏某种营养素，可以适当地多吃富含相应营养素的食物。如果通过以上的手段还不能解决体内营养的缺乏，则应在专业的营养师或者营养顾问的指导下，适当使用营养素补充剂。

选择营养素补充剂的时候要注意：

➢ 选择经过权威部门审批、认可的营养素补充剂。

➢ 选择物有所值的产品，不要片面追求高价格。

➢ 身体需要什么补什么，不要盲目跟风，要选择适合自己身体情况的营养素。

第四节　大学生体质健康评价

本节主要介绍与体质、健康有关的身体形态、生理功能、体能和综合评价等方面的内容。

一、体质健康评价概述

体质与健康概念的认识，是随着科学技术的发展而不断深化的。目前人们已认识到体质与健康都是指人体在不同年龄阶段的身体状况，是可以根据形态发育、生理功能、心理状态和适应能力等指标来衡量的。体质是人体的质量，它是在遗传性和获得性基础上表现出来的人体形态结构、生理功能、心理因素的综合的而又相对稳定的特征。健康的概念在前面的章节已有阐述。

两者的不同点是：体质是人体的质量，是一切生命活动的物质基础，而健康则是体质状况的反映和表现。过去由于种种原因，学校在评价学生的体质时，更多地采用竞技运动的成绩作为评价标准。社会的发展要求我们的评价内容由测试“运动技术指标”向测试“健康指标”转变。

目前，学生个体的健康评价指标主要包括身体形态、生理机能和体能方面。三者之间既互为独立，又相互联系、相互制约，是影响体质健康水平的重要因素。随着生活水平的提高，人们越来越重视身体形态对人体健康的影响。

二、身体形态评价

1. 克托莱指数测试

国外用身体指数法来评价身体发育水平的研究已有近百年的历史，并设计了百余种身体指数。根据 1985 年中国学生体质综合评价研究协作组的研究结果，克托莱指数（体

重/身高×1000)被认为是反映人体形态发育水平的匀称度的有效指标。国内外有关专家普遍认为:瘦体重是反映人的体质的一项有效而又敏感的指标。

克托莱指数评价方法的优势在于简单直观、计算方便、标准统一,既适用于学生自查自评,也适用于体质健康评价的量化,同时指数本身也能比较客观地反映出学生在同年龄段中的健康状况,以及身体形态的匀称度。

2.体重指数(Body Mass Index,BMI)测试

体重指数也称体质指数,它是一种辅助性测定身体成分的方法,是近年来一种国际流行的标准体重测定法,它反映了人体成分的基本状况,而且基本上不受年龄(指从青年至老年阶段)和身材的影响,可以作为衡量人体肥胖程度的标准。其公式为:

$$BMI=体重(千克)/身高的平方(米^2)$$

3.腰臀围比测试

近年来国际上流行一种测试,它将人体腰围与臀围之比作为评价身体形态方面的有效测试指标,适用于青年至老年阶段,特别是中年阶段。

三、生理机能评价

1.脉搏测试

脉搏测试是指测试心脏每分钟跳动的次数。健康成年人的心率为:男子65~75次/分,女子70~80次/分。当人体发热、精神紧张时心率就会加快。人体在运动时运动强度越大,心率越快。但心率值是有极限的。正常青年人的最大心率在200次/分左右。心率随年龄、性别和机能状态的不同而不同。

(1)基础心率

清晨起床前在清醒、静卧、空腹和20℃条件下的心率即基础心率。测定方法可用食指、中指和无名指轻轻按在腕部桡动脉处,也可按在脖子侧边的颈动脉处,以10秒为计算单位,测定1分钟的脉搏数,但需求其稳定值,即连续两次测量的数值相同,否则重测,直至符合要求。

测量基础心率可以了解机能状态,评估锻炼效果。基础心率不变或逐渐下降,说明运动负荷适当、身体机能良好。如果提高了运动负荷,基础心率略有增加属于正常;若基础心率不稳定或增加较多,则可能是运动负荷过大,应引起注意,需及时调整。

(2)运动时心率

以运动后的即刻心率作为运动时的心率。通常认为心率达到180次/分以上为大强度运动,达到150次/分左右为中强度运动,120次/分左右为小强度运动。合适的运动负荷强度是科学锻炼身体的重要因素。目前国内外学者比较一致的观点是,一般年轻人最适宜的运动心率为最大心率的60%~85%,即120~170次/分,持续运动的时间在20~60分钟。运动心率在110次/分以下时,机体的血压、血液、尿和心电图等指标均无明显

变化，健身效果不明显；心率在140次/分左右时，每搏输出量接近或达到最佳状态，健身效果明显；心率在150次/分左右时，每搏输出量最大，健身效果最好；心率在160～170次/分时，虽无不良的异常反应，但也未出现更好的健身效果；心率达到180次/分以上并持续一段时间时，体内免疫球蛋白减少，易感染疾病，也易产生疲劳和运动伤病。

(3)间歇时心率

运动密度之间休息时的心率数为间歇时心率。通常用间歇时心率反映身体机能短时恢复状态。一般认为，间歇休息时的心率恢复到120次/分左右时，就可以再投入下一个运动内容。一般大学生在体育课中的运动强度，平均心率在120～145次/分比较适宜。

(4)恢复期心率

运动结束后，机体随之逐渐恢复时的心率为恢复期心率。心率恢复的速度与运动负荷的大小、身体素质和心血管系统的机能有密切的关系。因而可以采用测定运动后恢复期心率的简易方法，来推测心血管系统的机能。例如在剧烈运动后立即测出心率，等休息1分钟后再测一次心率，把第1次心率减去第2次心率，再除以10，所得数值对照等级评定，就可以初步了解心血管系统的机能状态。如运动后即刻心率为160次/分，休息1分钟后的心率为120次/分，计算方法是(160－120)÷10＝4。对照表1-1，可初步判断心血管系统机能状况为良好。这种测试方法虽不够精确，但它最大的优点就是简便易行。著名的台阶测试也是根据运动后恢复期心率的不同变化，来推测心肺机能的。

表1-1　恢复期心率对照表

数　值	等级评价
2以下	功能差
2以上	尚可
3以上	中等
4以上	良好
5以上	优等
6以上	最佳

2. 肺活量指数测试

肺活量指数是评价人体肺功能优劣的指标。计算公式为肺活量指数＝肺活量(毫升)/体重(千克)。如某人的肺活量为4000毫升，体重为60千克，则肺活量指数为4000/60＝66.7。通常男子的肺活量指数在60以上，女子在50以上为正常值。

3. 台阶测试

台阶测试用于检测人体心血管系统的功能。它以一定的频率，在一定的时间内连续踏上、下一定高度的平台来增加心脏的负荷，使心肌的需氧量增加，再通过检测踏台阶运动后恢复期间的脉搏变化，来测定人体心血管的功能。最早的台阶测试是由美国哈佛大学研究设计的，所以又称“哈佛台阶实验”，以后又有许多改良和发展。

4. 握力测试

握力是反映肌肉力量的重要指标，而且简便易行，适用于大范围的学生测试。测试仪器为弹簧式或电子握力计。测试方法是被试者两脚自然分开，身体直立，手心向内持握力计，用最大力握紧上下两个把柄。用有力手测两次，取最大值，评价按千克计算。如果用握力绝对值来评定肌力，将对晚熟或相对瘦小的学生不利。因此，用握力/体重这样一个相对比握力指数来测试学生就比较客观。

四、体能评价

1. 12 分钟跑测验

体能是反映健康状况的重要因素之一，心肺功能适应是影响体能的主要成分，也是进行耐力运动的基础，测量心肺功能适应最精确的方法是对人体的最大摄氧量（VO_2max）进行评价。由于直接测量 VO_2max 需要昂贵的实验设备，且又费时，而有氧代谢运动是保持身心健康最有效、最科学的运动方式，因为它可以有效提高呼吸系统摄取氧、心血管系统运输氧和组织器官利用氧的能力，并具有持续运动时间长、安全系数高、脂肪消耗多等特点。可见，用 12 分钟跑测验来评价 VO_2max 和心肺功能适应是可行的。

12 分钟跑测验是测试人在 12 分钟内全力跑的距离，测试时运动负荷大，所以应在测试前有个适应性准备阶段。12 分钟跑测验不仅是国际公认的评价 VO_2max 的有效方法，同时也是增强大学生有氧代谢能力的有效健身手段。

2. 12 分钟游泳测验

游泳是一项身体全面的运动。不论是哪种姿势游泳，人的肢体都要不停地进行收缩与舒张，促使身体的主要肌肉和关节得到良好的锻炼。

3. 肌肉耐力测试

肌肉力量通常是指肌肉收缩时完成一次性最大重量的工作能力。肌肉耐力是指肌肉重复收缩完成某一动作的工作能力。在日常生活中，往往后者更为重要，它与体质健康状况有密切的关系。

有许多方法可以测试肌肉耐力，其中俯卧撑和仰卧起坐是两种简单易行的方法。俯卧撑是测试肩部、臂部、胸部和腹部肌肉耐力的，而仰卧起坐主要是测试腰腹肌的耐力。

4. 柔韧性测试

进行柔韧性测试，可以了解自身各关节的柔韧性程度。柔韧性程度越好，人的关节灵活性就越强。一般来说，年龄越小，柔韧性越好，随着年龄的增大，柔韧性越来越差。加强柔韧性的练习，可以增加肌肉的伸展和弹性，延缓人体老化，所以经常进行有规律的人体伸展练习，对保持良好的柔韧性是非常必要的。柔韧性的好坏与特定的关节有关，通常要采用测量躯干的方法。坐位体前屈测试是评价躯干弯曲能力的常用指标。

第五节　体育运动健身方法(科学健身指导)

一、提高身体素质的健身方法

通常人们把人体在肌肉活动中所表现出来的力量、速度、耐力、灵敏及柔韧等机能能力统称为身体素质。因此，身体素质是衡量一个人体质水平的重要标志之一。但对普通人来说身体素质则主要表现为人体行动的能力。它包括发动行动的能力(肌力和爆发力)、持续行动的能力(肌肉耐力和全身耐力)和调节行动的能力(平衡性、敏捷性、灵巧性和柔韧性)。尽管它们在含义上有相似之处，但在目的和要求等方面有程度上的差异。本节所提供的增强身体素质的几种主要方法其对象是普通人。青少年时期，重视身体素质的锻炼，将对人的一生的行动能力产生决定性的作用。

(一)提高全身耐力的方法

为了提高全身耐力，必须给予呼吸系统和循环系统以长时间中等强度的刺激。

1. 持续训练法

提高有氧耐力经常采用持续负荷的练习方法。具体方法有两种：一种是连续负荷法，在较长时间内保持速度不变，如以中等强度持续跑 20～30 分钟；另一种是变换负荷法，是在连续负荷的基础上，短时间内加大负荷强度(如在上述的持续跑中，穿插短时间的加速跑)，使机体的呼吸能力和血液循环能力产生良性刺激。选用的锻炼手段多为慢跑、跳绳、游泳、骑自行车、溜冰等。

2. 间歇练习法

同样选用慢跑、跳绳、游泳、骑自行车、溜冰等，用比持续训练法更高的强度(心率为 150～170 次/分)进行 1 分钟左右练习之后，再进行 2～3 分钟的轻微动作以作为积极性休息，反复做 4～8 次，其效果比较明显。只有有一定耐力基础的人，才能采用这种方法。由于这种方法的运动强度大，应十分重视医务监督。

(二)提高肌肉耐力的方法

通过最大肌力的 1/3 或 1/4 的负荷强度，反复进行数组动力性练习，使人体某部分肌肉长时间克服小阻力达到疲劳的状态，从而有效地提高肌肉耐力。为了提高腹肌和上臂肌的耐力，可以做仰卧起坐和俯卧撑(或斜体俯卧撑)、连续单杠引体向上、双杠臂屈伸、立定跳远、蛙跳、快速向上跳等，一直到疲劳的程度。每天做 3～5 组，效果较好。

（三）提高肌肉力量的方法

1.增强静力性肌肉力量的练习方法

这种练习的主要特点是肢体不产生明显的位移，肌肉产生张力但不发生长度变化。具体方法有：

➢ 让人体保持一定姿势（站立或仰卧），推或蹬住固定重物，以肌肉最大收缩力坚持几秒钟，可以提高上肢或腿部的静力性肌力。

➢ 静力性肌肉力量练习还可以用很慢的速度，不借助反弹力和惯性力，单纯依靠肌肉的紧张收缩来完成。如肩负80%～85%强度的重量深蹲慢慢起立，可以锻炼下肢和腰背肌肉的静力性力量。在健美锻炼中经常运用多功能健身器、杠铃、哑铃等以较大的负荷慢速做这类练习，使肌肉粗壮有力。

2.增强动力性肌肉力量的练习方法

这种练习是使肢体或身体某部位产生明显的位移，或用较快的速度推动物体进行运动。具体方法有：

➢ 增强绝对力量。绝对力量是用最大力量或接近最大力量克服阻力的能力。

➢ 以较少次数快速推举接近本人能举起的最大重物。

➢ 增加速度力量（爆发力）。速度力量是人体快速克服阻力的能力，要求在最短时间内以最快速度发挥最大力量。

➢ 要多进行快速跑、跳高、跳远、投掷、排球的大力扣球、足球的踢球和射门、柔道、相扑、拳击等练习，这些运动对增强速度力量有甚佳的锻炼效果。

（四）提高灵敏性的方法

提高人体灵敏性的方法是多种多样的，网球、乒乓球、羽毛球、篮球、足球、手球、毽球等球类运动，是发展灵敏素质的有效运动。还有滑雪、滑冰、击剑、体操、跳绳等也可提高灵敏性。生活中各种有趣的游戏，也是提高灵敏性的有效方法。

（五）提高柔韧性的方法

柔韧性是人体各个关节的活动幅度和肌肉、韧带的伸展能力。有意识地扩大关节的活动范围，又不感到疼痛，有助于提高柔韧性。突然用强力扩大关节的活动范围是危险的，这样容易发生伤害事故，只有缓慢用力才是安全的，并且效果较好。柔韧体操对提高柔韧素质有较好的效果。实践中，经常把动力性练习和静力性练习结合起来，把主动练习和被动练习结合起来，可以收到更好的效果。例如发展肩部、腿部的柔韧性，可采用压、摆、踢、绕环等练习；发展腰部柔韧性，可采用站立体前屈、俯卧背伸、转体、甩腰等练习。

（六）提高平衡性的方法

神经系统与人体平衡机能密切相关，随着年龄的增长，平衡能力逐步衰退，但有这样的先例，经常在险峻的山路上行走或在崖石上垂钓的老人，平衡能力能达到年轻人的水平，可见高龄者通过锻炼，也有希望获得较好的平衡能力。滑雪、滑冰、机械体操、武术、艺术体操、健美操、舞蹈等项目对于提高平衡性是很好的运动。

二、利用自然环境的健身方法

利用自然环境锻炼能提高人体对各种不良气象因素的适应能力和抵抗力，对人体有强身健体的作用。具体可采用冷水健身、空气健身、日光健身 3 种方法。这 3 种方法通常结合在一起运用。

（一）冷水健身法

冷水浴具有增强中枢神经系统、心血管系统、呼吸系统等作用，通过经常锻炼还能有效地增强皮肤弹性，消除皱纹等。冷水浴锻炼的方法有冷水擦身、冷水淋浴、冷水浸浴等。

1. 冷水擦身

冷水擦身在水浴的初级阶段采用。先从上肢开始，依次用冷水擦颈部、胸部、腹部、背部和下肢，然后用毛巾擦干，并按血液回心方向摩擦皮肤到发红。冷水擦身的时间一般不超过 5 分钟。

2. 冷水淋浴

开始阶段水温以 30～40℃为宜，淋浴时间不超过 1 分钟。以后水温逐渐降低到 15℃或更低些，淋浴时间可增加到 2 分钟。淋浴后一定要用干毛巾摩擦身体。

3. 冷水浸浴（又称冷水澡）

冷水浸浴是最有效的锻炼方法。行浴时，宜对空气、水、日光进行综合利用，最好从夏季和秋季开始。应该牢记，水浴的主要因素是水温，而不是时间的长短。每次持续的时间，要因人而异，以不出现寒战和嘴唇青紫为度。浸浴后擦干身体，穿好衣服使身体回暖。

另外，除了全身水浴，还可采用局部水浴的方法。其中最常见的是每天睡前坚持冷水洗脚，早晨和晚上坚持用冷水含漱咽喉、洗脸，这些方法能使对寒冷最敏感的部位得到最好的锻炼。

进行冷水浴锻炼应注意以下两方面：第一，冷水浴前，要做好准备活动，使身体发热后再进行冷水浴锻炼，但不要在满身大汗时进行。冷水浴结束后，要擦干身体，穿好衣服注意保暖。第二，患有严重高血压、冠心病、急性肝炎、空洞性肺结核、活动性风湿病及高烧的病人不宜进行冷水浴。

（二）空气健身法

空气浴是让人体皮肤接触新鲜空气来锻炼身体的方法。空气浴的作用不但取决于气温，还必须同时考虑空气的流速、湿度、气压以及空气中的化学成分（阴离子和阳离子的含量）。空气浴的方法极为简便，如早晨起床时晚穿一会衣服，让身体多接触一些新鲜

空气；在日常生活、劳动及运动时，适当少穿衣服；养成夜间开窗睡觉的习惯，如果不是刮大风或气温过低时，都要留一个小窗口，让新鲜的冷空气进来。天气越冷，每次锻炼的时间越短，以不出现寒战为度。在一天中空气浴最好的时间是旭日东升的清晨，而年老体弱者，则宜在上午 9～10 时或下午 3～4 时进行。进行空气浴时，最好与体育活动结合起来。

空气浴应注意以下事项：

➢ 空气浴最好在树木繁茂、长满庄稼的地方或江河湖滨进行，人口稠密的公共场所不适合空气浴。

➢ 遇大风、大雾等恶劣天气不要进行空气浴。

➢ 饭后 1 小时内不要进行空气浴。

➢ 大汗或身体过度疲劳时，不要进行空气浴。

(三)日光健身法

日光浴俗称晒太阳。日光中的红外线、可见光线和紫外线对人体有良好的影响。

红外线对身体的作用主要是温热皮肤和肌肉组织，加速血液循环，增强新陈代谢，使人温暖舒适。紫外线对人体的影响更大：

(1)紫外线能促进钙、磷代谢，儿童和青少年正在生长发育时期，对钙、磷的需要量较多，胎儿生长骨骼的钙、磷需要母体供给，因此，儿童、青少年和孕妇多晒太阳有利于钙、磷代谢，促进自身和孕妇体内胎儿的生长发育；另外，多晒太阳还可加快骨折及骨病手术后的骨质愈合。

(2)紫外线能促进组胺(histamine)的形成，这种物质能使毛细血管扩张，血流加快，胃酸分泌增多，增强食欲和身体的抵抗力。

(3)紫外线还能消毒杀菌，起到预防皮肤病的作用。

日光浴时应注意以下事项：

➢ 日光浴宜从天气转暖时开始，并在夏天坚持下去。

➢ 夏季阳光强烈，做日光浴时，要特别注意掌握时间和日照强度，避免过量紫外线照射对人体产生不良影响，防止皮肤灼伤或中暑。

➢ 日光浴禁忌证有发高烧等急症、有出血倾向的疾病、皮肤有炎症、日光过敏等。

第六节　日常健身误区

在经常体育锻炼的人群中，有不少人都是把打羽毛球作为自己日常的健身手段、减肥的最佳途径。打羽毛球时也要小心不要被一些所谓的“健身理念”误导。

一、健身理念误导

1. 出汗越多，减肥就越成功

误区：打球锻炼时，自己一滴汗也没出，而同伴却汗流浃背，为此感到既焦虑又沮丧。

事实：不必担忧，科学研究证明，流汗消耗的是水、盐分和矿物质，而不是脂肪。锻炼时出不出汗，与是否消耗脂肪没有关系。

2. 正式运动前的热身准备没有必要

误区：很多锻炼的人轻率地认定，在打球前做不做热身运动无关紧要。

事实：尚未运动开的肌肉很容易损伤，因为它还没有做好充分的准备以承受突然性的大动作。任何热身动作都可以提高肌肉的适应性，使关节变得灵活。锻炼前的热身有利于运动者的心血管系统，有益于健康。

3. 反正在打球锻炼，尽兴吃喝问题不大

误区：许多人因为打球健身了，就认为可以不用再去节食减肥了。

事实：尽管从事任何体育锻炼，身体确实会消耗掉更多的热量和脂肪，但这并不意味着对所有食物大开绿灯。关键是要保持营养平衡，多吃蛋类、乳制品、纤维素、谷物及瘦肉。只有在饮食和健身之间保持科学的平衡，才可能达到最佳锻炼效果——明显地减去赘肉并改善身体状况。

4. 超负重锻炼效果更好

误区：如果我们观察得仔细些，就会发现有的女性打球时在脚踝上带着小重物进行锻炼，以便消耗更多的脂肪。

事实：过量的负重可能造成肌肉和关节的损伤以及肢体的畸形，包括脊柱变形等。

5. 停止锻炼会比以前要胖

误区：很多人认为一旦停止锻炼，就会变得比以前胖很多，因此对打球健身望而却步。

事实：只有举重这一类锻炼所形成的肌肉块，才会在停止锻炼后的第二周开始减少。而通过有氧运动，包括坚持多年的打球、游泳、长跑、有氧操、步行和骑马等活动练出的肌肉块减少得比较缓慢。当然，这样的肌肉块也不是永恒的。保持肌肉持久不变的唯一办法是在生活中保持有规律的健身锻炼和有节制的饮食。

6. 穿塑身衣打球减肥效果更好

误区：有些女性认为打球时再穿上塑身衣或紧身衣能让自己出更多的汗，消耗更多的脂肪。

事实：通过研究发现，61%的妇科疾病与穿着塑身衣有关。特别是在打球锻炼过程中，穿塑身衣会影响排汗，而且，穿塑身衣还会直接影响血液循环系统，使腰部和下肢血液循环不畅，易发生腰肌劳损、下肢静脉曲张、下肢水肿等疾患，还会出现头晕等症状。

二、力量练习的部分误区

1.姿势。很多人力量训练姿势都是错的，在没有专业教练指导的情况下，会导致伤病或使效果大大降低。

例如：仰卧起坐知道手放哪里吗？可能很多人会笑着说我学生时期就知道了，不就交叉放在脑后吗？

这其实是错的，这样仰卧起坐或导致颈椎病，因为你手用力会导致你颈椎受力，标准的做法应该是双手交叉放在胸前。

例如：如何练习哑铃？想练习肱二头肌，在家里练习几百下感觉很好，其实大部分人练习时候身体晃动没有练习到位。真正的方法应该是坐在健身椅上，手肘在特定角度练习。

建议：如果你想练习认真，要对照标准做法，多看几遍，确保自己是按照标准姿势练习。

2.认为器械力量练习可以增强打羽毛球力量，减少伤病。

假如你认为器械力量练习可以增强力量、减少伤病，在健身房练习出一身的肌肉可以让你肌肉力量增强、打球力量增强、减少伤病的话，可以肯定地告诉你，你错了。

其实大部分器械练习出来的肌肉都是僵硬的肌肉，对你打球没有太大的帮助，且器械力量练习过度对身体是有伤害的。

第二章　羽毛球运动概述

本章导读

任何一种体育运动项目的产生都有着其独具的历史因素和文化背景，并在特定的历史条件下发展成长。集游戏、娱乐、竞技、健身、易上手等特点于一身的羽毛球运动不仅是奥运会的比赛项目，在当下也逐渐成为一项被民众广泛接受和喜爱的体育运动项目。作为热衷参与这项运动的新时代大学生不仅要学习羽毛球的运动技术，还应从文化层面了解羽毛球的历史起源和发展概况，从而更好地理解该运动项目的文化内涵，为进一步学习羽毛球运动技术，提高对羽毛球的全面认识水平提供理论上的铺垫。

第一节　羽毛球运动起源与发展历程

一、羽毛球运动的起源及发展

（一）羽毛球运动的起源

1. 羽毛球运动的雏形时期

现代羽毛球运动诞生仅仅不过一百多年，然而这项活动在人类的历史长河中，早就已经有了它的萌芽；它从产生、演变并发展到现今，经过了漫长的路程，已成为群众爱好的体育活动，世界上许多国家和地区很早就有类似羽毛球运动的游戏。据《大不列颠百科全书》记载：原始的羽毛球游戏活动至少在2000多年前，就在日本、印度等国流行。不过，由于国家、地区和民族的不同，对这种游戏的名称叫法也各不相同，但其形式和性质则大体是一致的，中国古代也有这一游戏活动。

据《民族体育集锦》记载：相传，中国在远古时期就有类似羽毛球游戏活动的存在，例如中国贵州地区苗族民间体育游戏“板羽球或板毛球”、“打手毽”等，都酷似现代的羽毛球运动。板羽球也称毽球,是用木板拍击用五颜六色的鸡毛做的鸡毛毽的一种游戏(图2-1)。打手毽与其制作方式以及游戏规则相近,不同之处在于:打手毽是用手来拍击的。从游戏形式、内容到游戏名称,打手毽和羽毛球明显有密切的传承关系。曾任黔南布依族苗族自治州政协文史委主任刘世杰认为这种体育运动是现代体育项目羽毛球的来源,或者说是羽毛球的原始遗存。《体育辞典》羽毛球词条说:“羽毛球起源于流行在亚洲和欧洲类似毽子的游戏,相传1873年从印度回国的英国退役军官将这一游戏传至英国。”

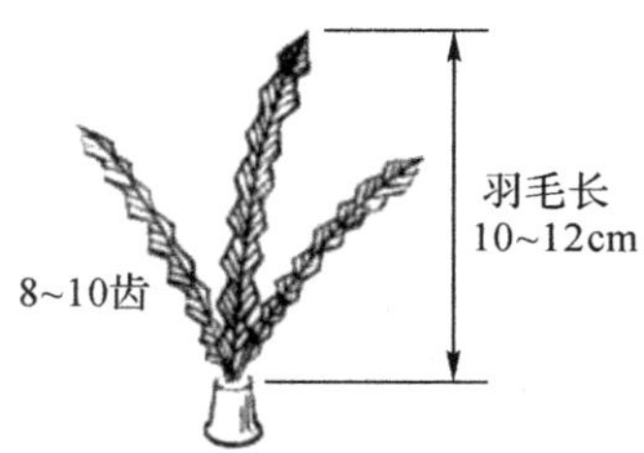

图 2-1　板羽球的示意图

日本在14—15世纪出现用木板作拍,樱桃核插上美丽的羽毛为球,与中国现代的“板羽球”相似的游戏。由于樱桃核太重,球速较快致使其较易损坏,加之制作过程繁杂,最终此游戏昙花一现。

印度的普纳于18世纪出现一种与现代的羽毛球运动非常相似的运动。其球用直径约6厘米的圆形硬纸板或以绒线编织成球形,中间插上羽毛(类似我国的毽子),板是木质的,玩法是两人相对站立,练习者手持木板,将球在空中轮流击出,这项活动在英国驻印度军队里开展得尤其活跃。1840年英国驻印度普纳的军官对这项运动进行了改进,他们用酒瓶上的软木塞做球头,插上羽毛,用酒瓶打来打去,后来这成为一种游戏,在驻印度军官中流行起来。

2. 现代羽毛球运动的诞生

现代羽毛球运动诞生于19世纪的英国。19世纪60年代,“普纳”游戏由英国驻印度军人引进英国,其所具有的趣味性受到众多退役军人的认可并迅速得到上流社会追捧。1870年,英国出现了用羽毛、软木做成的球和穿弦的球拍。1873年,英国公爵鲍弗特在其伯明顿庄园里宴请宾客,恰逢下雨,活动改在室内进行,几位驻印度退役军人建议进行普纳游戏。当时室内场地呈葫芦状,他们在场地中间拉了一根绳子代替网,每局比赛只能有两人参加并有一定的分数限制,由于这个活动极具趣味性促使羽毛球作为一种高雅的娱乐性活动迅速传遍英国。伯明顿庄园成为现代羽毛球运动的发源地并且人们以庄园的名称为这项运动命名,因此,英语中羽毛球叫做“Badminton”。原来鲍弗特公爵的庄园现在也改名为“羽毛球馆”以示纪念,并陈列着19世纪中叶最初的羽毛球拍和球(图2-2、图2-3)。

图 2-2　19 世纪中叶最初的羽毛球

图 2-3　19 世纪中叶最初的羽毛球

图 2-4　握拍少女

据资料表明，最早出现有关羽毛球运动的文字记载是法国著名画家乔丹(1699—1779)所画的一幅题为“羽毛球(*the shuttle cock*)”的油画。画中的一名少女，手握穿有网弦的羽毛球拍，球由球托和插有七根不同颜色的羽毛所制成(图 2-4)。

(二)羽毛球运动的发展

羽毛球运动在其雏形时期由于各地区风俗民情的差异，各自的游戏方式也有所不同。到了现代羽毛球运动诞生，其规则逐步完善，有利于技战术的发展。

1. 运动场地

> 运动场地小，器材简单，活动易上手，运动负荷因人、因技术水平而异，娱乐性强，羽毛球运动已成为当下人们休闲娱乐生活的时尚方式之一。

因当时在伯明顿庄园所使用的场地是葫芦形的，所以直到 1877 年英国出版第一本羽毛球规则之前，羽毛球比赛场地均为葫芦形。这本规则规定了羽毛球场地为长方形、中间挂网的高度、运动双方的要求，但没有单、双打之分。1901 年，英国羽毛球协会在修订羽毛球规则时，对羽毛球场地进行了进一步的规定。1939 年第一本国际羽毛球竞赛规则正式出版，其规定球场长 13.4 米，宽 6.1 米；球场各线应宽 4 厘米；球网应为黄褐色，长 6.1 米，宽 76 厘米；网孔应为 1.9 厘米见方；网的上边须缝有 7.5 厘米宽的白布(对折)。场地设备的这一规定延续至今。

2. 运动装备

羽毛球运动装备也是从原始的低级阶段向高级阶段发展的。羽毛球从开始时的硬纸板和绒线团到木托用皮包起来，再发展到用 14～16 根高级羽毛插在软木托上，重 4.74～5.5 克；羽毛球拍从木板发展成椭圆形穿弦木拍，规则规定球拍重 95～120 克，拍框长 25～25.5 厘米，宽 20～20.5 厘米，拍柄长 39.5～40 厘米，到现代球拍的框架，包括拍柄在内，总长度不超过68厘米，宽不超过23厘米，拍框长度不超过29厘米。弦面长不超过28厘米，宽不超过22厘米，且不允许改变球拍的规定式样。其制作材料从木框钢管、铝合金、碳素纤维到现在最为先进的军用材料。运动服装也由原来的长服发展成现在的短裤、T恤。

3.计分方式

羽毛球游戏刚兴起时，没有人数、分数和场地的限制，练习者只需用球拍互相对击球即可。现代羽毛球运动从伯明顿庄园开始，有了一定的分数、场地、人数限制。随着人们观赏水平的提高及技术和战术的发展，羽毛球规则也随之变化，出现了单、双打场地区别及发球区的规定和发球得分及发球得分后的换区等规则。为了使比赛更激烈、精彩，又规定了双方打满13平、14平(女子单打打成9平、10平)时要进行加分比赛。

国际羽联从2001年6月开始在国际比赛中实行7分制，试行期为1年。这种计分方式，受到广泛抨击。为了羽毛球运动的发展，2005年1月，在韩国羽毛球公开赛上，在时任国际羽联副主席和市场开发委员会主席古纳兰的积极推动下，一些正在参加韩国公开赛的选手在非比赛场合中体验了每球得分一局决胜负的21分制。

2006年4月，在日本举行的“汤尤杯”中采用21分每球得分新赛制的提议，于5月6日在东京国际羽联大会上进行表决，经国际羽联全体会员代表投票通过，从此正式启用21分每球得分制。

4.技战术

每次规则的改变都促进着技战术的发展。羽毛球运动从开创至今，其技战术的发展从简单到全面，从全面到快速灵活，从快速灵活到多变，其中产生了几次飞跃。

第一次飞跃是在开创时期，这一时期英国选手称霸整个世界羽坛，虽然他们的技术比较单一，打法陈旧，几乎没有战术变化，但是他们的技术水平一直处于领先地位，为羽毛球运动传播到全世界立下了头功。

第二次飞跃是在20世纪50年代至60年代中期，这是羽毛球的技术与战术全面发展的时期，男子技术优势从欧洲全面转向亚洲，形成了亚洲人在世界羽坛上称雄的局面。这一时期，主要以拉、吊打法为主。

从1958年开始，羽毛球技术开始向快速、灵活的方向发展，以较快的速度运用下压抢网和加强扣杀上网的技术打败了以技术性为代表的打法。在这一时期，中国虽然没有参加正式世界比赛，但技术与战术水平提高很快，达到世界先进水平，体现了快攻打法的特点。快攻打法除脚步移动快，还表现在后场跳起扣杀后快速上网高点击球、两边起跳突击、发球抢攻等方面，特别是他们“快、狠、准、活”的技术风格，为推动世界羽毛球运动发展做出了巨大贡献。

20世纪60年代末至70年代初，在研究中国羽毛球技术特点的基础上，世界羽坛开始注重速度和进攻，并发展了新技术。印度尼西亚出现了具有代表性的劈杀技术以及双脚起跳扣球技术,使世界羽毛球技术水平迅速提高。

第三次飞跃是20世纪80年代,世界羽坛技术与战术向快速进攻、全面、多变的方向发展,以中国、印度尼西亚、印度、丹麦、马来西亚、韩国为代表的各国选手打法更全面,变化更多,速度更快,特长突出,攻守兼备而备领风骚,技术已达到炉火纯青的地步,进入世界羽毛球运动史上的巅峰期。

现代世界羽毛球运动技术与战术发展总趋势正在向“快速、全面、进攻和多拍”方向发展,快速反映在出手动作、步法移动和判断反应以及战术变化等方面的速度加快;全面是指技术全面,攻守兼备,控球能力强,具有良好的身体素质和心理素质;进攻是凭技术特长,采用先发制人,积极主动,以抢攻为主;多拍是在战术变化中,从若干次攻守回合中,提高控球能力,减少失误,力争主动,控制比赛局面。

世界级优秀选手所具备的基本条件是在快速的运动中能全面掌握和运用各项基本技术;快速能力的体现更侧重于变速进攻,进攻技术也更着重于发展具有个人特色的快速、凶狠的变速突击技术。欧洲选手利用自身身材高大有力的优势,已从偏重控制底线的打法转向强调进攻、突出发球抢攻、以下压控制网前为主的打法方向发展。亚洲选手则更着重利用自身灵活而突出在技术全面的基础上发展变速突击,打法以拉开结合变速突击为主。尽管欧亚选手在战术的组织上各有其不同的特点,但在突出快速、进攻,强调提高进攻的威胁性和有效率这方面却是相同的。同时,对网前的争夺也越来越激烈,除了抢高点击球外,也更重视网前技术的质量与变化。比赛中有效地控制网前,已成为高水平运动员获取进攻机会和得分的主要手段。

5.组织及协会

1875年,英国成立第一个军人羽毛球俱乐部。1893年,英国已有14个羽毛球俱乐部,他们举行会议,正式成立了“英国羽毛球协会”。当时,英国羽毛球协会对羽毛球运动的开展、提高和传播起到了积极的推动作用。这项运动首先在欧洲传播,然后发展到美洲、亚洲和澳洲。20世纪二三十年代,加拿大、丹麦、马来西亚等国也相继成立了羽毛球协会。

为了推动世界羽毛球运动的发展,1934年,由英格兰、法国、爱尔兰、苏格兰、荷兰、加拿大、丹麦、新西兰和威尔士九个国家羽毛球协会共同协商成立了“国际羽毛球联合会”,简称国际羽联。其第一任主席是汤姆斯,总部设在伦敦。1978年,在香港成立了世界羽毛球联合会(简称世界羽联)。为了推动世界羽毛球运动健康、稳步地发展,经过许多国家羽毛球协会的共同努力,1981年,国际羽联和世界羽联正式合并,组成了国际羽毛球联合会,简称国际羽联(图2-5),这使世界羽毛球运动产生了新的飞跃,出现了欣欣向荣、生机勃勃的景象。目前,国际羽联已有100多个国家和地区参加。1992年,国际奥委会把羽毛球比赛列入奥运会的正式比赛项目,羽毛球运动进入了前所未有的发展时期。羽毛球现已成了印度尼西亚的国球。

图 2-5　目前国际羽联的最新图标

2006 年 9 月 24 日，国际羽毛球联合会正式改名为现如今的羽毛球世界联合会。其任务是在全世界普及和发展羽毛球运动，促进各国羽毛球协会的联系以及举办一些国际性羽毛球赛事。

二、世界（中国）羽毛球主要赛事简介

（一）世界主要羽毛球赛事

为了便于羽毛球运动的发展及普及，国际羽联及各国羽毛球主管部门皆举办一系列的羽毛球比赛。部分比赛在各国乃至世界羽坛具有巨大影响，下面以各赛事“首届”举办时间为序做简要介绍。

1. 汤姆斯杯（图 2-6）

汤姆斯杯由第一任国际羽联主席乔治・汤姆斯捐赠，其高 28 厘米，总宽距为 16 厘米，由底座、杯形和杯盖三部分构成，杯身最上端有一个运动员的模型。杯体前部刻有：“乔治・汤姆斯・巴尔特于 1939 年赠送国际羽毛球联合会组织的国际羽毛球冠军挑战杯。”此杯用白金铸成，当时价值 5 万英镑。

乔治・汤姆斯是英国著名羽毛球运动员，自 21 岁开始获得冠军至其 41 岁每年都赢得冠军殊荣。他曾连续 4 次获得全英羽毛球锦标赛单打冠军，9 次获男子双打冠军以及 6 次获混双冠军。由于其对羽毛球做出的卓越贡献，1934 年 7 月国际羽联成立时，其被推举为第一任主席。

1939 年国际羽联理事会上，汤姆斯组织世界性男子团体比赛并提出其将为赛事捐赠奖杯的提议得到理事会通过，为了纪念乔治・汤姆斯，此杯被命名为“汤姆斯杯”。理事会决定于 1941 年前后举办第一届汤姆斯杯比赛并将汤姆斯杯作为流动杯，每次比赛的冠军队伍可将其带回本国，保留至下届比赛开始。因此汤姆斯杯比赛也称为“国际羽毛球挑战杯赛”。

图 2-6　汤姆斯杯

因为“二战”的原因，首届汤姆斯杯比赛至 1948 年才得以在英格兰举办，作为世界羽坛男子团体赛最高荣誉杯赛本届比赛仅有 10 个国家和地区参加比赛。本次比赛采用 9 场 5 胜制(5 场单打、4 场双打)，马来西亚队击败丹麦队获得本次冠军，成为刻在“汤姆斯杯”上的第一个国家。此后每三年举行一届，至 1982 年改为每两年一届，赛制改为 5 场 3 胜制(3 场单打 2 场双打)。截至 2012 年，“汤姆斯杯”共举办 27 届，印度尼西亚队成绩最佳，共 13 次夺冠，中国队 9 次夺冠，马来西亚队 5 次夺冠。

我国运动员于 1982 年首次参加“汤姆斯杯”并获得冠军，我国羽毛球运动实力再次得到世界的肯定。2004 年在印度尼西亚雅加达举行的第 23 届“汤姆斯杯”比赛中，中国队不负众望重新夺回了时隔 12 年的冠军。2012 年第 27 届“汤姆斯杯”比赛结束，我国成功实现了五连冠。

2. 尤伯杯(图 2-7)

“尤伯杯”羽毛球比赛是与“汤姆斯杯”相对，代表着世界女子团体赛的最高水平。其杯是由贝蒂·尤伯夫人(Betty Uber)捐赠的。由当时伦敦著名的银匠麦皮依和维伯铸成。奖杯高 18cm，中部地球仪上有一羽毛球的模型，羽毛球上方一名女运动员模型呈现出挥拍击球的姿态。奖杯底座上刻有“尤伯夫人于 1956 年赠送国际羽毛球联合会组织的国际女子羽毛球冠军奖杯”字样。

她是英国 20 世纪三四十年代著名女子羽毛球选手，从 1930 年至 1949 年间，她曾多次夺得全英羽毛球锦标赛的女子单打、女子双打和混合双打比赛的冠军。尤伯夫人退役后仍对羽毛球运动情有独钟，为推动羽毛球运动的发展，1956 年，她建议借鉴“汤姆斯杯”赛举办一个专供女性竞技的大型羽毛球团体赛。她在国际羽联理事会上，正式向国际羽联捐赠由麦皮依和维伯制作的纪念杯，即现在的“尤伯杯”（Uber Cup），并亲自主持了第一届“尤伯杯”比赛的抽签仪式。

图 2-7　尤伯杯

第一届“尤伯杯”赛是在 1957 年于英国兰开郡举办，时间紧随“汤姆斯杯”赛。美国队以 6∶1 的分数击败丹麦队，获得该届“尤伯杯”赛的冠军。自 1957 年至 1984 年，“尤伯杯”比赛每三年一届，采用 7 场 4 胜制。1981 年世界羽联和国际羽联合并为新的国际羽毛球联合会，决定 1986 年起“尤伯杯”赛两年举办一届，与“汤姆斯杯”赛事同期同地举办，采用 5 场 3 胜制。

1956 年至 1981 年共举行 9 届，日本队获得 5 届，美国队获得 3 届，印度尼西亚队获得 1 届冠军。中国队自 1984 年首次参加并创纪录地连续把这座冠军杯保留了 10 年之久。截至 2012 年，尤伯杯已举办 24 届，自第 4 届起，此杯一直留在亚洲。其中我国女队荣登 12 届冠军宝座，日本队、印度尼西亚队和韩国队各获得 5 届、3 届和 1 届“尤伯杯”冠军。

3. 世界羽毛球锦标赛

世界羽毛球锦标赛是唯一可以划分为两个时期的顶尖级比赛项目，为了适应世界羽毛球运动日益发展的需要而设立的以个人单项为主的竞赛项目。

国际羽毛球联合会与世界羽毛球联合会于 1981 年合并，名称沿用国际羽毛球联合会。在联合之前各自皆举办了两届类似的世界性单项羽毛球比赛，并有一定的冲突，影响了羽毛球运动的发展。在苏迪曼的推动下两羽联合并，矛盾迎刃而解。在联合会上协商决定，将各自举办的单项比赛合并为每两年举行一次的世界羽毛球单项比赛，命名为世界羽毛球单项锦标赛(Individual World Championships)，并延续两个国际羽毛球组织以前的届数。合并后的“首届”于1983年在丹麦首都哥本哈根正式举行，称“第三届世界羽毛球单项锦标赛”。此项赛事只进行5个单项的比赛，即男、女单打，男、女双打和混合双打。

原国际羽联创办的世界羽毛球锦标赛每三年举办一次，从1985年起，该项赛事改为每两年举办一次。1988年国际羽联决定世界羽毛球单项锦标赛与新设立的“苏迪曼杯”赛同时同地举行。国际羽联根据当时的世界排名，邀请每个项目中的前16名(对)运动员直接参加比赛。直到2005年止，国际羽联的每个会员国和地区可以在每个项目中报名的运动员不得超过4名(对)，2006年起，锦标赛成为国际羽联日程表上一年一次的赛事，目的在于给予运动员们更多机会去赢得官方的“世界冠军”称号。但每到奥运会举办的年份，锦标赛则不举办，以便为奥运会羽毛球比赛让路。

4. 苏迪曼杯(图2-8)

为了弥补世界级大赛中男、女运动员不能同场竞技的不足，1987年5月29日，国际羽联宣布从1989年起设立世界羽毛球混合团体赛，并与两年一度的世界羽毛球比赛——“汤姆斯杯”与“尤伯杯”同地先后举行。为纪念印度尼西亚羽毛球联合会前主席苏迪曼先生对羽毛球事业做出的贡献，国际羽联决定将世界羽毛球混合团体赛奖杯命名为“苏迪曼杯”。

图2-8　苏迪曼杯

苏迪曼(1922—1986)被誉为“印尼羽毛球之父”，是印度尼西亚羽协前主席。他1922年4月29日出生于印尼北苏门答腊省的一个小镇。他从小学到中学，在地区少年儿童羽毛球比赛中都名列前茅；到高中时期，他在全国已经小有名气；他在读大学时（商科大学），就成为非正式的全国冠军。在 20 世纪 40 年代，印尼还没有举行过全国比赛，而他已打败了能遇到的所有选手。1951 年，在苏迪曼先生的积极倡导下，印尼羽毛球协会正式诞生，苏迪曼先生本人被选为该协会首任主席。由于苏迪曼先生的忘我和卓有成效的工作，他连续 22 年当选印尼羽协主席。苏迪曼先生 1973 年被选为国际羽毛球联合会理事，1975 年出任国际羽毛球联合会副主席，直至 1986 年去世。苏迪曼在任职国际羽联副主席期间，首先提出倡议并为促使国际羽联和世界羽联的合并积极奔走，终于于 1981 年促成了两大羽联的合并，结束了世界羽坛分裂的状况，开启了羽坛新时代。

"苏迪曼杯"羽毛球赛的奖杯是一个镀金银杯，由印尼万隆工学院学生鲁斯南迪雕刻。奖杯是一个羽毛球造型，在基座上雕刻了举世闻名的古迹婆罗浮屠佛塔的造型，整个奖杯高 80 厘米。

"苏迪曼杯"羽毛球赛按各个国家和地区球队的实力分为 A～G 等 7 个级别，但只有参加 A 级比赛的 6 个队有资格争夺冠军。杯赛各级别之间实行升降级制。B～G 组的小组第一名在下届比赛中升到上一组，最后一名降到下一组。"苏迪曼杯"羽毛球赛采取 5 局 3 胜制，分别设男、女单打，男、女双打和混合双打 5 项比赛。

"苏迪曼杯"自首次举办了到 2011 年共举办 12 届，其中中国队、韩国队和印尼队各获得 8 届、3 届和 1 届冠军。2005 年"苏迪曼杯"羽毛球赛在中国首都北京举行，中国羽毛球选手再一次向世界展示了我国羽毛球运动的整体水平。

5. 国际奥林匹克运动会羽毛球比赛

经过国际羽联的不懈努力，羽毛球比赛于 1992 年入驻奥林匹克运动会，成为正式比赛项目。1970 年国际羽联就开始准备进入奥运会的工作，直至 1985 年 6 月 5 日，在国际奥委会第 90 次会议上才决定将羽毛球列为奥运会的正式比赛项目。1972 年的第 20 届与 1988 年第 24 届奥运会，羽毛球作为表演项目举行。1992 年巴塞罗那第 25 届奥运会，羽毛球正式成为比赛项目，其中设有男子单打、女子单打、男子双打和女子双打 4 个项目。这 4 个项目亚洲代表队较占优势，为了羽毛球运动的发展，国际羽联根据欧洲代表队的特点建议奥委会增设混双项目并获得成功。

国际奥委会对奥运会羽毛球项目参赛选手名额有严格限制，比赛根据世界排名，选出前 33 名单打运动员、19 对双打选手和 17 对混双选手直接参加奥运会。但每个项目中至少必须包括有五大洲的各 1 名运动员和 1 对选手。这些运动员必须是世界排名最前面的运动员。如果在世界排名中仍没有某洲的选手，则以在积分期间的最近一次洲比赛中的冠军选手出席。东道国应有不少于 2 名运动员参加比赛。每个国家和地区在 1 个项目中最多只能有 2 个席位，多出的席位让给排名后位的选手。

在 1992 年巴塞罗那第 25 届奥运会的首次羽毛球比赛中，中国羽毛球运动员共获得一枚银牌和四枚铜牌。在 1996 年亚特兰大第 26 届奥运会上，中国羽毛球健儿共夺得一枚金牌、一枚银牌和两枚铜牌。2000 年悉尼奥运会中国选手取得最佳成绩，夺得男单、女单、女双、混双 4 金。2004 年雅典奥运会中国队获得女单、女双、混双 3 金。2008 年北京奥运会中国队获得男单、女单、女双 3 金。2012 年伦敦奥运会中国羽毛球队实现了包揽 5 金的突破。

6. 其他

此外，较具影响力的还有世界羽毛球大奖赛总决赛（现已停办），世界杯羽毛球赛（现已停办），世界青少年羽毛球锦标赛，各国羽毛球公开赛、大奖赛、超级赛、锦标赛等。如马来西亚羽毛球公开赛、新西兰羽毛球大奖赛、印尼羽毛球顶级超级赛、中国羽毛球顶级超级赛等。

> 现代羽毛球运动源于英国。19 世纪，英国人将羽毛球运动带到了它的殖民地。随着羽毛球运动的发展与普及，为什么世界羽毛球强国绝大多数都曾经是英国殖民地或半殖民地的国家？

（二）国内主要羽毛球比赛

为了加强国内羽毛球的交流及推动此运动的发展，国家体育总局（组织全国性羽毛球比赛）及各地方主管部门（组织地区性羽毛球比赛）组织各类比赛。这些比赛对加强我国各地区羽毛球技术的交流、发展，培养高水平运动员，发挥了积极的作用。

1. 全国性羽毛球比赛

全国性羽毛球比赛是由国家体育总局乒乓球羽毛球运动管理中心统一安排，委托地方主管部门举办的比赛。其主要包括全国性运动会（全运会、城运会等）羽毛球赛，全国羽毛球锦标赛（团体、单项），全国羽毛球甲级、乙级赛，各类全国男子、女子羽毛球单项赛，全国青少年羽毛球赛和全国少年儿童业余体校羽毛球赛。为提高我国羽毛球双打的技术水平，国家体育总局还安排了全国双打冠军赛（男、女双打和混合双打）。

全国综合性运动会极其重视羽毛球比赛，1959 年第一届全运会就将羽毛球列入正式比赛项目，设有团体和 5 个单项比赛。这也是唯一一个 4 年举办一次的全国性羽毛球比赛，其他基本每年举办一次。为了适应不同层次羽毛球运动员的发展需要，各类比赛规程有所区别，如具有年龄组、比赛项目等参赛条件的限制。

2. 其他类型的羽毛球比赛

除国家体育总局组织的专业比赛外，各地方主管部门及羽毛球协会也组织各类性质的羽毛球比赛，但较多以业余性质为主，如顶级高手间的“天王挑战赛”、“东西南北中羽毛球比赛”，业余爱好者的全民健身羽毛球比赛、全国老年人羽毛球分年龄赛等省级赛、邀请赛、对抗赛以及热身赛等。这些比赛为我国羽毛球运动技战术的发展与普及起到重要作用。

三、世界（中国）大学生羽毛球主要赛事简介

国内外具有影响力的大学生羽毛球比赛较少，但是数目较多，有力地促进了羽毛球

运动在大学生当中的普及，为羽毛球的发展奠定了坚实的基础。

世界大学生羽毛球锦标赛现已成功举办12届，中国大学生代表队在此项比赛中取得傲人的战绩。由于我国对世界大学生羽毛球锦标赛的特殊贡献，我国于2006年承办了第9届世界大学生羽毛球锦标赛，10月10日在中国地质大学（武汉）开赛。此次比赛项目新增设混合团体赛。参赛的有加拿大、捷克、法国、德国、中国等16个国家和地区的113名大学生羽毛球选手。在首日进行的混合团体比赛中，中国队以5∶0战胜了日本队。此赛事每两年举办一次。

国内大学生羽毛球赛事很多，较具影响力的是由中国大学生体育协会羽毛球分会主办的全国大学生羽毛球锦标赛和“全国亿万学生阳光体育运动”羽毛球挑战赛。首届“全国亿万学生阳光体育运动”羽毛球挑战赛于2008年在西北民族大学举行，只设混合团体赛并规定参赛者必须是非体育特长生。此次比赛共有20所高校、近200名运动员参加了比赛。此挑战赛的成功举办，开创了国内专为普通大学生举办体育赛事的先河，对于推动羽毛球运动在高校的普及，增进各兄弟院校之间的友谊、交流与合作有着深远的影响。此外各省、市也组织了各类大学生羽毛球比赛，如粤东高校大学生羽毛球赛、北京市研究生羽毛球联赛、浙江省大运会羽毛球赛、河南省大学生羽毛球锦标赛以及长春市大学生羽毛球联赛等。

四、羽毛球拍、球和弦的选择

羽毛球运动的业余爱好者和运动员对羽毛球拍的选用非常重视，特别是经过一段时间的训练达到一定水平的人，都希望能有一把适手的球拍，在此，对球拍、球和弦的选择和保护的常识，进行简单介绍。

1.羽毛球拍的选择

现在许多羽毛球产品生产商都以高科技来设计与制造羽毛球用品，使球员更能享受羽毛球运动的乐趣和取得更好的成绩。对一个羽毛球爱好者而言，选择适合自己的拍子，要注意以下几个因素：

（1）羽毛球拍的重量要合适：拍子不是越轻越好，拍子轻了挥动速度虽然快，但是在扣球时会感觉用不上劲，影响击球的力量。

（2）检查拍子的整体结构：拿到球拍后，挥动几下，看看是否震手。震手的拍子一定是拍杆太硬；不震手，说明拍杆较有弹性。

（3）根据个人情况选择适合自己的羽毛球拍：例如在单打时，适合选择加长型的球拍；如果是攻击型选手，应选择重量稍重、中硬性的球拍。在双打时，最好选择标准长度的球拍，如果是防守型选手，应选择较轻的球拍。

（4）看一下弦装得是否匀称：交叉弦组成的每个方块都要同样大，每条弦的松紧度要一致。

(5)拍形与甜区：

拍形就是指拍头的几何外形，现在一般有三种：

a. 传统的卵形；

b. 头部为方形的 ISO 拍形；

c. 弦面更大的加大 ISO 拍形。

甜区就是指球拍面的最佳击球区。当击球点在甜区时能给你足够的击球威力、控球性，震动感很小，你会觉得很舒适。甜区的大小对球员是很重要的，它能使球员更容易打出高质量的球，框形是决定甜区大小的最关键因素。

(6)羽毛球拍的材质：可分为碳素纤维、碳铝一体、铝铁一体和铝铁分体式等几种。材料的选用对拍子的重量和价格有直接的影响。一般来说全碳羽毛球拍的重量最轻，是目前的最常用的球拍，大多为 85～94 克，价格也比较贵，一般在 200 元以上；而铝框羽毛球拍的重量一般在 95 克以上，价格从几十元到一百多元不等。

2. 羽毛球拍的重要参数

G：用来表示羽球拍柄粗细，一般为 4G、5G，4G 适合手大的人用。

U：一般的羽球拍在说明资料里都会用 U 来表示重量，具体的重量是 3U 为 85～89 克，2U 为 90～94 克，U 为 95～99 克。

(1)羽毛球拍平衡点：相同质量标志的球拍因平衡点位置不同，拿在手里感觉会不一样。如果羽毛球拍的平衡点靠近拍头，则感觉到头部较重；如果球拍的平衡点更靠近拍柄，则感觉到头部较轻。平衡点是从球拍底部开始量，单位是厘米或英寸。根据力学原理，重量与挥拍的感觉成正比，而平衡点与挥拍的感觉成平方正比。

头重的球拍因拍头惯性更大，打出的球更有力量但挥拍灵活性略差，适用于进攻和那些力量不足的球员。

> 为精确控制平衡点，一般采用改变拍柄的质量来改变平衡点，以期达到对平衡点的控制。

头轻的球拍虽然较为灵活，但打出的球力量较小，而且球拍传递的震动也会较大，适用于防守控制型和追求速度的球员。

(2)加长型羽毛球拍：标准羽拍的长度为 664 毫米，加长型羽拍一般是比标准长度长 10 毫米，加长的最主要部分为拍杆。加长型球拍击球点比较高一些，对提高进攻有一定的帮助。

(3)羽毛球拍硬度：击球时球在羽球拍上的停留时间只有千分之四到六秒，在击球前的挥拍过程中和球拍击到球时，拍杆有一个弯曲和复原的过程，在球拍尚未回到原位以前球已经飞离拍面。

在球员力量相同的情况下，拍杆越软其在击球前的挥拍过程中越容易弯曲，弯曲幅度也更大，从而带动拍头以更大的角速度移动，产生更大的击球力量。拍杆越硬则击球时能传递给球的力量就越少，但更能减少击球震动的传递。

对于羽毛球拍框而言，拍框的硬度越大，接触球时就越不易发生变形和扭动，越能把更多的力量传给羽毛球，同时传递的震动也越少。

3. 羽毛球拍硬度与控球性的关系

(1)方向的控制性：当球拍击球时，球可根据击球的方向或角度回击。拍杆、拍框越硬其对于方向的控制稳定性越高，而且当球并非打在拍面的甜区时，越硬的球拍扭力越小。

(2)深度的控制：这是指被回击的球飞行的距离(落点)的控制。深度的控制和球员本身的力量有关，力量相同的情况下，拍杆越软对深度的控制性就越好。

4. 羽毛球的选择

(1)羽毛球的种类

家庭中常用的羽毛球：一般多为室外用球，商店里称之为红头羽毛球，因为此种球的底托是用红色橡胶所做的，所以，打起来比较省力，弹力好，使不了多大劲即能打出很远。

比赛用球：也叫室内羽毛球，其底托的用料内为软木，外包白色羊皮，选料、制作都比较严格。

全塑羽毛球：每个球为一个整体，其制造工艺很简单，不必编线捆绑，也不会发生掉毛问题，成本也比较低，但用起来不如前两种那么好。

(2)挑选羽毛球的标准

主要看羽毛球底托的质量好坏。红托球的橡胶薄厚要均匀，胶合紧密。白托球的软木直径应为 25 毫米，其形状要圆，木质要软，羊皮膜包扎要细、要牢固。检查球托弹力是否好时，可用手捏一捏，也可以将球在球拍上轻轻向上托几下。

还要看羽毛是否扎牢。每个羽毛球规定要扎 16 根羽毛。最好的羽毛为鹅翎，因鹅翎翎管坚硬、挺直，抗打耐用，下落速度符合标准。鸡、鸭翎就不如鹅翎好，其翎管细、管壁薄，常常会出现弯曲现象。挑选羽毛时，羽毛为越白越好(专门染色的除外)。羽毛长度要在 60～70 毫米，要长短一样、间隔均匀，毛翎要粗细相同，不可有倒毛、断梗、虫蛀等毛病，否则球打出去飞行的轨迹不正。

(3)比赛用球规定

羽毛球应有 16 根羽毛固定在球托部，羽毛长 64～70 毫米。但每一个球的羽毛从托面到羽毛尖的长度应一致。

羽毛顶端围成圆形，直径为 58～68 毫米，羽毛应用线或其他适宜材料扎牢。球托直径 25～28 毫米，底部为圆形。羽毛球重 4.74～5.50 克。

非羽毛球制成的球：用合成材料制成裙状羽毛，尺寸和重量同羽毛制成的球相符，但与天然羽毛在比重、性能上的差异，可有允许不超过 10%的误差。

球的检验：站在端线外，用低手向前上方全力击球，球的飞行方向须与边线平行。一个具有正常速度的球，应落在离对方端线 530～990 毫米的区域内。

5.拍弦的选择

比较高级的羽毛球拍，一般都没有上拍弦，而是让人们根据自己的情况来配制适宜的弦并控制上弦的松紧度。一般而言，上好拍弦的球拍都比较便宜，所上的拍弦性能也是比较差的，因此它只适合初学者，因为初学者对拍弦的结构、粗细、张力等性能比较不敏感。

> 拍弦的种类：羊肠弦、尼龙弦、牛筋弦和化纤羊肠合成弦四种。

(1)羊肠弦弹性好，但易磨损，因而易断。

(2)尼龙弦美观，但弹性稍差，受气温的影响也较大，冬天发脆易断。

(3)牛筋弦较结实，价格也低，但弹性差。

(4)化纤羊肠合成弦，是目前正式比赛中专业选手所选用之拍弦。它吸取了上述弦的长处，避免了各自的短处，具有既牢固可靠，又弹性颇佳的特点。

第二节　羽毛球运动分类、特点与价值

一、羽毛球运动的分类

羽毛球击球技术方法多种多样，通常，从以下几个方面加以区分。

(一)以击球点在击球者身体位置的方向区分

(1)正手(正拍)：用持拍手掌心一面的拍面击球，一般用来击打持拍手身体同侧的球。

(2)反手(反拍)：用持拍手手背一面的拍面击球，一般用以击打持拍手身体异侧的球。

(3)头顶球：击球者用正拍拍面击打反手区的上手球。

(4)上手球：后场击球时，击球点在击球者肩部以上；网前击球时，击球点在球网下沿以上的位置。

(5)下手球：后场击球时，击球点在击球者肩部以下；网前击球时，击球点在球网下沿以下的位置。

(二)以击球者击球时在场上的位置区分

(1)前场：前发球线附近至球网区域。

(2)后场：从端线至场内约1米处。

(3)中场：前、后场区之间的区域。

(4)左、右场区：以场地的中线为界，分为左、右两个场区。

（三）以球的飞行弧线和落点区分（图 2-9、图 2-10、图 2-11）

（1）高远球：从场地一边的后场，以高弧度击到对方场地后场。

（2）平高球：从场地一边的后场，以较低的弧线高度（不让对方中途拦截到）把球击到对方后场。

（3）平射球：从场地一边的后场，以较平的弧度击到对方场地后场。

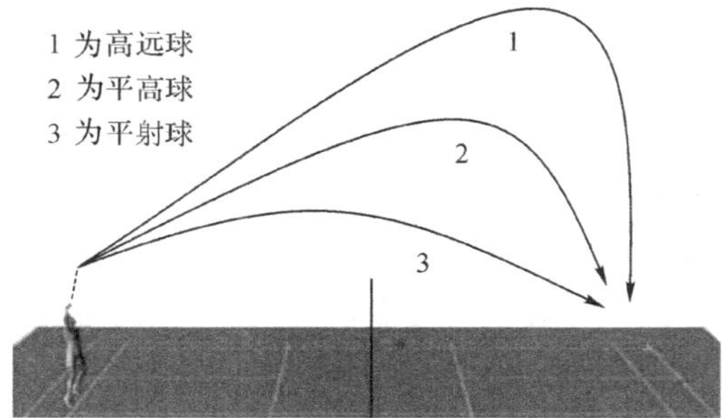

①击球时高远球、平高球、平射球飞行弧线图

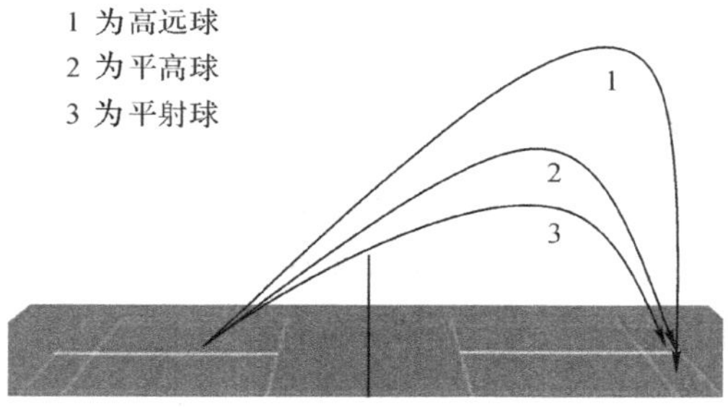

②下手发球时高远球、平高球、平射球飞行弧线图

图 2-9　以球的飞行弧线和落点区分

（4）平抽挡球：击球点在击球员身体的两侧或近身，把球以与地面平行或稍向下的弧度线击到对方场区。

（5）吊球：从场地一边的后场，把球以向下飞行的弧线击到对方近网场区。

（6）扣杀球：从场地一边的中、后场，使球快速向下直线飞行到对方场区。

1 为平抽挡球
2 为吊球
3 为扣杀球

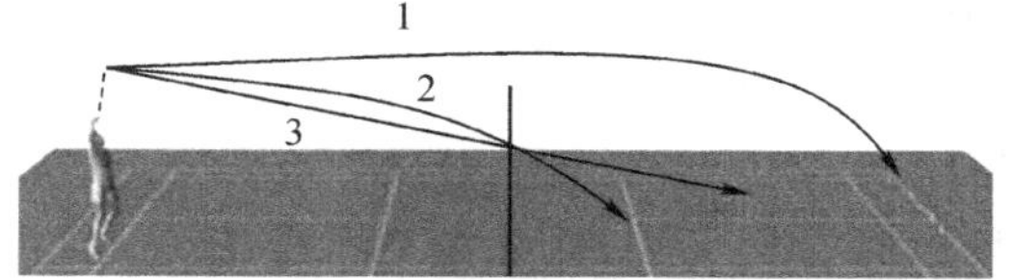

图 2-10　平抽挡球、吊球、扣杀球飞行弧线图

(7)挑高球:在前场或中场低于球网处,把球向上以较高的弧度击到对方后场。

(8)扑球:在近网高处把球以快速直线向下的路线击到对方场区。

(9)放网前球:把球从本方网前击到对方近网区。

(10)搓球:用拍面切击球托,使球带有旋转和翻滚飞行过网。

(11)勾球:在网前把球以对角球路线击到对方网前。

(12)推球:在靠近网的三分之一上部,把球以低平的弧线击到对方后场区。

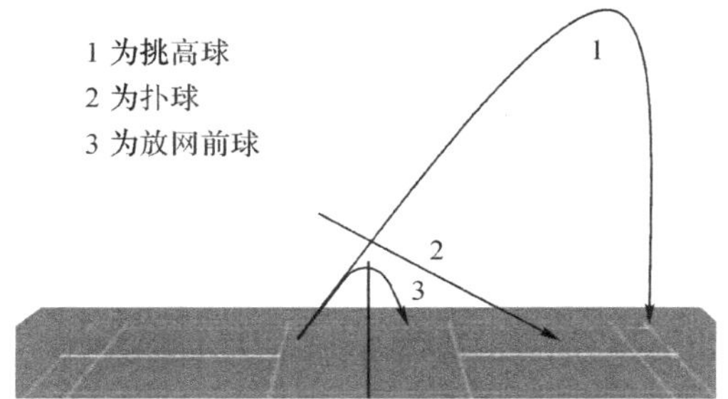

图 2-11　挑高球、扑球、放网前球飞行弧线图

综合以上名称,可以用两个或三个名称组合,来表示某一击球在场上位置和击出球形式。如正手杀球、头顶吊球、反手扑球、正手推对角、中场正手平抽、后场正手杀球等(图 2-12)。

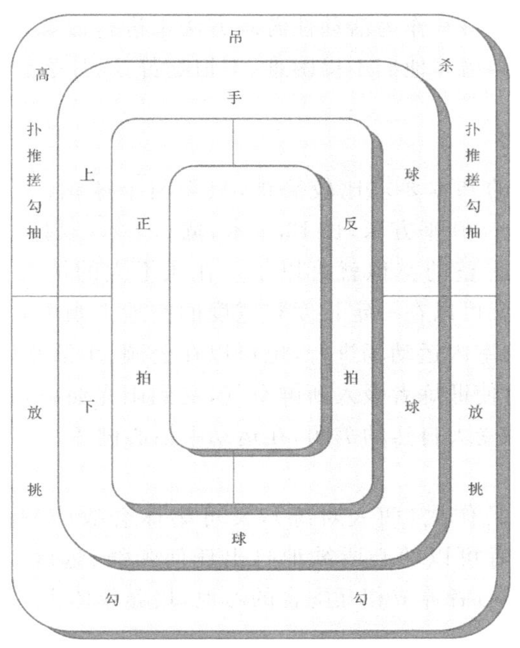

图 2-12　组合动作示意图

二、羽毛球运动的特点

(一)羽毛球是一种全身运动项目

无论是进行有规则的羽毛球比赛还是将其作为一般性的健身活动,都要在场地上不停地进行脚步移动、跳跃、转体、挥拍,合理地运用各种击球技术和步法将球在场上往返对击,因此增大了上肢、下肢和腰部肌肉的力量,加快了锻炼者全身血液循环,增强了心血管系统和呼吸系统的功能。据统计,大强度羽毛球运动者的心率可达到160～180次/分,中强度运动心率可达到140～150次/分,低强度运动心率也可达到100～130次/分。长期进行羽毛球锻炼,可使心跳强而有力,肺活量加大,肌肉耐久力提高。此外,羽毛球运动要求练习者在短时间对瞬息万变的球路做出判断,果断地进行反击,因此,它能提高人体神经系统的灵敏性和协调性。

(二)可调节运动量

羽毛球运动适合于男女老幼,运动量可根据个人年龄、体质、运动水平和场地环境的特点而定。青少年可将其作为促进生长发育、提高身体机能的有效手段进行锻炼,运动量宜为中强度,活动时间以40～50分钟为宜。适量的羽毛球运动能促进青少年增长身高,能培养青少年自信、勇敢、果断等优良的心理素质。老年人和体弱者可将其作为保健康复的方法进行锻炼,运动量宜较小,活动时间以20～30分钟为宜,达到出出汗、弯弯腰、舒展关节的目的,从而增强心血管和神经系统的功能,预防和治疗老年心血管和神经系统方面的疾病。儿童可将其作为活动性游戏方法来进行锻炼,让他们在阳光下奔跑跳跃,并要求他们能击到球,培养他们不畏困难、不怕吃苦、不甘落后的品质。

(三)简便性

1.不受场地的限制

羽毛球活动对设备的基本要求比较简单,只需两个球拍、一个球和一条绳索即可。正规比赛场地面积仅65～80平方米,长13.4米,宽6.1米(双打)或5.18米(单打),平时进行羽毛球活动只要有平整的空地就可以了。在风不大的情况下,可以在户外进行活动,只要把球网架起来,就可以在一定长度和宽度的空地上画上几条线,让双方对练。因此,它不仅可以在正规的室内运动场进行,也可以在公园、生活小区等处广泛地开展。当它作为户外运动时,还可使锻炼者吸入新鲜空气,受到阳光照射,并改善人体的血液循环和新陈代谢,同时使人感受大自然的美丽,在运动中怡心健体。

2.集体、个人皆宜

羽毛球运动既可单兵作战(两人对练),又可集体会战(双打练习或三人对三人对练)。两人对练时,练习者可以随心所欲地打出任何弧线、远度、力量、速度及落点的球来;集体会战则可以使练习者养成相互配合的习惯,培养集体主义精神。

3.不受年龄、性别的限制

羽毛球运动游戏性较强，运动量可大可小。身强力壮的年轻人可以将球打得又刁又重，拼尽全力扑救任何来球，尽情散发自己的青春气息；年老体弱的练习者可以把球轻轻地击来打去，根据自己的要求来变换击球节奏，从而达到锻炼身体、延年益寿的功效，既活动了身体，又娱乐了心情。不同年龄、不同性别以及不同体质的人都能在羽毛球运动中找到乐趣。

三、羽毛球运动的价值

（一）娱乐性

1.自娱性

羽毛球作为一种娱乐活动，参与者在球的对击过程中，通过不停地奔跑和身体的变化，努力地去把球击到对方的场地。每当击球者在击出一个好球或赢得一个球时都能使自己兴奋并获得一种成功的喜悦。同时球的飞翔又有快慢、轻重、高低、远近、狠巧、飘转等变化，使这种运动本身充满了丰富的乐趣。

2.观赏性

由于羽毛球技术千变万化，羽毛球运动有很高的可观赏性。如猛虎下山的上网技术，蛟龙出水一样的跳起击球，身如满弓的扣杀，犀牛望月似的抢扑救球，进攻时似高屋建瓴、势如破竹，防守时的绵绵细雨、固若金汤，一切都在展示着羽毛球运动的力与美，使观赏者像吟读一首动人的诗，浏览一幅悦目的画，令人心旷神怡、流连忘返。

（二）锻炼性

1.增强体质

羽毛球运动可以全面增强人的体质。前场、后场快速移动击球，中后场的大力扣杀球，被动时的扑救球，双打的换位击球等都需要练习者有较好的力量素质、速度素质、耐力素质、灵敏素质、柔韧素质以及快速的反应能力。扣杀需要力量。在双方对拉回合的过程中，为了取得主动需要有较快的速度和速度耐力；在扑救球时（多半是被动情况）又需要有很好的灵敏素质和柔韧素质；双打中又需要极快的反应与判断能力。因此，经常从事该项体育活动可以发展人体的灵活性、协调性，可以提高人们上下肢及躯干的活动能力，改善呼吸系统和心血管系统的功能，提高有氧供能和无氧供能的能力，调节神经系统并提高其抗乳酸的能力，而且能起到增进健康、抗病防衰、调节精神的作用。

2.培养意志

羽毛球运动因其竞争性、对抗性、大强度等诸多因素的要求，使意志品质在该项运动中占有非常重要的地位。羽毛球比赛经常遇到这类情况，即运动员出现了“极点”。这种现象不是一方出现，在势均力敌的情况下往往是双方先后都会出现，甚至几乎是同时出现（如一个球打了很多回合），这时就看谁能再坚持一下，胜利往往存在于再坚持一下之中。这时候就要靠顽强的意志品质和坚定的信念去坚持。

即使不在比赛中，这项活动也需要较强的意志，否则你将不能很好地完成该项练习，且练习中应该产生的愉悦、趣味及锻炼价值也将荡然无存。

3. 陶冶心理

羽毛球活动包括对对方战术意图的揣摩，对各种战机的把握，对自己运用战术的选择等智力因素。因此，经常从事该项运动可以使人思维敏捷。同时，由于比赛的紧张、竞争的激烈，练习者的心理素质得到很好的锻炼。在竞争中，强化进取精神，使人的智、勇、技在竞争与对抗中得到升华。能够做到临危不乱、泰然处之，既增长了智慧又陶冶了心理，不仅能在羽毛球活动中应付自如，而且能以良好的心态、正确的人生观去面对事业、家庭、荣辱等。

第三节　羽毛球运动对当代大学生的健身原理与价值

健身运动要根据健身者的体质状况和本人要求，因人而异，才可能达到预期的目的。要想取得事半功倍的锻炼效果，必须掌握一些基本的健身运动原理，并运用这些基本原理进行科学锻炼，进而达到提高身体素质和适应自然环境的目的。

一、遗传性与变异性原理

遗传是生物的一种属性，是生命世界的一种自然现象。遗传使生物体的特征得以延续，变异则产生了各种各样的生物，遗传与变异构成了生物进化的基础。

从 19 世纪奥地利学者孟德尔提出"遗传因子"概念，到科学家公布人类基因组"基本信息"，百余年来，人类对自身的认识已经向前迈出了一大步。

"种瓜得瓜，种豆得豆"，鸭蛋孵不出小鸡来，这就是遗传。遗传是一种生命活动，是一种物质的运动形式。生物在进行有性繁殖时，亲代（上一代）和子代（下一代）之间唯一的物质联系是配子。配子有细胞核，核内有染色体，核内的染色体由蛋白质和脱氧核糖核酸（DNA）分子组成。DNA 分子构成的基因负责将亲代特征的遗传信息传递给子代。来自雌雄双亲的配子结合为合子（受精卵），由合子发育的个体包含了来自双亲的遗传信息。在一个细胞发育过程中，性状逐渐发生变化，这是细胞分化的过程。在细胞分化过程中，遗传信息还可以在环境因子的作用下，在一定范围内发生变化，所以子代既不会同任何一个亲体完全一样，而且彼此间也不会完全相同，甚至孪生个体间也不会一模一样，这就是变异。遗传与变异是生物进化的基础和动力，没有遗传，物种就不会延续；没有变异，生物就不会进化，人类就不会发展。遗传是亲代将遗传信息传递给子代，影响和控制子代的生长、发育、繁殖、衰老和死亡。但是，全部的遗传信息必须在一定的环境下，才能逐步实现，这就是遗传的相对性。

生物的性状是由基因决定的，但这并不是说性状和基因之间只是一种简单的对应关系。基因与基因之间、基因与基因产物之间形成了一个十分精细的相互作用网络。由于各种内外环境因素千差万别，处于动态变化之中，生物体的性状就会出现千姿百态。因此，我们说变异是绝对的。

二、新陈代谢原理

生命的基本特征，就是有机体与周围环境之间不断进行新陈代谢。新陈代谢包括同化作用和异化作用两个过程。机体从外界环境中摄取营养物质后，把它们改造成自身物质或暂时贮存的过程叫同化作用或合成代谢；机体把组成自身的物质或贮存于体内的物质进行分解，同时释放能量，供给生命活动需要，叫异化作用或分解代谢。合成代谢和分解代谢的总和叫物质代谢。在合成代谢时，小分子建造成大分子，这个过程需要能量。在分解代谢过程中，贮存在大分子中的能量被释放出来，除了供合成代谢需要之外，其余则转化成热能、机械能、电能等以维持机体正常的需要。所以物质代谢必然伴随着能量的转移，这种能量转移的过程叫能量代谢。物质代谢和能量代谢的总和就是新陈代谢。体育锻炼可以促进人体的新陈代谢过程和提高机体活动水平。

（一）物质代谢和能量代谢

1. 物质代谢

物质代谢主要包括糖类代谢、蛋白质代谢、脂肪代谢等，糖类、蛋白质、脂肪是人体内最重要的三大类营养物质和能量物质。

（1）糖类代谢

糖是人体组织细胞的重要组成部分之一，它在体内的含量虽然比蛋白质和脂肪要少，但它是人体所需能量的主要来源，而且是人体最经济的供能物质，约占总能量消耗的70%，各器官、肌肉和大脑活动所需要的能量首先由糖来供应。糖在体内除提供能量外，还可以转变成蛋白质和脂肪。

食物中的糖类必须经过消化分解成单糖才能被吸收。被吸收后的单糖通过血液进入到肝脏后，一部分被肝脏合成肝糖原，一部分随血液运到肌肉合成肌糖原，其余部分被组织直接氧化利用。糖的氧化方式主要有两种：一种是无氧氧化，它是指人体在缺氧情况下，组织细胞的糖原经过一定的化学变化，产生乳酸，并放出一部分能量的过程，又称糖酵解；另一种是有氧氧化，它是指机体在有氧条件下，糖原分解为葡萄糖被彻底氧化，生成二氧化碳和水，并释放能量的过程。

（2）蛋白质代谢

蛋白质是生命的基础，是建造、修补和再生组织的主要材料，如在代谢过程中所需要的一切酶都是由蛋白质组成的；血液中携带氧的血红蛋白；某些激素也是蛋白质；肌肉收缩以及神经系统的活动也与蛋白质有关。蛋白质在分解时会产生能量，是体内能量来源之一，所以蛋白质代谢在整个机体的代谢过程中占首要地位。蛋白质是具有多种功能的营养物质并参与生命活动的全过程。

（3）脂肪代谢

脂肪是一种含能量最多的物质，其在体内氧化所释放出的能量是同等量糖或蛋白质的2倍，但是体内能量供应首先来源于糖。在氧化时产生同等能量的情况下，糖的耗氧量要比脂肪少，而且易于被氧化。所以在进行长时间较大强度运动时，由于氧供应不足，糖酵解是机体供能的主要方式，但随着体内糖贮量的逐渐减少，运动强度趋缓，氧供应紧张状况缓解，脂肪供能的比例将逐渐增加。在开始运动阶段，糖的利用与消耗要多于脂肪，随着运动时间的延长，脂肪逐渐变成主要能源。

2. 能量代谢

物质代谢与能量代谢是两个紧密联系的过程，在能量代谢过程中可使各种物质的势能转变为动能，供人体做功时消耗。

（1）基础代谢

它是指人体在清醒、静卧、空腹和20℃的环境温度下的能量代谢。基础代谢率是单位时间内维持生命最基本活动所消耗的最低限度的能量。基础代谢率单位为千焦/（米^2·时）。

（2）有氧氧化供能

有氧氧化是指糖、脂肪和蛋白质在氧的参与下分解为二氧化碳和水，同时释放大量能量，供二磷酸腺苷再合成腺苷三磷酸（ATP）。

氧的充分供应是实现有氧氧化的前提。人体的摄氧能力越大，有氧氧化水平越高。所以人体VO_2max的大小是人体有氧氧化能力的重要标志，也是耐力素质的物质基础。由于人体的有氧氧化能力与VO_2max密切相关，所以限制VO_2max的因素也就是影响有氧氧化能力的主要因素。在这些因素中，心输出量最为重要，其次是血液的携氧能力，以及肺通气功能和气体交换率等因素。因此，在体育锻炼中加强心血管系统的功能对提高有氧氧化能力是非常重要的。

（3）无氧氧化供能

无氧氧化供能是指在无氧或氧供应不足情况下的供能，它包括ATP和磷酸肌酸（CP）分解供能、糖原无氧分解供能两种形式。在肌肉运动刚开始时，所有的能量都是由ATP、CP分解供给，不需要糖的有氧氧化参与。由于ATP、CP分解释放能量时不需要氧，也不产生乳酸，故叫非乳酸能。一般在大强度运动时，非乳酸供能可持续几秒钟。

（4）人体运动时的能量供应

人体运动时要消耗大量的能量，能量的直接来源是ATP。由于ATP在人体的贮存有限，必须通过有氧或无氧氧化途经不断地供应能量。无氧氧化供能形式有CP-ATP和乳酸能两个系统。有氧氧化的能源主要有糖类,脂肪和蛋白质氧化后也能合成 ATP 提供能量。

(二)用进废退

体育锻炼过程的生理本质是有目的地通过重复的身体练习,给人体各器官系统一定的生理负荷刺激,使人体在生理供能、生物化学和形态结构等方面发生一系列适应性增强。如果体育锻炼终止一段时间,则人体已获得的适应又会逐步地消失。因此,体育锻炼必须坚持经常性和持久性。

1. 可锻炼性原则

虽然人体的许多机能都与遗传信息有密切的关系,但是遗传因素仅仅规定了人体生理功能发展的可能性范围,后天的锻炼却可以充分地挖掘人体的全部遗传潜力,使各器官生理功能达到发展范围的上限。例如一些人到海拔 4000～5000 米的高山上生活几周或几个月时间,他们的肺通气量就会增大,血液中红细胞的血红蛋白含量也会增大,使机体适应高海拔空气稀薄环境。体育锻炼增强机体各器官功能的过程,本质上就是一种积极的生理适应过程。人体各器官生理功能在适宜的生理负荷刺激下,会产生一系列新的变化,如耐力锻炼(或称有氧活动)可引起机体多方面的适应变化。

(1)心血管系统

经常参加耐力锻炼,可使心容量增大、静脉回流量增多、心肌收缩能力增强,并使每搏心输出量和最大心输出量明显增加。最大心输出量的增加可以有效改善心血管系统的机能。

(2)呼吸系统

经常参加耐力锻炼,可使肺通气量增大,吸进肺部的新鲜空气就多,气体交换后进入体内的氧量也就更多。此外还可以增加呼吸肌耐力,提有氧耐力的持久性,减少运动时喘不过气来的感觉。

(3)VO_2max

VO_2max 是衡量心肺适应水平最好的指标。持续 12～15 周的耐力锻炼,可使 VO_2max 增加 10%～30%。

(4)骨骼肌和供能系统

经常参加耐力锻炼,可以增强骨骼肌的有氧供能能力,提高脂肪的利用能力,如经常骑自行车的人可增强腿部的肌肉耐力等。

2. 可逆性原则

可逆性原则是指通过锻炼可以提高人体运动能力和增强机体各器官系统的功能,但这些提高和增强是可逆的,可因为中断锻炼而逐渐消退。这就是人们通常所说的“用进废退”。

有人在研究锻炼次数与力量消退的关系时发现,每天锻炼持续 20 周,力量增长

100%，之后锻炼停止，30 周后增长部分完全消退。如果在 45 周中每周仅锻炼 1 次，虽然力量只增长 70%，但停止锻炼 70 周后，增长部分完全消退。这表明力量急速地增长，消退也快；力量缓慢地增长，保持的时间也较长。

另一组实验证实，通过 10 周锻炼，力量增长后，如果以后 30 周不锻炼则增长部分完全消退；如果以后每 6 周锻炼 1 次，则能保持较长一段时间；如果以后每 2 周锻炼 1 次，则增长部分基本保持原来水平。

不同项目的身体素质，所表现的可逆性变化也不相同。在同等情况下，肌肉耐力水平下降最快，而肌肉力量、速度、爆发力、协调性等方面的锻炼效果提高慢，消退也慢。

3. 超量恢复

在体育锻炼结束后，人体的各种机能活动仍处于一个较高的水平，必须经过一段时间后，才能逐渐恢复到运动前状态。这一段时间的机能变化，叫做恢复过程。运动后的恢复过程与运动本身同样重要。需要说明的是，各种机能并不是在运动结束后才开始恢复，而是在运动过程中随着能量物质分解后再合成就开始恢复了，只是这阶段的消耗（分解）超过了恢复（再合成），所以能量物质逐渐减少。能量消耗与恢复过程可简要分成 3 个阶段（图 2-13）。

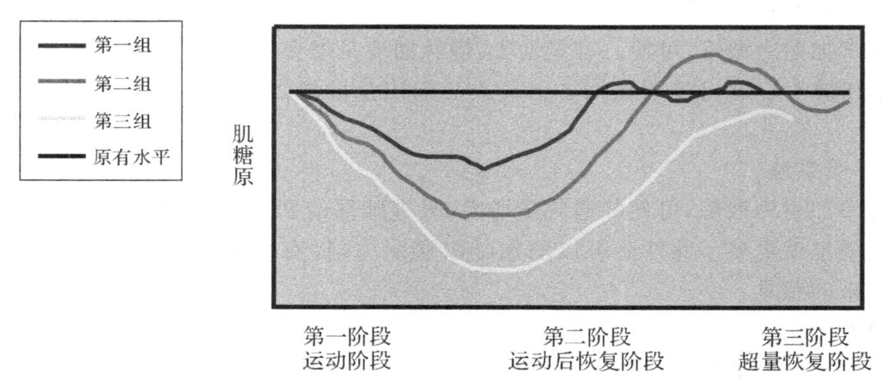

图 2-13　不同活动量时肌糖原的消耗与恢复示意图

第一阶段：运动阶段。此时能量消耗过程占优势，虽然恢复过程也在进行，但由于运动时间长、强度大，消耗多于恢复，所以能量物质不断减少，各器官系统的功能下降。

第二阶段：运动后的恢复阶段。由于运动停止后消耗过程减弱，恢复过程便占了明显的优势，这时能源物质和器官系统的工作能力逐渐恢复到原来的水平。

第三阶段：超量恢复阶段。运动时被消耗的能量物质不仅能够恢复到原来的水平，而且在一段时间内还会超过原来水平的情况，称为超量恢复。超量恢复保持一段时间后又回到原来的水平。

从能量消耗和恢复过程 3 个阶段的特点可以看出，在超量恢复阶段进行下一次锻炼

效果较好。

（三）健身运动价值阈

健身运动价值阈是指在健身运动中，为获得最佳锻炼效果并能确保安全的运动负荷。这是每个参加健身运动的人都会遇到的问题。要回答这个问题首先要弄清楚个体的身体机能状况和本人的锻炼目标，在此基础上确定锻炼内容、锻炼方法、运动强度、运动时间和锻炼频率。

1. 身体机能状况

身体机能状况一般包括医学临床检查、运动负荷实验和体能测验等几方面。前者主要了解健康状况，其他主要了解体质情况。

2. 锻炼目标

锻炼目标的确定将直接关系到采用的锻炼方式和运动负荷的大小。一般来讲有这样几类：

- 体质较弱、伤病后康复或为改善健康状况需要的最小运动负荷叫健康阈。
- 为增强心肺功能等与健康有关的体能所需要的最小运动负荷叫锻炼阈。
- 为提高身体素质和运动技能所需要的适宜运动负荷。

3. 锻炼内容和锻炼方法

锻炼内容是指身体练习时从事的运动项目。每一位想参加体育锻炼的人都应该选择一项或几项适合于自己的运动项目作为锻炼的方式，这需要根据本人的体能状况、锻炼目标、爱好、运动的适用性、受伤的危险性和场地设施条件等因素来确定。锻炼方法最好包括3种运动类型，即有氧代谢运动、伸展运动和力量性运动方法。

4. 运动强度

运动强度是指单位时间内人体承受的生理负荷量，它是健身运动价值阈中的核心问题。表示运动强度的指标很多，但最适用的方法是心率指标。通常我们把120次/分以下的心率称为小强度，120～150次/分称为中等强度，150～180次/分以上称为大强度。由于每个人的体质状况不同，同一个强度作用于不同的人，所产生的生理负荷也是不同的，所以我们把本人的最大心率的60%～85%确定为个体的运动适宜心率，它相当于57%～78%VO_2max。如果不知道自己的最大心率，通常采用220减去年龄，再加减10作为个人的最大心率范围。一般健康阈（如进行慢走、中速骑自行车、园艺活动等）所能达到的心率为最大心率的50%～60%；锻炼阈所需达到的心率为最大心率的65%～75%；如果要提高某些身体素质和运动技能的话，运动强度要达到最大心率的75%～85%。

5. 运动时间和运动频率

运动时间是指每次锻炼持续运动的时间。由于运动负荷是运动强度和运动时间的乘积，所以对同等量的运动负荷，可以根据个人的情况，适当调整运动时间。一般来讲，每次锻炼在20～60分钟时间是比较适宜的。如果运动时间太短，就要加大运动强度，否则起不到锻炼效果；但运动强度过大，将使人体的需氧量增大，当需氧量超过摄氧量时，体内就会出现乳酸堆积。所以我们提倡的健身运动是以有氧代谢为主的运动方式。

运动频率是指每次锻炼的间隔时间，一般指每周锻炼的次数。研究表明每周锻炼多于 3 次时，VO_2max 逐渐增加；当锻炼次数增加到 5 次以上时，VO_2max 提高的幅度明显减少；而每周锻炼少于 2 次时，通常没有明显变化。因此，每周锻炼 3～4 次是最适宜的。

三、生命平衡原理

美利坚大学的国家健康中心曾对健康下了这样一个定义，即个体只有身体、情绪、智力、精神和社会 5 个方面都健康，才称得上真正的健康。这 5 个要素是相互联系和相互影响的。在人的生命长河的不同时期、不同阶段，健康的某一要素可能会比其他的要素起更重要的作用，但长期忽视某一要素都可能成为影响健康的潜在危险。只有每一个要素平衡地发展，人的生命才称得上处于完美状态，人才能真正健康和幸福地生活。

（一）生命平衡的内外环境

1. 生命平衡的内部环境

生命活动最基本的特征就是新陈代谢。生物学中的新陈代谢意味着物质的不断交换与自我更新，用新的物质代替旧的物质。代谢过程停止，就意味着生命的终结。人体是由系统组成，系统又是由组织构成，维持生命的正常活动在于各器官系统的平衡状态，神经系统是人体各生理系统中起主导作用的系统，它与循环系统和内分泌系统共同调节着体内各器官的生理活动，保持生命平衡状态，以适应内外环境的变化。

（1）神经体液调节

人体的结构与功能都极为复杂，各器官、系统的功能必须互相联系、互相配合、互相制约才能使人体成为统一的整体。同时人体又是生活在一个经常变化的环境中，当环境发生改变时，体内各种功能也必须进行相应的调整，使身体保持平衡状态，以适应变化着的环境。神经系统的功能就是根据人体内外环境的变化迅速而精确地调节各器官的活动，使它们互相联系、相互配合、互相制约，保持生命的平衡状态。因此，神经系统在人体生命活动中起主导作用。

内分泌系统是由分散在全身各处的一些内分泌腺和一些散在的内分泌细胞组成的。内分泌腺又是由一些腺细胞组成的，腺细胞产生的特殊化学物质称为激素。内分泌腺通常都是在中枢神经系统的调节下进行分泌的，所以又把这一过程称为神经体液调节。

（2）营养

在维持生命平衡的内部环境中，首要因素就是营养。营养是指获取和利用食物的综合过程，它与健康和疾病密切相关。人体的生长发育、生命活动及各种劳动都有赖于体内的物质代谢，以保持身体健康所必需的营养成分。合理的平衡膳食应该由 55％～60％的糖类、25％～30％的脂肪和 12％～15％的蛋白质组成。这三大能量物质提供维持人体所需要的一切能量。维生素是微量营养素的一种，它虽然不能提供机体能量，但三大营养素的分解利用都需要它的参与。无机盐是另一类微量营养素，它是维持人体生理功能所需要的化学元素，对调节身体功能方面有重要作用。对体育锻炼者来讲，水是最应该注意的营养素。对于我们现代人来说，营养中的最大问题是保持平衡膳食。

(3)休息

在工作或运动到一定的时候出现的组织、器官甚至是整个机体的工作能力暂时下降的现象，称为疲劳。疲劳是一种生理现象，经过适当的休息，疲劳消除，机体又重新得到恢复，达到新的平衡状态。产生疲劳的原因有多种，目前主要有以下几种学说：①大脑皮层抑制保护；②能源物质耗竭；③疲劳物质堆积；④内环境稳态失调等。由于疲劳产生的原因不同，因而消除疲劳的方法也不相同。

(4)运动

经常参加体育活动，可以减少现代生活中身体运动不足而营养过剩所引起的肥胖症、心脑血管疾病等“现代文明病”，能使人体保持强健的体格、良好的生理机能、旺盛的精力，使人充满活力、信心和爱心，心胸坦荡，保持乐观主义精神，这种精神还可以影响周围的环境气氛。

2.生命平衡的外部环境

外部环境中对人体健康的影响因素主要有气候变化、环境污染和流行病传播等，它们对人体健康构成了越来越大的威胁。

(二)生命平衡的适应能力

健康有赖于人的生理、心理和社会活动等方面的平衡发展，要保持生命的平衡发展，就必须要提高人的适应能力。适应能力是指人体对所处环境变化的承受能力和协调能力。环境包括自然环境和社会环境。这里仅讨论体育锻炼对人的适应能力的影响。

1.体育锻炼对人的适应能力的影响

(1)体育锻炼对生理适应能力的影响

众所周知，经常参加体育锻炼可以强身健体。其实体育锻炼不仅仅指在运动场上跑步、打球、做操等运动形式，我们平常的步行、骑自行车、攀登楼梯等活动也是体育锻炼。如果自己有意识地增加一点强度，常常就会感到很吃力，气喘吁吁，如果坚持一段时间后，就会发觉逐渐变得轻松起来。这种“逐渐变得轻松”的现象就是体能适应的表现。只要我们了解健身运动的原理，善于利用身体活动的机会(主要是控制强度)，就可以在一定程度上锻炼身体，提高机能的适应能力。

(2)体育锻炼可以提高耐受力

耐受力是指人体对自然界中一些刺激的承受能力，包括对温度、气候、气压等刺激的适应能力。例如常年坚持冷水浴，甚至是冬泳的锻炼者，他们承受低温环境的能力要比普通人强得多。经常参加足球、橄榄球或定向运动的运动员，他们适应恶劣气候条件的

能力要明显高于一般人。因此,适当的体育锻炼可以明显提高人体的耐受能力。

(3)体育锻炼可以提高抗病能力

经常参加体育锻炼,可以增强体质,增强体质可以提高机体的抗病能力,提高健康水平。此外,经常参加有氧代谢运动,可以有效提高人体摄取氧、运输氧和利用氧的能力,增强心脑血管系统的机能,有利于减少体脂,控制体重,提高人体生理适应能力。

2.体育锻炼对心理适应能力的影响

体育锻炼改善心理适应能力主要表现在以下几个方面。

(1)改善情绪状态

这是体育锻炼对心理适应能力最显著的影响。现代社会工作紧张、竞争激烈、生活节奏加快,经常使人产生紧张、焦虑、压抑等情绪反应,体育锻炼可以转移注意力,使人从烦恼中摆脱出来。

(2)培养坚强的意志品德

在体育锻炼时会遇到各种困难,在战胜这些困难的过程中能培养一个人的坚韧性、果断性、自制力和勇敢顽强的精神。从体育锻炼中培养起来的坚强意志品质能够迁移到日常的学习、工作和生活中去。

(3)提高心理素质

经常参加体育锻炼,不仅可以改善情绪状态和培养意志品质,还可以提高锻炼者的注意力、记忆力、思维和想象能力,使人性格开朗、精力充沛、充满自信。

3.消除心理疲劳和心理疾病

疲劳是一种综合性症状,它与人的生理和心理因素有关。现代社会的显著特点之一就是由心理因素产生的心理疲劳所占的比重越来越大。心理疲劳如不及时排除,长期下去会引起心理疾病,而适度的体育锻炼可使人保持良好的情绪状态,消除焦虑症、抑郁症和神经衰弱等,促进人的身心健康。

4.体育锻炼对社会适应能力的影响

(1)社会适应能力的含义

人既是有组织器官的生物人,又是有丰富感情和独特个性的心理人,而从本质上看其又是一个社会人。每个人与社会的适应情况不仅表现在对自己、对社会、对家庭、对集体、对社会的态度上,而且还表现在处理他人和社会问题的能力上。如果一个人在单位与同事领导关系搞不好,更换了工作环境后仍是这样,那就说明他的社会适应能力比较差。

(2)社会适应能力对人的影响

社会适应能力差的人常因人际关系的矛盾而产生心理上的烦恼,如容易出现焦虑、压抑、愤怒等不良情绪反应,长期下去将会引起或加重某些心理疾病。我国著名的医学心理学家丁瓒教授讲:“人类的心理适应,最主要的就是对于人际关系的适应,所以人类的心理病态,主要是由于人际关系的失调而来。”因此,良好的人际关系是人的生命非常

宝贵的滋补剂，也是影响健康的重要因素之一。

(3)体育社团组织对社会适应能力的影响

体育社团组织是指为推动群众性体育活动而设立的体育俱乐部和体育协会等群众性体育组织。这类组织的特点是民间性、互益性、非营利性和广泛性。通过参加体育俱乐部(协会)，可以增加人与人之间接触和交流的机会，在大家共同参与体育活动的过程中，增加相互之间的亲密关系和群众认同感。因此，参加体育社团组织可以促进人的社交活动，提高人对社会适应的能力。

(4)体育活动中组织纪律的约束对社会适应能力的影响

凡是有许多人参加的体育活动，总是要有一定的组织、分工和合作，这就需要每一个参加者按照该组织的规定，遵守必要的纪律来约束自己，只有这样，才可能保证团体内的协同一致。体育活动中经常开展体育竞赛，有竞赛就有对抗，有对抗就有胜负，在这种(自我)约束过程中，特别是在对待胜与负、战胜困难与挫折时，就能提高人的社会适应能力。

第四节　羽毛球运动的欣赏

一、羽毛球运动的魅力

人们把参与和欣赏羽毛球运动与比赛，当做一种美的享受，借以抒发人们内心对美的向往与感受。羽毛球运动以其精练的运动形式，在35平方米的空间内演绎出羽毛球运动的精彩，这源自其独特的运动方式、技术特性和运动员战术运用的巧妙以及运动员精彩的表现和场上紧张的氛围烘托。羽毛球运动无论是单打还是双打，都需要运动员根据自己的身体特点，发挥自己的技术特性，运用智慧左右场上的形势，使得羽毛球运动显得变化多端、精彩非常。同时羽毛球运动也是一个互动性很强的运动，运动员的精彩表演和观众的欢呼呐喊，又形成了运动场上独特而靓丽的风景，令人陶醉、精彩纷呈、千姿百态、变幻无穷的战术较量，给人以独特的情感体验和艺术美感。将智慧、才华、体能和技巧融为一体，升华为一种艺术魅力，正是这种艺术魅力使得羽毛球运动有着众多的参与者和很高的欣赏价值。

羽毛球运动的魅力同时体现在竞技场合。在现代化的体育馆内，在灯光的辉映下，身着不同款式、不同颜色服装，身材各异的观众，不同标识、不同装束、打扮奇特的啦啦队。阵阵欢呼，此起彼伏，让人们感受了健康与活力，青春与热烈。

羽毛球运动步法有着韵律美。羽毛球的步法虽然没有像舞蹈或韵律操那样在音乐的伴奏下翩翩起舞，然而羽毛球的步法是于无声处显内涵。身体的移动、腾挪、起伏，构出人体的韵律节奏，滑能止足，跨能越坎，跳能揽月，运动员上步移动球鞋擦地的“季季”

声，既是力量的回响，又是运动员心智的交响，是一种没有音乐的动感之美。

羽毛球运动手法有着梦幻美。羽毛球运动手法激扬顿挫，搓挑勾扣挡，羽毛球在运动员的拨击下如流星划夜，飞旋、飘转、坠落，忽闪忽现，令人目不暇接。运动员的妙手就如同魔杖一般，控制着球的高低、远近、轻重、快慢，似高而低、似远而近、似重而轻、似快而慢。出人意料、变幻无穷、美轮美奂，这是一种胜似音乐的动感之美。

羽毛球运动是全身性的练习，经常锻炼，可以使人体肌肉协调、匀称发展，使其运动动作干净、敏捷、协调、连贯、舒展，富有节奏。身形舒展典雅，随步法而动，倾如鹰击、腾如蛟龙、立如虎啸、跃如鲤鲫、跳如美猴、扑如醒狮。

羽毛球运动员气质风度俱佳，运动员场上的一举一动，显示着多年羽毛球运动锻炼出来的气宇，一招一式雅俗共赏，胜不骄傲、败不气馁、温文尔雅、豪放不羁、轻盈洒脱。

二、羽毛球运动的欣赏

俗话说“内行看门道，外行看热闹”，要看出门道，就必须了解羽毛球运动的基本知识和必要的审美修养。羽毛球竞赛观赏即通过眼睛看、耳朵听的信息接收，经过中枢神经分析，引发人对信息的行为认知表象及思维共鸣。体育欣赏是体育审美活动的主要形式，体育美感的获得是体育欣赏的积极成果。羽毛球运动的观赏，使人从羽毛球运动竞技美、运动员身体美和意志品质精神美中获得拼与搏的美感享受。在羽毛球竞技的观赏中，要善于调动大脑中储存的各种美的表象参与活动，从而产生各种联想，透过对审美对象的形象感知，把握它的深刻内涵。生活经验越丰富，审美感受越强烈深刻，就越能理解对象所蕴含的社会内容，唤起更多的联想。羽毛球比赛看似简单，但如果你的羽毛球知识不够，面对目不暇接的竞技场面，就会顾此失彼，甚至连最后谁胜谁负也被你在忘情的呐喊中忘却了，这就是典型的外行看热闹。

（一）羽毛球欣赏修养

观赏羽毛球，就像坐在音乐厅欣赏音乐一样，必须有一定的羽毛球细胞。所谓羽毛球细胞是指对羽毛球基础知识和羽毛球美学基本理论的认识和理解，审美能力及文化和道德修养，羽毛球运动体验和生活阅历等。这些内容的整合，对你品味羽毛球运动，享受羽毛球运动的乐趣有着积极的作用。

1. 羽毛球美学素养

(1)羽毛球运动美的内容

美的概念，在历史发展的进程中，过去和现在都是不断变化着的。但美学思想逐渐得出了结论：美首先是同生活联系着的，同生活的一些表现联系着，这些表现最充分地体现着丰富多彩的生活形式，特别是人的自由的、朝气蓬勃的发展。人类的美的理想是和谐地发展的个性，它兼容身体健美、精神丰富和道德纯洁于一身。羽毛球运动正是集健美身体、丰富精神和公平公正、纯洁的体育竞技形式于一体，为人类提供美的资源，创造美的环境，使人体验美的感受和心灵震撼，收益美的成果，并成为美的使者。羽毛球运动之美是身体运动美及羽毛球运动内涵的宣泄之美。随着社会的进步和时代的发展，羽毛球运动技术和战术以及竞赛的方法也不断更新和发展，新的技术、战术及战术打法在战胜旧的方法后而形成新的潮流，在这种不断的更新中，竞赛向着高、难、新、美方面发展，动作越来越科学，越来越复杂，运动的竞技美也表现得更为强烈。运动员在战术思想的指导下腾挪变换、上步救险、后退大力、左挑右挡、前勾后吊，其运动技术的表现力从外形给观众强烈感官效应。激烈的争夺拼杀中，双方相互作用、相互影响、相互制约、相互对抗，浓烈的火药味弥漫，你我他的心也为之悬起，然而运动员身轻如燕，一招一式神情自若，造物主为人类生命机体赋予的身形也不时为羽毛球运动构造美尽职，哪怕在身体失去平衡之下也身形矫健，肢体屈伸有度，那种肢体与运动的控制能力所表现的造型，形美意远，是人体美的创造性弘扬。动中含意，静中蓄势，动静相宜。

身体美是人类健康的身体所呈现的美，它是机体良好的生理和心理状态综合显示出的健康之美。体育运动最充分、最丰富地展示了充盈着生命力的身体美。这种美主要通过劳动过程表现出来。体育能创造出适应社会不断发展所需要的体力和脑力。经过体育锻炼的人，身材挺拔健壮，比例匀称；肌肉丰满，刚劲有力；器官功能强健，代谢旺盛，大脑中枢神经系统灵活、均衡，形成一个直观而完整的富有健康美的人体。在身体的所有机能中，最能表现身体美的是身体素质美，即人体活动显示出的力量、速度、耐力、灵敏及柔韧性等能力。身体进行快速运动的能力，在空间形式上表现出速度美；人体骨骼关节、韧带、肌腱及皮肤等的伸展，带来身体曲线的变化，能表现柔和、舒缓和轻快的柔韧美；身体在紧急情况下的灵敏反应，给人以惊奇美。

意志品质美是在群众性体育和竞技体育运动中表现出来的伦理道德、风尚、意志、情操的美。运动员在竞技中所表现的良好社会道德，为国争光的顽强拼搏精神和胜不骄、败不馁、机智勇敢、沉着果断的优良品质，是时代精神美、社会理想美、社会道德美以及社会实践主体——人的性格情操美的集中表现。羽毛球运动讲究配合默契、协调、团结协作的集体主义精神和运动员服从裁判、尊重观众的人际关系美和社会风尚美，其美的品质对运动员自身是一种美的感染和熏陶，由此也能“移情”受众的模仿，它使人们认识了人的价值力量，感受到了人类蓬勃向上的精神。

(2)羽毛球运动美的形式

形式美是其活动中构成美的外形物质材料的自然属性——色、形、声及其组合规律(整齐、对称、均衡、节奏、韵律、多样性统一等)所呈现出来的审美特性。色彩的审美特征是十分明显的，具有表情性，能向我们传达出一定的情感意味，传达出能引起人的情感的信息。羽毛球场地、球、球拍及运动员的专用服装，让人感受羽毛球的外在色感。然而它色彩的传感不是单一的，而具有独特个性和整体色泽的协调，浑然一体，充分显现羽毛球运动的特质。

形体是指事物具体可感的外在形态,包括点、线、面、体。羽毛球运动没有艺术性较强的项目那种完全通过形体展示来塑造人体的造型美,但羽毛球运动员的形态是通过运动过程中人与球的关系,在动态中、在无任何平面设计情况下的身体(包括点、线、面、体)伸展的无预料性展示。这种造型更具立体的惊险和刺激性。艺术性较强的项目通过音乐来启发运动员丰富的想象力和激发他们的创造力,优美的旋律与运动员同步而动,然而他们也受制于音乐。而羽毛球运动的声音:一是拍、球撞击而产生的共鸣;二是运动员场上移动的鞋、地摩擦律。运动不止,声韵不休,那是铿锵有力的奏鸣。这种声音是由内而发出的,显现运动的内力。

羽毛球运动形式美的自然要素按照一定的组合规律组织起来,形成审美特性,于是就有了整齐、对称、均衡、对比、和谐、层次、节奏韵律、多样性统一等以及不规则、失衡下的身体运动形式美。

2.羽毛球审美心境

审美心境是指一个较长时间内影响人的整个行动的一种比较特殊的情绪状态,它具有弥漫性。心境的好坏可以强化或钝化人的五官感觉能力,而美感首先由感官对审美对象的形象感知而产生,因而在一定程度上,美感也随个人心境情绪不同而有所变化。审美主体的心境影响着审美感受,给本无生命的审美对象赋予人的灵性的情感,使之人格化。这是指人们用美好的心境去观赏羽毛球竞赛,能传达给羽毛球运动人性的激情。另一方面,羽毛球比赛过程也能对欣赏者的心境产生影响,竞赛具有感染人、塑造人的潜移默化的审美引导,呼唤着人的良知,呼唤着人们高尚的情感、坚强的意志和现代意识。

羽毛球欣赏要以进步的、向上的审美观为指导。竞技美的本质是人的本质力量在运动实践中的感性显现,它的内容包含着符合社会发展需要的积极的、进步的倾向。与社会发展方向相背、不符合人们积极的创造性的生活需要不可能是美的。一个缺乏进步审美观的人,很难获得真正的审美乐趣,甚至会以丑为美,以非为是。竞赛是按一定的规则进行的,如果违反规则,不是显示人战胜自我、超越自我的本质力量,而是弄虚作假;或是在竞赛中口出秽言、甩拍等,无视体育道德和赛场纪律,这些都破坏了公正竞赛的体育精神,损伤了体育美。

3.羽毛球基本知识和运动体验

欣赏羽毛球运动首先要熟悉羽毛球运动的基本知识,了解它的历史,技术、战术的基本特点及发展概况,竞赛的规则和裁判方法等。这样才能看懂比赛,准确地判断场上运动员的风格和运动的竞技特点。有羽毛球运动体验的经历对欣赏羽毛球运动有事半功倍之效,如发高远球,一般人只知球发得很高和很远,至于为什么要发高远球就不得而知。双打比赛时,运动员又以反手发近网球为多,有运动体验的人就知道,这是因为有双打后发球线之故。又如运动员网前勾球,看似运动员将球朝一侧正前方伸拍,球却落到了异侧网前,一般人只会叫绝,而你却能从场上的动态及队员伸拍手腕发力的一刹那断定球的去处，这就是懂得羽毛球技术的观众看出的门道。通过观赏羽毛球竞赛，你又能从中学到许多最新的竞技方法，运用场上的体验和有意识的模仿，你的技能会更加成熟和规范，你的实战运用能力也会提高。

（二）羽毛球欣赏的内容

1. 羽毛球运动员角度

羽毛球竞赛是通过运动员场上的表现，直接地传导于观众。运动员在比赛中所表现出来的勇于克服困难、奋发进取、顽强拼搏的精神，使人们受到教益。我们由观赏某一运动员的运动技能而扩展到其他方面，如运动员的性格、爱好、外貌、风度、衣着打扮等都能引起人们的兴趣以至着迷。这种把某个运动员当做自己心中的偶像来欣赏、崇拜的现象很普遍，我们可以从明星运动员的成长过程得到启发、受到鼓舞。

2. 羽毛球技战术角度

运动员的动作技术是经过长期科学的艰苦训练和多次临场比赛磨炼而形成的，有的已达到超人预料或接近了尽善尽美的程度。例如凌空扣杀时，运动员在空中的背弓动作，临网的勾、搓球以及击球落点的准确性等。运动员技能的自动化程度使技术的机械性成为活的运动过程。由于这些都是精彩的吸引人之处，观赏后会使人得到美的享受。

羽毛球竞赛有个人战术、发球战术、双打配合战术等，协调一致的战术配合是运动员经过一定时间的共同训练和比赛逐渐形成的。在高水平的比赛中，有些战术配合已经达到了珠联璧合、天衣无缝的娴熟程度，观赏后令人拍案叫绝、赞叹不已。

3. 羽毛球裁判员和竞赛组织角度

羽毛球裁判员是比赛的执法者，对运动员在场上的行为依据竞赛规则及其精神进行公正的评价。同时，裁判员还掌握着比赛的进程和节奏，为运动员打出水平、创造优异成绩提供保障。优秀的裁判员表情和善、判罚尺度公正准确、手势优美、竞赛节奏掌握适当。

不同等级的竞赛，其组织的规格各异。但竞赛的组织必须依竞赛规程的要求，为运动员正常水平的发挥提供便利的条件。观赏竞赛组织，包括对场地器材的布置、竞赛日程的安排、组织效率、大会工作人员的办事效率、临场突发事件的处理以及有创意的竞赛组织安排，如比赛间隙中，举行有地方特色的表演活动等。

4. 羽毛球运动文化的角度

羽毛球运动是在人类娱乐、健身需要的发展过程中所创造出来的宝贵的文化财富。随着人类社会的发展，现代羽毛球运动已经成为一种影响极大的全球性文化活动了。羽毛球比赛的内涵更加明确，外延更加丰富深刻，充满了时代精神和人生的哲理。因此，作为文化层次较高的大学生，把观赏羽毛球比赛仅仅当做娱乐活动是不够的，还应该在观赏中深入地思考，使我们的观念、思维、情趣等都能得到启迪和升华。

从技术、战术角度来观赏羽毛球比赛可以得到美的享受，这主要是洋溢于形式的外在美。那么，从体育文化的角度来观赏就会感受到一种无形的内在美。运动员经历了千辛万苦获得成功时，他们发自内心的巨大快感、自豪感和自我价值与愿望完全实现的幸福感，我们旁观者也会有所感受。当我们的观赏水平和审美能力进一步提高时，体育比赛中某些似乎不美甚至残酷的东西——汗水、泪水、血迹、咬牙切齿、摔倒、受伤以及失败等，也会被我们所认可、理解和欣赏，并包含在我们的审美范围之内。

（三）羽毛球观赏的方法

羽毛球竞技观赏可以分为观赏运动员、观赏裁判员、观赏场地器材、观赏竞技氛围和竞赛组织等方面，又可以细分为从局部观赏到完整观赏直至对称地观赏。一般的人对羽毛球仅从输赢球的角度去赏析，这样就失去了羽毛球运动的整体魅力。

1. 羽毛球运动的局部欣赏

指某一观赏内容的局部。如观赏运动员，竞赛最少由两人同时进行，可以以观赏一人为主，全面地了解该运动员的技术特点和战术思想，欣赏运动员的场上风度。或者是面对运动员与裁判员，以欣赏裁判员的执法风度为主，了解裁判方法，提高自身的裁判执法水平。这种观赏方法带有明显的目的性，它是通过目的性的观赏，从中感受或学习自己所需要的某些有用的知识，同时也具有明显的倾向性。

2. 羽毛球运动的完整欣赏

指对羽毛球比赛场面的全面观赏。以跟踪运动员的竞技为主，对两者的技术、战术水平进行评判，欣赏运动员的高超技艺，享受竞技的刺激，或以跟踪裁判员（包括主裁、发球裁判员和司线员）为主，熟知裁判工作的过程协同。这样观赏更为整体丰富。

3. 羽毛球运动的对称欣赏

指羽毛球竞赛全方位的观赏，包括运动员的技战术，裁判员的执法和竞赛气氛，以及运动员、裁判员、教练员的即时同步的协调方法和竞赛气氛的形成，从而使对羽毛球竞技的感性升华为理性的效果。要想能对称地观赏比赛，必须循序渐进，对竞赛的各要件有比较清晰的了解后方能有的放矢。羽毛球竞赛欣赏是人们从欣赏的角度对运动状况的感受和评价，感受的强弱和丰富，既受制于人们对羽毛球运动的理解，同时也有赖于人们的观察、分析和识别能力的提高。

思考题

1. 简述羽毛球运动的起源和发展。
2. 在国际上有哪些重大羽毛球赛事？
3. 新中国成立后，我国的羽毛球运动为什么能长期保持盛而不衰？
4. 市场化运作对羽毛球运动的发展有什么影响？

第三章　羽毛球运动基本技术及运用

本章导读

羽毛球的球拍是选手手臂的延伸，正确的握拍可使拍与人的手有机地融为一体，选手可用这只“延长的手”随心所欲地迎击不同方向、不同速度的来球。羽毛球的握拍分为正手握拍和反手握拍。但对于一名高水平的选手来说，握拍不是一成不变的。

第一节　初级水平

一、羽毛球击球技术简述

（一）击球技术基本环节

羽毛球比赛时，运动员的每一次击球动作，都是从站位准备开始的，在判断对方来球的路线、落点后反应起动，移动到击球位置击球，然后做下一次的击球准备。

站位、准备→判断、起动→移动、引拍→到位、击球→回动、准备……

在比赛的对击过程中，双方都按此程序击球，周而复始，直至成死球。这五个环节都会影响运动员击球技术的好坏，并且，它们之间有着密切的内在联系，环环相扣。

1. 站位、准备（判断、选位）

（1）站位：在每一个回合开始，发球员发球后，接发球员在做接发球准备时，都要选择在本方场区或接发球区内合适的位置，以便迅速到位击球。

（2）准备：单打接发球的准备姿势（以右手握拍为准）通常应是左脚在前，右脚在后，侧身对网，重心放在前脚上，膝关节微屈，后脚跟稍提起，收腹含胸，注视对方发球的动作。站位在整个接发球区的中部，偏反手位。

双打接发球准备姿势与单打基本相同，只是膝关节屈得多一些，以便能直接进行后蹬起跳。也有的接发球准备姿势是右脚在前，左脚在后，这种准备姿势仅少数人采用。

2. 判断、起动

羽毛球比赛具有来回多、移动距离短（一般都在2～3步）的特点，所以双方运动员场上起动速度的快慢，对比赛胜负有着至关重要的影响。

（1）判断：接球员在站位准备时，应根据对方的战术意图、技术动作特点，比赛场上双方的攻防态势和羽毛球基本球路特征等，在自己每一次将球击出后，做出对对方下一次击球方法和意图的预测，即判断，并依此将自己的注意力和身体位置进行适当的调整，即选位。

（2）起动：羽毛球实战中的起动过程，实际上就是人体对外界刺激的反应过程。反应是速度素质的一种表现形式，指从给予刺激到开始发生动作之间的瞬间，由感觉时间（接受刺激，也就是在实战中根据视、听觉感知对方击球的动作和路线）、分析综合时间（思维时间）和运动时间（动作开始动时）三方面组成。

正确的判断将有利于快速的起动，因为它可以大大地缩短反应的感觉和分析综合时间。但我们也应该认识到，在羽毛球实战中，判断和反应、起动是两个既有联系，又不可完全替代的环节。

3. 移动、引拍

（1）移动：羽毛球运动中的脚步移动的方法。

（2）引拍：羽毛球击球动作中的整个引拍过程的前期动作，如击球员从中场退到后场击上手高球，他在开始后退的同时，就应该做球拍后举至右肩上方的动作，而不应该待后退到后场才开始引拍。

4. 到位、击球、回动

（1）到位、击球：击球员移动到合适的击球位置后，按照自己的战术意图，将球击到对方场区。

在击球环节上首先要体现出到位要早，要尽可能抢在高点位击球、在自己身体的前面击球，以便自己能根据场上变化和战术要求，通过控制挥拍速度、击中球时握拍的松紧和变化击球拍面的角度，为能灵活选择和变化击球的方法，发挥自己最大的击球力量，准确地控制和变化击球的弧线、路线和落点，提供有利的条件。

但击球环节的最终目的还是体现在击球的质量上，也就是体现在能否随意而精确地控制击球的速度、路线、弧线和落点，以及能否在同一个击球点上，在保持动作一致的基础上，击出速度、路线、弧线和落点多种变化的球，使对方难以在你出手前做出正确的判断，增大其还击的难度。

（2）回动：每次击球以后要回到场地中间的位置，为下一次击球做准备。

(二)击球动作的基本结构

为方便羽毛球击球动作的教学，根据羽毛球击球技术的基本规律，将每个击球技术动作，从功能上分解为准备、引拍、挥拍、击球(还原)四个部分。

1.准备

击球员的基本准备姿势是持拍手放在胸前、肘关节弯曲，球拍头向上，便于接任何位置的来球。双打时，站在网前的球员应把拍子举得更高一些，以便在高处快速封网拦截。任何情况下，握拍手垂在下面都是不可取的。击球时要有很强的迎球意识，尽量快打、高打才能取得主动进攻优势。

2.引拍

击球员击球的第一步动作是引拍，其动作方向一般与击球挥拍方向相反或不一致。引拍与挥拍两个动作之间可以停顿，羽毛球击球动作的引拍动作是为下一步的挥拍做准备。如后场上手击球动作的引拍动作，身体的右转、侧身对网、肘关节弯曲、肩关节外展等，都是为挥拍加大工作距离。

3.挥拍

这是击球员击球的发力过程。从引拍动作后，当身体重心向前移动以增加向前的挥拍力量起，即是挥拍动作的开始。当然，羽毛球的击球不是每一次都是动员全身力量来进行的。所以，挥拍时间的开始，是当身体某一部分的动作将要作用在击球上，即是这一击球挥拍的开始。因此挥拍动作可以从脚部、腰部、肩部等开始，但整个挥拍必须是一个连贯、协调的动作过程，这样才能把所有力量传递到最后的击球。击球挥拍的鞭击动作是增加挥拍力量的关键。要求击球者在击中球时手臂自然伸直，这是为了争取更高的击球点，取得快速回击和有利于进攻的角度，也是为了发挥更大的击球力量。

4.击球(还原)

击球者挥拍最终目的体现在击中球的一瞬间，击球者根据战术要求，通过控制挥拍速度、击中球时的握拍松紧和击中球时的拍面角度，使击出的球以各种飞行弧度线落到对方的某个场区。在球拍击中球后，一个击球过程已告结束，击球者必须将持拍手恢复到准备状态，迎接下一个来球。

(三)击球动作的基本要领

1.握拍

正确的、灵活多变的握拍方法，是击球手法的基础，握拍要有利于手腕和手指的发力，能控制击球力量的大小和出球的方向。在击中球前握拍太紧是错误的，它会使前臂肌群紧张、僵硬，极大程度地影响手腕和手指的发力。

2.击球点

迎击羽毛球，切记不可等球飞近身体再击球。

(1)高打：尽量在高点击球，上手击球时要手臂伸直(有时要跳起击球)，网前球要尽量在网的上端击。

(2)前打:击球点要在身体的前面,不能让击球点贴近身体,更不能让击球点在身体后面。重要的是击中球的一刹那,是挥拍速度最快的瞬间,击球发力不能太早或太迟,发力时间与击球点的配合至关重要。

3.动作的协调性

挥拍击球时要做到全身动作的协调配合,不僵硬,不要有多余动作。挥拍动作的协调性,实质上是指挥拍时身体各部分的协调配合、力量的有效传递,它不仅关系到击球的发力大小,也能节省体力。这在一个多拍的回合,或一场长时间的激烈比赛中就显得特别重要。应注意力量传递要连贯且恰到好处,爆发力要清晰。

4.拍面的控制

在击中球时,如果拍面不是正击球托,就会损失部分击球力量,这是羽毛球初学者容易发生的通病。拍面的控制决定了击出的球能否贴网而过,能否陡直而下,能否准确地到达预定的落点,这些都是击中球的瞬间由手腕和手指变换拍面来控制的。

5.击球动作的一致性

为增加击球的战术效果,在后场击高、吊、杀或网前推、扑、搓、勾的引拍动作和挥拍的前期动作相仿或一致,可以使对方难以判断,同时也起到假动作的效果,动作的一致性必须从初学者开始就高度重视。

初学者,甚至一名优秀的羽毛球运动员,总会在击球技术的某些方面存在不同程度的缺陷。

二、羽毛球运动初级水平基本技术

(一)羽毛球基本动作及握拍方法

1.基本动作

(1)站位

运动员站在羽毛球场上的位置称为站位。站位有以下两种情况。

受限制的站位:如发球、接发球时运动员的站位就必须在规定的区域内(左半区或右半区)。

不受限制的站位:可根据自己或同伴(双打)的需要而选择。如单打站位一般在离前发球线1米左右的中线附近,双打站位可根据双打两个运动员的具体战术需要而选择前后或左右的站位。

(2)击球

运动员挥拍时,拍与球接触的一刹那叫做击球。

运动员站在左半区迎击对方来球叫做左半区击球,在右半区的击球叫做右半区击球,站在前场、中场、后场的击球,则分别叫做前场击球、中场击球、后场击球。

根据来球高度的不同，又可分为上手击球（击球点在肩上）和下手击球（击球点低于肩）。

（3）持拍手与非持拍手

持拍手是指正握着球拍的手，非持拍手是指没有握球拍的手。

正手技术是指握拍手同侧的技术；反手技术是指握拍手异侧的技术。如右手握拍的运动员，在击右侧球时所用的技术就称为正手技术，并由此派生出正手发球技术、正手击球技术等技术名称。

在羽毛球运动中，非持拍手主要是在发球时用来持球、抛球并在击球过程中用来平衡身体，以便更有效地击球。

（4）拍形角度与拍面方向

拍形角度是指球拍面与地面所呈的角度。拍面方向是指球拍的拍面所朝向的位置。

拍形角度：
拍面向下
拍面稍前倾
拍面前倾
拍面垂直
拍面后仰
拍面稍后仰
拍面向上

拍面方向：
拍面朝左
拍面朝右
拍面朝前

拍形角度和拍面方向控制的好坏对击球质量的影响是非常大的，所以，在每一次击球中认真调整好拍形、拍面，要击出合乎质量要求的球。

（5）击球点

击球点是运动员击球时球拍与球相接触时的空间位置。击球点包括三个方面的内容：

- 拍和球的接触点距地面的高度。
- 接触点距身体的前后距离。
- 接触点距身体的左右距离。

击球点是否合适决定着击球质量的好坏，它直接影响运动员击球的力量、速度、弧线和落点，最终影响运动员击球的命中率，关乎得失成败。因此选择合适的击球点至关重要。

选择合适的击球点应做到如下两点：

- 判断要准，来球落点的判断和身体与落点的空间距离判断。
- 步法移动要到位（步法要快）。

只有做到这两点才能调整出最合适的位置，击球点才有保障。

注意：
判断准确
步法到位

2. 握拍方法

羽毛球是一项持拍运动，因此，对每个初学者来说，首先要学习和掌握的是握拍技术，握拍正确与否对掌握合理、准确、全面的基本技术至关重要。羽毛球技术非常细腻，握拍法和指法也是多种多样。

基本握拍方法有两种，即正手握拍和反手握拍（本书以右手握拍为例）。对于一名高水平的选手来说，握拍不是一成不变的。在实战中为更好地控制击球力量和球的落点，可调整握拍，但所有这些调整均是建立在正、反手两种基本握拍方法的基础之上的。初学者一般都是从掌握基本的正、反手握拍方法开始学习的。

（1）正手握拍技术

一切在身体右侧的正手正拍面击球及头顶后场击球都用正手握拍法。

动作要领：握拍前，右手持拍将拍面向右置于体前，使拍面与地面垂直；张开右手，使虎口对准拍柄斜棱的第三条棱线（图 3-1），拇指和食指呈 V 形（近似握手的方法），相对贴握在拍柄两侧的宽面上，中指、无名指和小指自然握住拍柄，五指与拍柄呈斜形。食指与中指稍分开，掌心与拍柄应留有空隙（图 3-2）。小鱼际抵住拍柄下端比较粗的部分，防止脱拍。握拍后手臂自然前伸时，拍面与地面基本上保持垂直。

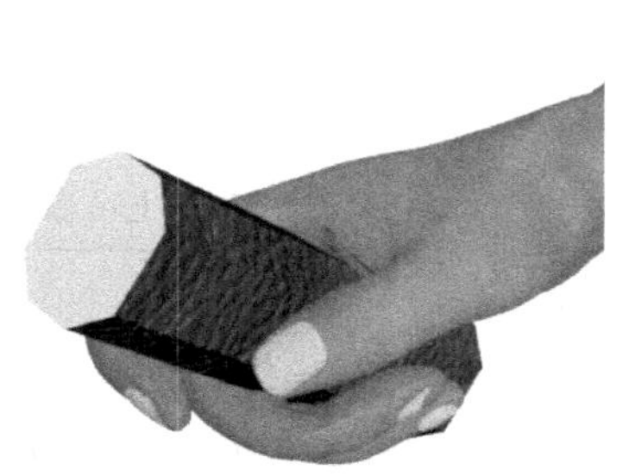

图 3-1　拍柄端视图几个棱的位置

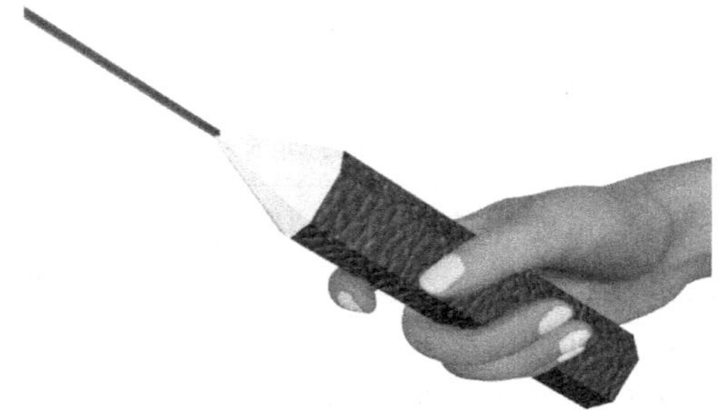

图 3-2　掌心与拍柄的空隙

注意事项：

➢ 在学习正手握拍方法的同时，要学会正手击球的正确发力方法。

➢ 初学者通常容易将虎口对着拍柄右面的小棱边上，正确的应该是对着左面的小棱边。

➢ 握拍时拇指和食指要形成 V 形，不能抓拍。

➢ 握拍时不要太紧或太靠球拍上端，掌心要留有空隙，有利于手腕的活动。

➢ 握拍的位置可视个人情况而定，一般情况下，以拍柄末端靠近手掌的小鱼际为宜。

（2）反手握拍技术

通常在握拍手身体另一侧的反手反拍面击球时都用反手握拍法。

动作要领：在正手握拍的基础上，将球拍柄稍向外旋，拇指顶贴在拍柄第一斜棱旁的宽面上，也可将大拇指放在第一、二斜棱之间的小窄面上，食指稍向下靠。击球时，靠食指以后的三指紧握拍柄，同时拇指前顶发力击球。为便于发力，掌心与拍柄间要留有充分的空隙。球拍斜侧向身体左侧，拍面稍后仰（图 3-3）。一般说来，击身体左侧的来球，先转体（背对网），然后用反手握拍法击球。

图 3-3　反手握拍

握拍常见的错误：

➢ 虎口对在第一、第三或第四条斜棱上或者拍柄宽面上。

➢ 如同握拳头一样地将拍柄紧紧握住。

➢ 食指按在拍柄宽面的上部，而仅用其余四指攥住球拍。

➢ 食指过于前伸，直接按在拍柄上部，在击球瞬间难以握紧球拍发力。

➢ 击球前握拍太紧，掌心与拍柄没有留有空隙，影响握拍的灵活变化和击球瞬间的发力。

注意事项：

➢ 在学习反手握拍方法的同时，要学会正确反手击球的发力方法。

➢ 在学会运用手腕、手指发力的同时，重点要学会前臂外旋的发力方法。

➢ 反手击球时，要及时换成反手握拍法。

➢ 初学者常会将拇指指尖用力顶在拍柄内侧宽面上，不利于握拍稳定性，影响手腕发力。

➢ 反手握拍时，拍柄与掌心、小鱼际之间要有空隙，这样有利于手腕和手指力量的灵活运用。

➢ 反手击球时，靠食指以后的三指紧握拍柄，同时拇指前顶发力击球。

（二）发球技术

发球是羽毛球重要的基本技术之一，可以通过不同的发球手法，发出不同弧度、不同落点的球来控制对方，为我方创造进攻得分的机会。

发球有正手发球和反手发球两种，可视自己的习惯或战术的需要来选用正手或反手发球。

> 正手发球可发高远球、平高球、平快球和网前球。反手发球因受挥拍距离较短的限制只能发平高球、平快球和网前球。

一般情况下，单打中多采用正手发球，双打、混合双打常用反手发球，不管何种发球方式，其发球前的姿势都是一致。发球动作协调一致，有突变性，而且落点及弧度要准确多变，这样才能给对方接发球造成判断上的困难。

发球基本规则：

- 发球过程中双脚均不能离开地面或移动。
- 但发球时双脚随重心前移，后支撑脚跟可随之自然提起，只要脚尖不动，就不属违例。
- 球与拍面接触的瞬间，球与拍面的接触点及整个球拍体均要低于腰部，拍框的最高点不能超过肘部。
- 发球时，只要引拍动作一开始，无论有什么原因，必须一口气完成整个动作。
- 如果引拍动作中出现停顿，然后才向前做击球动作，属于二次发球违例。

1. 正手发球

发球站位：在单打比赛中无论右半场或左半场，发球者应站在紧靠中线且离前发球线1米左右位置，双打发球站位靠近前发球线位置。

(1)正手发后场高远球(图3-4)

正手发后场高远球是用正手握拍法，用正拍面将球击得又高又远，下落时垂直落至端线(底线)附近的一种发球。高远球多用于单打比赛中，它是一项很重要的基本技术，初学者应从学习发高远球开始。

注意事项：

在发球的过程中，双脚均不能离开地面或者移动，否则将被判为发球违例。

图3-4　正手发高远球

动作要领：准备姿势时，两脚自然分开，左脚在前，脚尖对网，右脚在后，脚尖稍向右侧，重心放在右脚上；用左手拇指、食指和中指夹持住羽毛球中部，自然抬举于胸前方；右手正手握拍自然屈肘举至身体的右后侧，两眼注视对方，呈发球前的准备姿势。

注意事项：

用球拍正面将球击出，球飞行的弧度低于后场高远球。

球飞行的高度以对方跳起不能拦截为最佳。

左手放球使其下落，右手持拍臂自下而上沿半弧形做回环引拍动作，同时开始转体，在右臂向前上方挥动的同时，右脚蹬地，腰腹向正前方转动，使下落的球与拍面在身体右侧前下方的交叉点碰触，球触拍面的中上部。击球瞬间，握紧球拍，闪动手腕，向前上方鞭打击球，在击球的同时，手臂随击球后的惯性自然往左肩上方挥起，身体重心也由右脚移至左脚。击球后，重心下沉，微屈双膝，随时准备回击对方的来球。

(2)正手平高球(图 3-5)

正手平高球是用正手握拍法，以正拍面击出飞行弧度较发后场高远球低，速度较高远球快，落点也在底线附近，具有一定攻击性的球。目的同样是迫使对方退至底线接发球，增加接球难度从而限制对手进攻。发平高球时，要注意球飞行的弧线，球飞行的高度以对方跳起无法拦截为佳。

温馨提醒：击球时拍面与地面的夹角小于 45 度。

由于球飞行弧度不高，速度相对就快，因此正手平高球是单打战术中具有一定进攻性的发球。双打中若与发网前小球配合使用，则可以增加对方接发球的难度。

动作要领：站位、准备姿势、引拍时的动作轨迹与发高远球相同，只是发平高球瞬间，是利用前臂加速带动手腕发力，拍面与地面的夹角小于 45 度，拍面稍向前上方推进击球，动作幅度小于发高远球；发球后，迅速准备回击。

图 3-5　正手平高球

(3)正手平快球(图 3-6)

其比平高球的弧线还要低、速度还要快。击出的球贴网而过，具有一定的突然性。由于其速度极快，故突击性很强，是单、双打中发球抢攻战术常用的一种发球，在比赛中对站位较前、动作幅度较大的对手采用发平快球有较好的效果。

动作要领：准备姿势见前述。站位稍靠后些(以防对手迅速回球到本方后场)，在击球前的瞬间，在前臂的快速带动下，靠手腕和

注意事项：

引拍动作尽可能小一些，这样便于控制拍面角度和力量。

击球点在规则允许范围内尽可能高一点。

击球动作小而快，目的性强。

拍面角度接近垂直地面，向前推进击球。

手指突然向前发力将球击出。击球时，拍面稍微后仰(球拍面与地面形成的仰角一般在110度左右)，在不“过腰”、“过手”的限度内尽量提高击球点。击球后，收拍到胸前回动至中心位置。

图3-6 正手平快球

2.发球技术的练习步骤

(1)学习正手发后场高远球时，依照先分解后连贯、从简单到复杂的顺序，按照技术动作的要领做挥拍练习，直至熟练。

(2)用绳拴住球，选择适当的高度将球固定吊好，反复做发球动作练习，体会球与拍之间的距离感及前臂内旋带动手腕由伸腕到展腕的发力过程。

(3)持拍面对墙壁做发球练习，在做该项练习时，既要照顾到击球的准确性，同时还要兼顾到击球动作的正确性。

(4)在场地上练习发球，重点注意发球的落点。

(5)按照以上练习步骤，做其他各种发球的练习，注意各种发球动作的一致性和落点的多样性。

3.发球的练习方法

(1)徒手进行分解、完整挥拍练习。练习时，可用网球拍代替，这样既可以练习动作又可以增强手臂力量。

(2)反复做发球练习，体会球与球拍的接触点。

(3)在对方场区划定区域，要求将球发入区域内，区域可逐渐缩小，以提高发球的准确性。

(4)发网前球时，可安排一人在对方场区做扑球练习，这样可以提高发球质量。

(三)后场击球(图3-7)

后场击球技术主要有击高球、吊球和杀球。各技术动作根据击球的力量、拍面的角度、球飞行的弧线而定。击高球又分为高远球、平高球和平快球，是后场进攻的有效技术之一；吊球根据其动作方法以及球的飞行弧线的不同可分为轻吊、拦吊、劈吊；杀球又可分为大力扣杀、轻杀、点杀、劈

> **浙江籍部分羽毛球冠军：**
> 叶钊颖　王晓园　陈　刚
> 桑　洋　夏煊泽

杀、突击杀球；每一项击球技术又可由正手、头顶和反手三种击球姿势完成（图 3-7 中：1 为高远球；2 为平高球；3 为杀球；4 为吊球）。

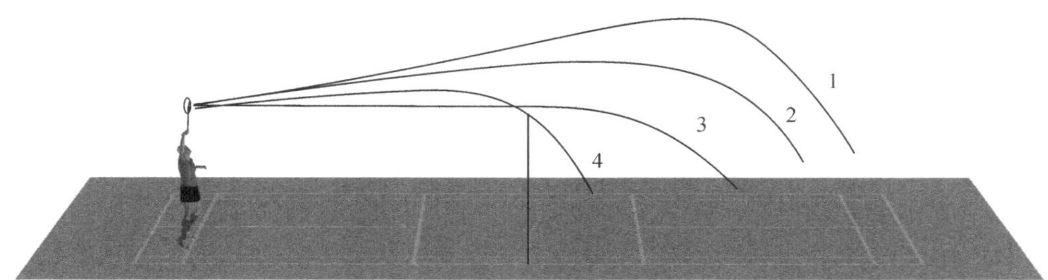

图 3-7　后场击球

1. 正手击高远球（图 3-8）

动作要领：准备姿势是左脚在前，右腿在后。首先要准确地判断出球的方向和落点，迅速移动到位，使下落的球处于右肩的前上方，同时，侧身左肩对网，重心在右脚上，右臂屈肘自然举拍于右肩上方，上前臂之间夹角为 45 度左右，左手自然高举，保持平衡，双眼注视来球方向。当球下落到合理的击球高度时，右脚蹬地转髋，同时右臂以肩关节为轴，向前转动成肘关节朝前并高于肩部，拍头向下，球拍贴背与地面垂直，放松握拍。然后在蹬地、转体收腹的协调用力下，大臂带动小臂向前上方甩腕，在手臂伸直的最高点上击球，击球时身体重心向上。手臂顺惯性将球拍挥至腋下并收拍至体前，同时重心顺势向前，右脚自然向前跨出呈准备姿势。

图 3-8　正手击高远球

（1）常见错误

➢ 侧身不够，重心位置不合理，用力不协调。

➢ 击球点低，准备不充分，击球时以肘关节为轴或向下拉臂，击球力量不够，击球不到位。

➢ 击球点偏后，没有移动至球下落位置就开始侧身，造成击不准或击不到球。

➢ 击球时拍型不正确，击球点偏前，拍面没有正对前方。

➢ 握拍过紧，动作僵硬，手腕动作的不灵活，用力不协调。

(2)练习方法

➢ 按正确的动作要领，先做正手击高远球的分解练习，然后逐渐过渡到完整击球动作练习。

➢ 注意侧身要充分，转体收腹动作要连贯协调，手臂要伸到最高点击球。

➢ 侧身练习，蹬地—启动—转髋—举臂引拍。

➢ 连续击打前上方挂的羽毛球，在最高点接触羽毛球。

➢ 两人连续击高远球。

2.后场正手吊球(图 3-9)

后场的高球，用轻劈、轻切或轻击到对方前场区域的球称为吊球。吊球的前期动作与击高远球相同，但落点比较接近网，可以起到迷惑对方的作用。与其他后场技术结合运用，能拉大对方防守的范围，以争取场上的主动权。

> **注意事项：**
>
> 后场吊直线球时，拍面的“包切”动作要小一些，击球瞬间以斜拍面击球托后部右侧偏中的位置，并向前下方击球。
>
> 后场吊斜线球时，拍面的“包切”动作要大一些，向前下方侧击球托右侧或左侧位置。击吊球的准备动作、引拍动作必须同击高远球一致。

动作要领：准备姿势时引拍动作及击球后的动作均与后场正手击高远球相同。击球前向右转身，侧身对网，左脚在前，右脚在后，重心放在右脚上。抬肘举拍，肩部放松，右肘稍低于左肘。左手肘部稍大于 90 度，右手肘部稍小于 90 度。击球前，右脚向前蹬地，同时转体引拍。重心从右脚向左脚过渡，身体从侧身对网转为正对球网。转身和抬肘同时进行，转体后肘部向前，球拍后引至身体后侧。击球动作是前臂快速挥拍到头顶上方时，用斜拍面向前切击，并向前下方压手腕击球，击球瞬间用斜拍面切击球头的右外侧。击球后，动作自然放松，球拍向身体左下方减速放下，并立即收回到胸前，呈准备击球状态。

图 3-9　后场正手吊球

正手吊直线时，拍面正对来球，利用手指、手腕和前臂旋内的动作，挥拍轻击球托的后部或侧后部。

吊对角线时，则用手指、手腕的力量，朝左前下方挥拍切击来球右侧部的羽毛和球托。

(1)常见错误

- 击球时有意降低击球点，导致对方识破己方吊球意图。
- 采用竖直或上仰拍面击球，没有切削下压击球动作。
- 动作僵硬，不能有效利用手腕、手指的协调用力动作。

(2)练习方法

- 徒手反复挥拍练习，巩固动作。
- 两人一组，一人发高远球，一人原地吊球练习。
- 在原地多球吊球的基础上进行两人吊、挑球连续练习。
- 后场两点交替吊球，区分两种不同的吊球拍面角度。
- 两点直线高球、斜线吊球组合练习。
- 两人一组，击打直线高球，吊斜线，两点交替练习。

(四)前场技术(图 3-10)

前场技术包括网前的放、搓、推、勾、扑、挑球等。其中搓、推、勾、扑属进攻技术，要求击球前期动作有一致性，击球刹那间产生突变。握拍要活，动作细腻，手腕、手指要灵巧，以控制好球的落点。网前进攻威胁较大，因球飞行距离短、落地快，常使对手措手不及而直接得分。即使不能直接得分，也能迫使对方被动回球，创造下一拍进攻的机会。

前场技术的动作小，所需力量也较小，特别要以巧取胜。首先要以快速、合理的上网步法为基础，只有快速到位，争取从网的较高部位击球，才能给对方更大的威胁。

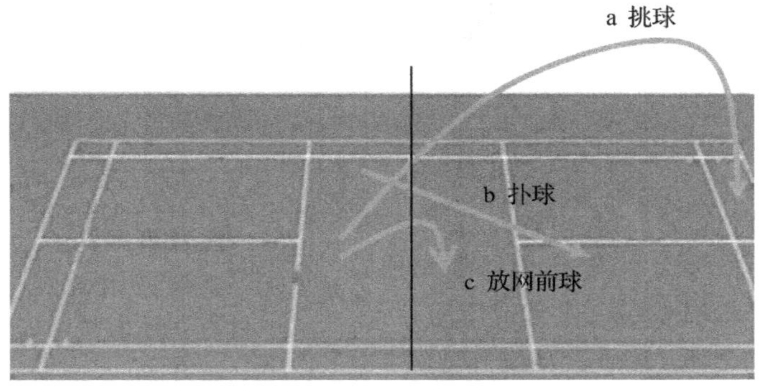

图 3-10　前场技术

1. 挑球

挑球是将对方击来的吊球或网前球挑高回到对方后场区域的击球技术。挑球是一种被动回击的方法，其特点是飞行弧线高、时间长、距离远，能为己方赢得时间调整好状态，准备下一次还击的机会。挑球按其技术可分为正手挑球和反手挑球两种。

(1)正手挑球(图 3-11)

动作要领：正手握拍举在胸前，右脚向来球方向跨出一步，成右弓箭步，右脚尖正对来球方向。前臂充分前伸并旋外，手腕尽量后伸使球拍后引，采用正手握拍法。击球时，主要利用前臂旋内、屈腕和手指的力量，在身体右侧前下方，向右前至左上方挥拍击球托底部，将球向前上方击出，同时无拍手臂自然向后伸展，掌心朝向身体外侧，协助保持重心稳定。击球后，右脚稍内扣蹬地回收，球拍收回至胸前还原成准备姿势。

图 3-11　正手挑球

(2)反手挑球(图 3-12)

动作要领：反手握拍举在胸前，右脚向左前方跨出一大步，重心放在右脚上。同时右肩对网，屈肘引拍至左肩膀。击球时，肘关节上抬高于球拍，球拍经体前由下往上，用拇指的指腹压住拍柄内侧的宽面，用力将球击出。击球后，还原成准备姿势。

图 3-12　反手挑球

(3)易犯错误

➢ 手腕与手指运用不当，用力过猛或拍面控制不好。击出球离网太高、太远或落网。

➢ 站位离网过近，妨碍击球动作；击球前肘关节过直。

➢ 左脚在前，右脚在后，而不是正确地向

注意事项：

要根据球离网的远近，灵活调整拍面角度和用力方向。

要保持好前臂与手腕的一致性，充分发挥向上方挑球的爆发力。

前跨出右脚挑球。在正手挑球时，往往更容易出现。

➢ 球拍后引动作过大，主要用肩关节发力，犹如打网球时的抽球，不但击球没有速度，而且也影响动作的一致性。

➢ 击球点偏后，或太靠近身体。正确的挑球击球点应在自己身体的外侧偏前的位置。

➢ 击球瞬间没有根据不同的击球点高度和还击的飞行弧线，控制好击球拍面用力的方向。如来球离网较远，或击球点较高时，拍面可稍后仰向前上方挑球；如来球较近网，或击球点较低时，拍面应充分后仰接近向上，而且在击球时要用力向上挥拍多一些，以避免球下网。

2. 放网前球

将对方击来的网前球，以正（反）手握拍法，用球拍轻轻切、托球，将球向上弹起恰好一过网就朝下坠落，称为放网前球。通常在不能及时移动到较高位置上击球而使用，高质量的放网技术可变被动为主动，使对方处于被动状态。放网前球按其技术可分为正手、反手放网前球两种。

（1）正手放网前球（图 3-13）

动作要领：侧身向球的方向移动，上身稍前倾，右手握拍于体前；右脚向右侧前方大跨一步成弓步，正手握拍，球拍向右前上方斜举。击球时，右臂自然后伸，手腕稍后伸，小臂稍外旋，手腕由后伸至稍内收转动，右手轻松握拍，食指和拇指夹住球拍，在手腕和手指的控制下，轻击球托底部将球轻送过网。击球后，还原成击球前准备姿势。

图 3-13　正手放网前球

（2）反手放网前球（图 3-14）

动作要领：击球前动作方法与正手放网相同，不同的是先向左前方转体，右肩对网，反手握拍，反拍迎球。击球时，前臂前伸、外旋，手腕内收至外展，轻击球托底部把球轻送过网，击球后，还原成准备姿势。

图 3-14　反手放网前球

(3)易犯错误

➢ 跨步时不能形成弓箭步,导致身体重心上移,击球点过高。

➢ 身体不能保持平衡,重心不稳,击球动作不协调,造成击球用力过大。

注意事项:

控制好击球的力量,力量过大,容易造成球过网太高被对方扑杀。

(五)基本步法

步法是羽毛球一项很重要的基本技术。击球技术是靠熟练、快速、准确的步法移动来完成的。不掌握正确的步法,就会影响各种击球手法的学习和掌握,没有到位的步法,就会使手法失去应有的积极作用。初学者在学习手上技术之前,应先学习脚下的移动步法。

羽毛球步法是由垫步、交叉步、小碎步、并步、蹬转步、蹬跨步、腾跳步等组成的。在通常情况下,每一种步法的移动都是从球场中心位置开始的。(以下步法介绍均以右手握拍为例)。

羽毛球步法根据用途可分为上网步法、后退步法和两侧移动步法。根据运动员在场上的位置和来球的距离,可采用一步到位击球或两步、三步移动到位击球。右手持拍者到位击球时的最后一步,一般都是右脚在前,左脚处于靠近中心的位置。

1.步法的四个技术环节

羽毛球步法是由起动、移动、到位击球和回动四个环节构成的。

(1)起动

对来球应有反应判断,从个人中心位置上准备接球姿势转为向击球位置出发,称为起动。要做到起动快,必须反应敏捷、判断准确和起动的准备姿势正确,准备姿势可分为两种:一种是接发球姿势(按规则要求站立):左脚在前,右脚在后,侧身对网,重心在前脚.右脚跟离地,双膝微屈,收腹含胸,放松提拍屈举在胸前,两眼注视对方发球动作。另一种是双方对打的准备姿势:一般右脚在前,左脚在后,脚前掌着地,脚跟提起,膝关节微屈,上体稍前倾,重心落在两脚之间,持拍于腹前,整个姿势要协调放松,保持一触即发的起动姿态。起动来自判断和反应。在起动这一环节中,除了抓好反应速度练习外,同时要提高判断能力。

(2)移动

主要指从起动后到击球位置的移动方法,运动员在场上的速度快慢,很大程度表现在移动上。移动的基本步法有垫步、交叉步、小碎步、并步、蹬转步、蹬跨步和腾跳步等。运用这些方法,构成了从起动位置到场区不同位置击球的组合步法、后退步法、两侧移动步法和上网步法等。自中心位置到击球点的步数,一般用一步、两步或三步,根据当时球离身体的远近来决定。影响移动速度的因素有步数的多少、步频的快慢和步幅的大小。

(3)到位击球

在击球时,不单是上肢挥拍击球,而且需要下肢配合共同发力来完成动作,这是步法结构中的关键部分。如果动作别扭,是不可能击出速度快、落点准的球的。因此要求动作准确、合理、协调,给人一种轻松自如的感觉。移动是有目的,它是为击球服务的。“步法到位”是指根据不同的击球方式,运动员需要到最适合这种击球的最有利的位置上,如果没有占据最理想的位置,最后(击球前)还需要做小步调整,使击球动作能协调发力。

(4)回动

击球后,应尽力保持(或尽快恢复)身体平衡,并即刻向中心位置移动,以便在中心位置上做好迎击下一个来球的准备,这称为回动。初学者往往缺乏“回中心”的意识,哪里打完球就停在哪里,这是必须改正的,但回动不是盲目地向场地中心位置跑。随着比赛经验的积累,运动员逐渐体会到并非每击一次球都必须回中心位置,而应根据比赛当时的实际情况,根据双方技战术的特点,选择最利于回击对方来球的回动路线和回动位置。

2. 步法取位(图 3-15)

为掌握好击球步法,我们在练习时可将场地划分为不同的区域,以便于合理地选择步法。通常可把场地分为前场网前区域(右侧为 1 号、左侧为 2 号)、中场区域(右侧为 3 号、左侧为 4 号)和后场区域(右侧为 5 号、左侧为 6 号)。中心点是场区的中心位置,一般情况下为击球前所处的位置。

(1)羽毛球场地区域的划分

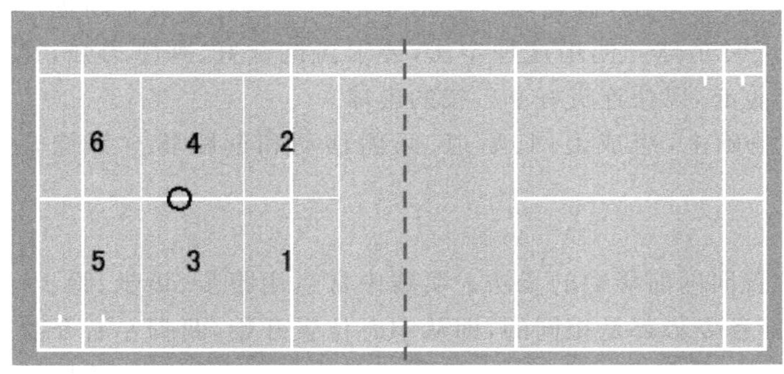

图 3-15　步法取位

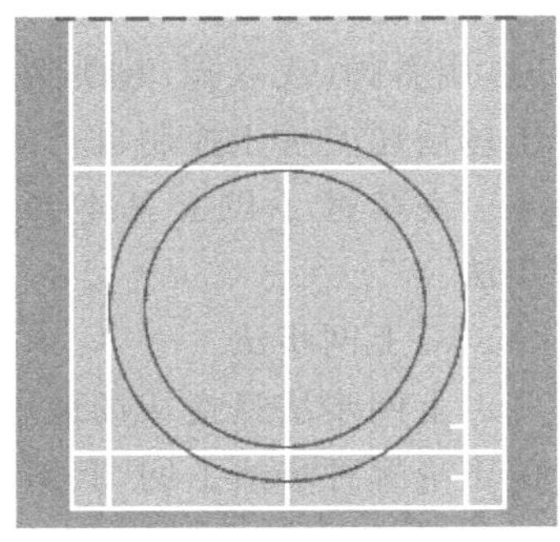
图 3-16　不同步数区域

在击球时应根据不同的来球采用不同的步法:1 号位的来球应该采用前场网前正手上网步法;2 号位来球要采用前场网前反手上网步法;3 号位来球要采用中场正手接杀步法;4 号位来球要采用中场反手接杀步法;5、6 号位的来球分别采用后场正手后退步法、后场头顶后退步法或后场反手后退步法。

(2)需要不同步数的区域(图 3-16)

视对方来球距离的远近,前场、中场和后场等各项步法可选用一步、两步或三步移动步法到位击球。如图 3-16 所示，中圈内，只需原地击球或移动一步击球。若击球点在中圈与外圈之间，则需要移动两步击球。若击球点在外圈之外，就要移动三步击球了。对步幅小的运动员来讲，则需要增加步数，以争取到位击球。

(3)常用的步法

➢ 垫步：当右(左)脚向前(后)迈出一步后，接着另一脚向同一方向再迈一步，为垫步，垫步一般作为调整步距用。

➢ 并步：右脚向前(或向后)移动一步时，左脚即刻向右脚跟并一步，紧接着右脚再向前(向后)移动一步，称为并步。这种步法较多地运用在上网、接杀球和正手后退突击扣杀时。

➢ 交叉步：左右脚交替向前、向侧或向后移动为交叉步。这种步法的步幅较大，移动中身体重心比较稳定。经另一脚前面超越的为前交叉步，经另一脚后面超越的为后交叉步。交叉步一般在后退打后场球时用得较多。

➢ 小碎步：以小的交叉步移动的称为小碎步。由于步幅小、步频快，一般在起动或回动起始时用。

➢ 蹬转步：以一脚为轴，另一脚做向后或向前蹬转迈步。

➢ 蹬跨步：在移动的最后一步，左脚用力向后蹬的同时，右脚向来球的方向跨出一大步，称为蹬跨步。它多用于上网击球，在向后场底线两角移动抽球时也常采用。

➢ 腾跳步：起跳腾空击球的步法为腾跳步。它可分为两种：一是上网扑球或向两侧移动突击杀球时，以领先的脚(或双脚)起跳，做扑球或突击杀球。二是对方击来高远球时，用右脚(或双脚)起跳到最高点时杀球。使用这种步法，要求协调性好、弹跳力强，在击球后还要善于控制自己的身体重心，以便连贯好下一拍的击球。

在掌握了以上基本步法的基础上，组成上网、后退、两侧移动和起跳腾空等综合步法。

3. 上网步法

上网步法是指从场地中央位置向网前移动的步法。实践中常运用跨步、垫步、蹬步，但不论哪种步法上网，其站位及准备姿势都是相同的，即从中心位置开始，两脚左右开立或前后开立，与肩同宽，上体稍前倾，后脚脚跟提起，以便随时调整身体重心。右手持拍于体前，两眼注视来球。

(1)蹬步(图 3-17)

起动后，两脚向上轻弹将重心移至左脚，同时左脚用力蹬地，右脚向来球方向迈出一大步，使身体迅速接近来球，在空中完成击球动作后，右脚先着地，左脚紧跟着地，并迅速制动身体，返回到场地中心。蹬步一般在球离网较近、争取高点击球时采用。

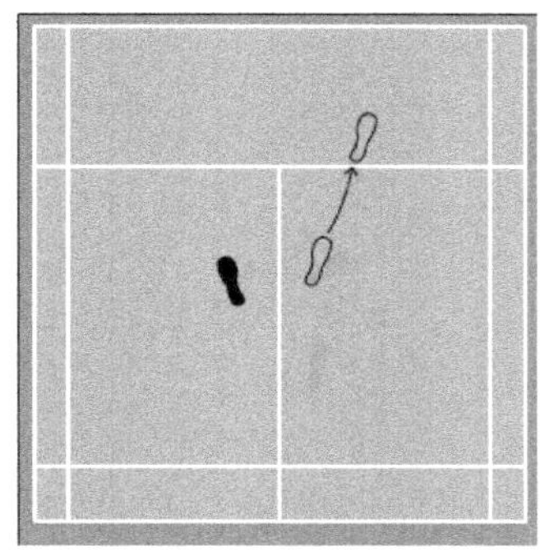
A：右侧蹬步上网步法

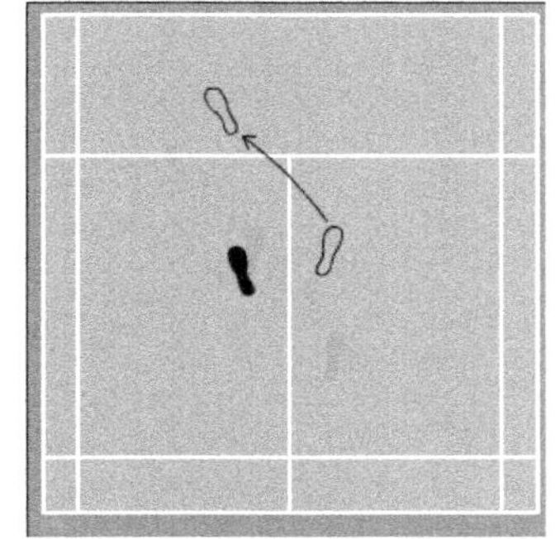
B：左侧蹬步上网步法

图 3-17　蹬步

（2）跨步（图 3-18）

起动后，两脚向上轻弹重心移至右脚，左脚迅速蹬地向来球方向迈出一步。当左脚着地的同时用力蹬地，使右脚加速蹬地向前跨出一大步成弓箭步，上体前倾。击球后，右脚蹬地用交叉步或并步回到中心位置。

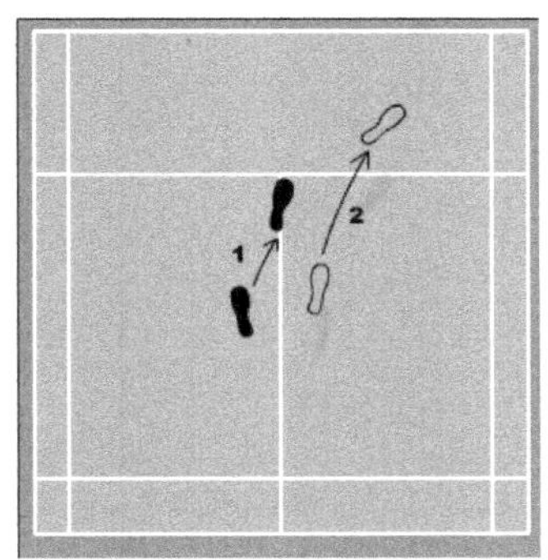

A：右侧跨步上网步法

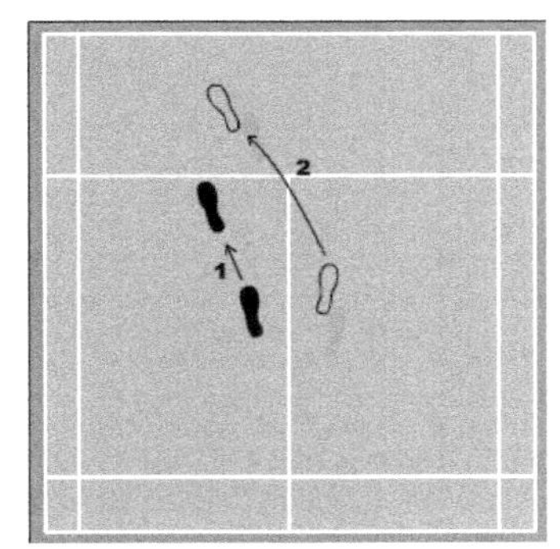

B：左侧跨步上网步法

图 3-18　跨步

（3）垫步（图 3-19）

起动后，两脚向上轻弹重心移至左脚，右脚向来球方向迈一小步，然后左脚迅速跟上并用力蹬地使右脚迅速向来球方向再跨出一大步成弓箭步，身体重心在前脚，着地后制动，身体重心在两脚之间。

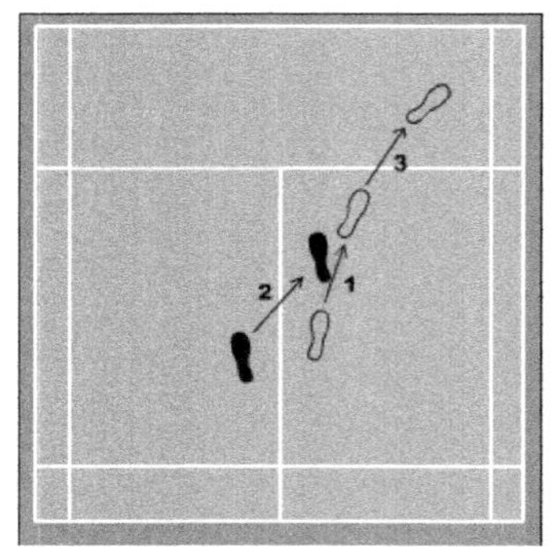

A：右侧垫步上网步法

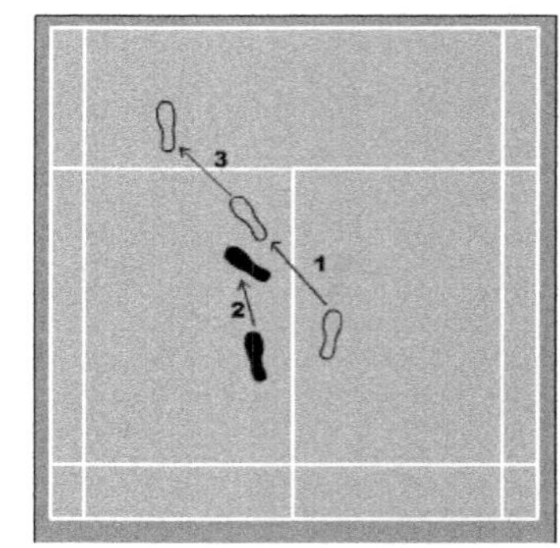

B：左侧垫步上网步法

图 3-19 垫步

(4)前交叉加蹬跨步上网步法(图 3-20)

起动后，右脚先向球的方向垫一步，左脚再迈一步，紧接着左脚后蹬，侧身将右脚向球的方向跨一大步，到位击球。

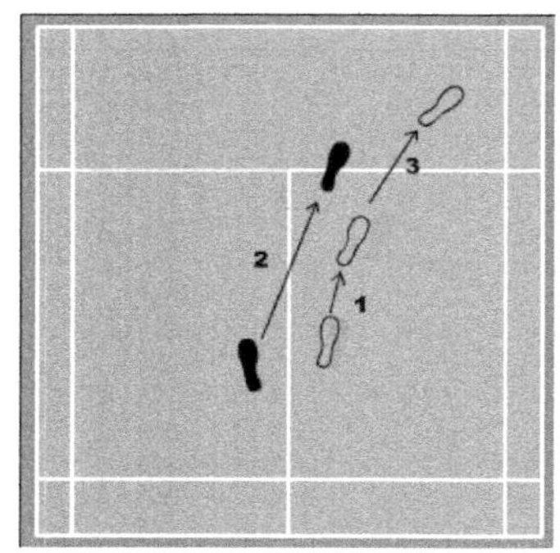

A：右侧前交叉加蹬跨步上网步法

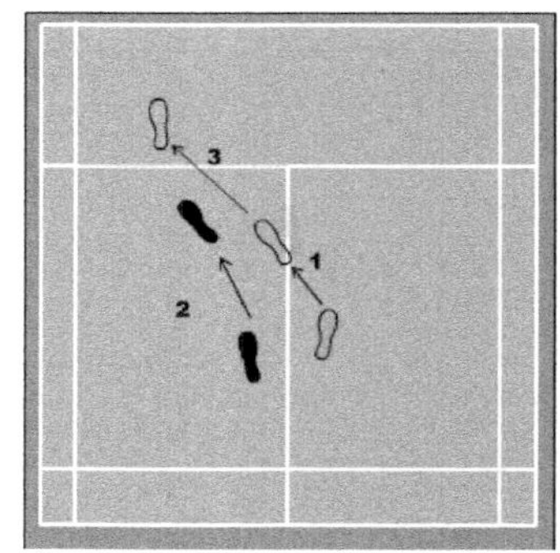

B：左侧前交叉加蹬跨步上网步法

图 3-20 前交叉加蹬跨步上网步法

(5)后交叉加蹬跨步上网步法(图 3-21)

起动后，右脚先向球的方向垫一步，接着，左脚向右脚后交叉一步，左脚着地后马上用力后蹬，侧身将右脚向球的方向跨一大步，到位击球。

(6)蹬跳步上网步法

这是一种特殊的上网步法，当对方回击网前球过高时，为争取速度，上网扑球常常使用这种步法。这种步法，省略了上网步法中的移动过程。从起动开始，身体前倾，双脚向网前方向起跳。击球后，腾空的身体下降，双脚几乎同时落地(右脚稍先落地)，然后两脚调整身体重心，恢复正常姿势。要注意防止因前冲力过大而触网或过中线犯规。

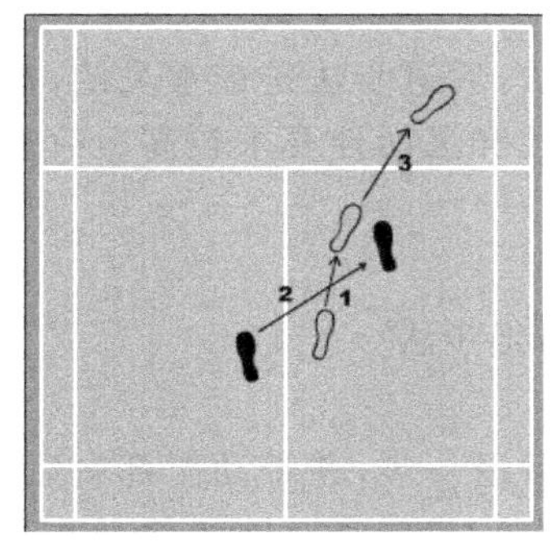

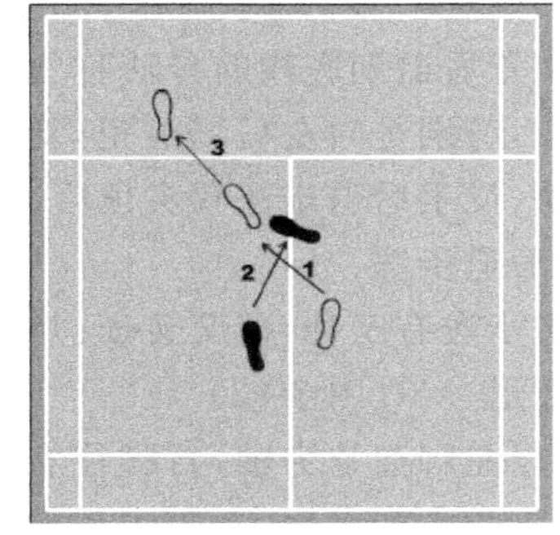

A：右侧后交叉加蹬跨步上网步法　　B：左侧后交叉步加蹬跨步上网步法

图 3-21　后交叉加蹬跨步上网步法

（7）注意事项

完成击球动作时的姿势，是上网步法中较复杂的一环，因为不仅要承担人体前冲的缓冲力量，同时又要顾及手上的击球质量和击球后的迅速回动。所有上网步法均要注意下列要求：

①什么位置做蹬跨为好，要看球的位置而定。

➢ 一般应以最后一步跨出后，侧身对网，自然伸直手臂让拍子能打到球为宜。

➢ 太远打不到球，太近会妨碍击球动作，且延长了回动距离。

②最后的蹬跨步右脚在前。

➢ 步幅较大，着地点超越膝关节，重心在右脚上，脚尖外展。

➢ 右脚应以脚跟外侧沿先着地，然后过渡到脚掌，并用脚趾制动，不使身体再前冲。

➢ 右臂前伸击球时，左臂自然张开。

➢ 击球后，立即右脚回蹬，如果最后跨步步幅很大，左脚自然跟随前移一些，以便回动。

③放网前球、挑球一般采取低重心姿势。搓球、推球、勾球时身体较直，重心较高。扑球时往往需要向上方蹬跳。

④上网最后一步步幅要大，必须注意：

> **提醒：**
> 击球后，尽快回位。

➢ 左脚用力向前蹬的同时，应向前送髋，以增大跨步的距离。

➢ 向前跨出的右腿，在送髋和左脚发出蹬力同时，应向上抬。

⑤右脚落地是缓冲和回动的关键，要做到动作协调、制动快。

⑥完成跨步和制动后（右膝弯曲不能超过脚尖），回动时注意：

➢ 身体重心适当放在右脚上。

➢ 左腿向右腿稍微跟进以分担右脚承受的重量，协助右脚从弓箭步姿势恢复直立。

➢ 再以并步或交叉步退回中心位置。

4.退后场步法

从中心位置后退到底线的步法称为退后场步法，后退步法是最常见的，也是难度较大的步法动作，特别是向左后场后退，对人的协调性和灵活性要求较高。后退步法分为正手后退步法、反手后退步法和头顶后退步法三种。

(1)正手后退步法

正手后退步法有三种，即交叉步、并步和跨步后退步法。

①侧身后退一步(图 3-22)

起动后，以左脚前掌为轴，右脚往右后侧蹬转后退一步，并带动髋部右后转，重心移到右脚上(右脚脚尖朝右侧，左脚尖也顺势略转向右)，成侧身对网姿势。此时可做原地击球或起跳击球。

②正手跨步退后场步法(图 3-23)

正手低手击球时多采用此步法，当球向后场飞去，而又来不及用上手技术击球时，两脚向上轻弹，重心移至右脚，右脚用力蹬地，迅速向右转体，紧接着右脚向来球方向迈一步，着地时左脚迅速经右脚外侧(体前，体后均可)着地，然后右脚向来球方向再跨一步，随着右脚着地的瞬间出手击球。

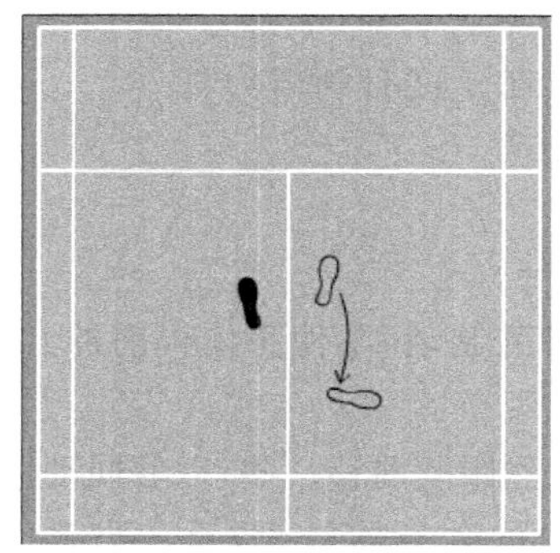
图 3-22　侧身后退一步

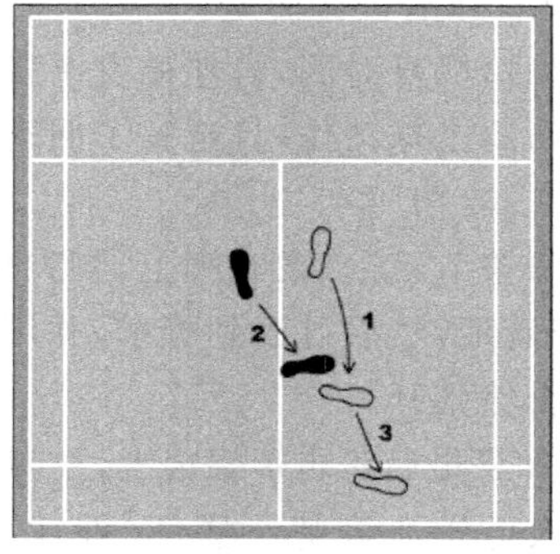

图 3-23　正手跨步退后场步法

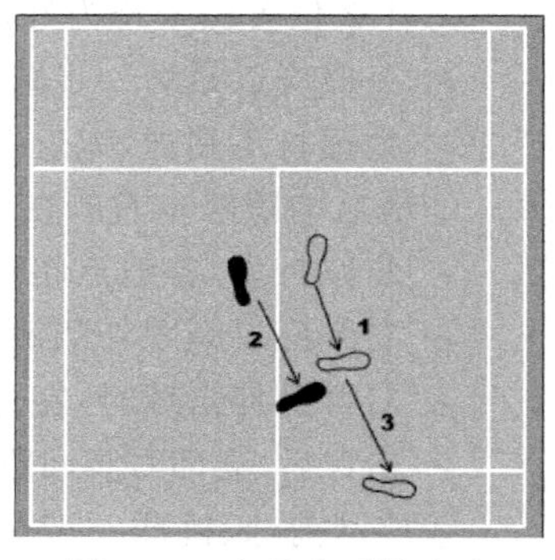

图 3-24　交叉步后退步法

③交叉步后退步法(图 3-24)

这种步法的移动范围很大，一般回击端线附近的球多用交叉步后退步法。起动后，两脚向上轻弹将重心移至右脚，以左脚为轴，右脚往来球方向蹬转后退一步，身体右转，重心移至右脚上，同时左脚经体后交叉移至右脚的外侧，紧接着右脚迅速向后再退一步，成侧身对网姿势。此时，可以原地击球，也可以起跳击球。

(2)头顶后退步法

头顶后退步法是羽毛球步法中一个难度较大的动作，对身体协调性和柔韧性要求很高。一般是在当球飞向左后场区用头顶击球技术还击时用。它包括头顶并步、头顶交叉步及头顶侧身步加跳步后退步法。

①头顶并步后退步法(图 3-25)

起动后,以左脚前掌为轴,在髋关节及上体快速向右后方转动的同时右脚向右后蹬转后撤一步(蹬转角度应较大),左脚用并步靠近右脚,紧接着右脚再向左后场退一步(重心落在右脚上),左脚跟进一小步,成上体后仰侧面对网的姿势。做原地或起跳头顶击球。击球后,利用着地后身体的缓冲向中心位置回动。

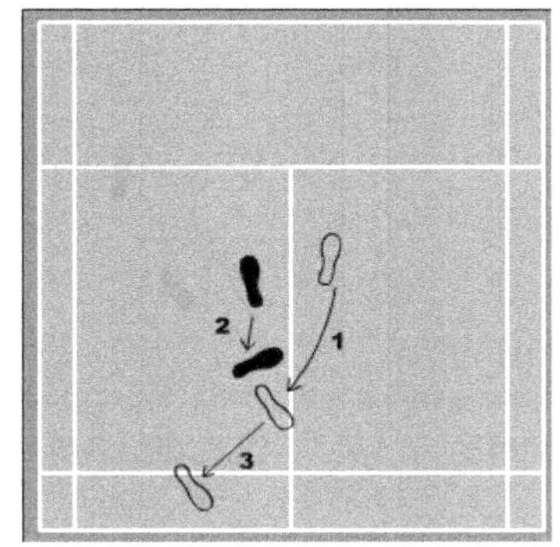

图 3-25　头顶并步后退步法

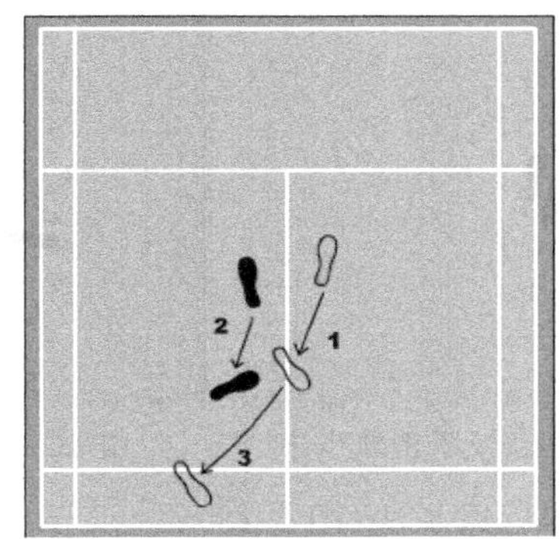

图 3-26　头顶交叉步后退步法

②头顶交叉步后退步法(图 3-26)

起动后,以左脚前掌为轴,在髋关节及上体快速向右后方转动的同时右脚向右后蹬转后撤一步(蹬转角度应较大),左脚向身后交叉后退一步,右脚再向左后场退一步(重心落在右脚上),左脚跟进,成上体后仰侧面对网的姿势,做原地或起跳头顶击球。如果向左后上方起跳,在挥拍击球的同时,必须在空中做左脚后摆,右脚前跨的两脚交换动作,左脚在身后先着地,上体前压,紧接着右脚在体前着地缓冲,向中心位置回动。

注意事项:

上体和髋部侧转要快,右脚快速后退至左脚的后方横侧位。

蹬跳方向应向左后方跳起,使上体向后仰。

左脚在空中作交叉后撤的动作要大,左脚的落地点超过身体重心之后。

上体要用力收腹,重心迅速移至右脚,左脚迅速回动。

③头顶侧身步加跳步后退步法

这是一种快速突击抢攻打法的后退步法。起动后,以左脚前掌为轴,在髋关节及上体快速向右后方转动的同时右脚向右后蹬转后撤一步,紧接着右脚向后方蹬地跳起,上身后仰,角度较大,并在凌空时完成击球动作。此时,左脚在空中做一个交叉动作后先落地,上体收腹使右脚着地时重心落在右脚上,便于左脚迅速回动。

(3)反手后退步法

①一步反手击球步法(图 3-27)

起动后,以左脚前掌为轴,右脚向左后方蹬转使身体转向左后方,同时,右脚经左脚向左后场跨出一步(重心移到右脚)成背对球网姿势(在移动过程中,由正手握拍法换成反手握拍法),右脚跨步着地时发力反手击球。击球后,右脚往右后方蹬转,身体随即转成面对球网,回中心位置。

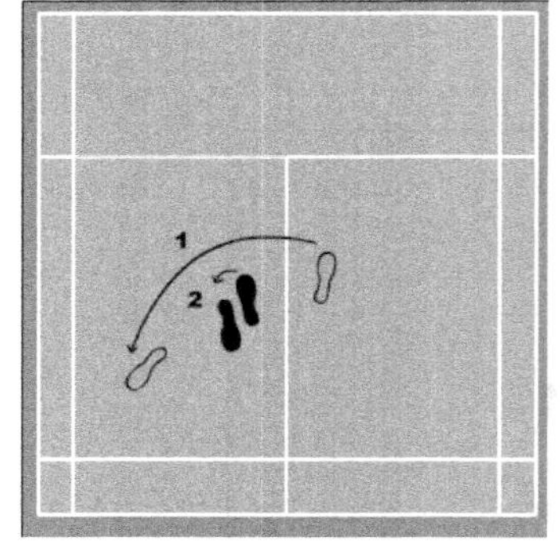

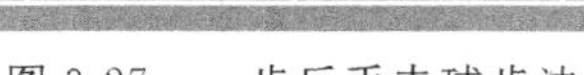
图 3-27　一步反手击球步法

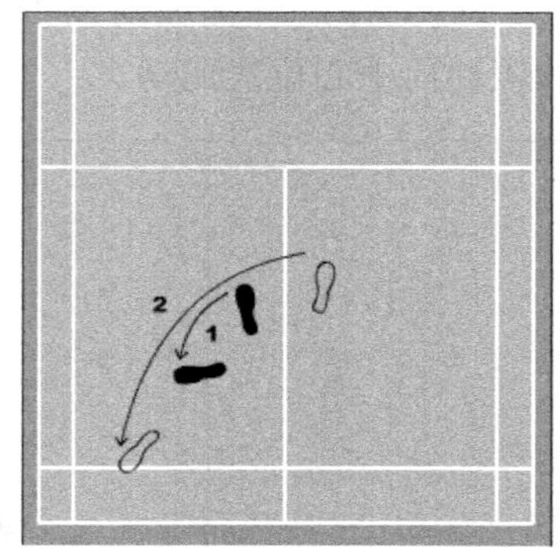

图 3-28　两步后退步法

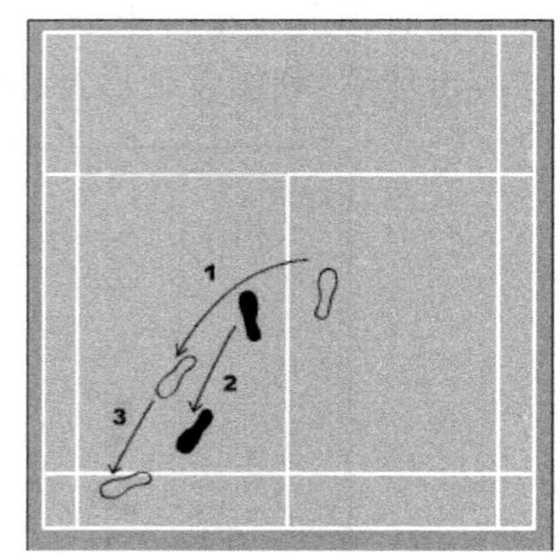

图 3-29　多步后退步法

②两步后退步法(图 3-28)

一般在球离身体较近时采用。准确判断来球后,两脚向上轻弹,重心调至右脚,右脚蹬地后,左脚迅速向来球方向后撤一步,上体左转,同时右脚迅速经体前向来球方向跨一步背对网,移动到反手位置,右脚着地时,挥拍击球。

③多步后退步法(图 3-29)

一般在球离身体较远时采用。当判断来球是后场反手位,两脚向上轻跳,重心调至右脚。右脚蹬地转成背对网,同时经体前向来球方向跨出下。紧接着左脚向前移动一步,同时右脚也向前跨一步,着地时,挥拍击球。

5.步法常见错误及纠正方法

(1)移动判断错误

球的落点在后场却往前场移动,球的落点在网前却往后场移动。来球在左(右)方却向右(左)方移动。

纠正方法:

主要因判断错误造成,应多进行教学比赛,提高对假动作及出球路线的判断能力。

(2)反应和移动慢

纠正方法:

- 通过多球练习(或按手势指令)做反应起动练习。
- 通过跳绳、跳石级、跳沙地等练习增强踝关节和下肢的力量。
- 将各种步法反复练,形成一定的条件反射。

(3)步法与击球动作配合不好,不协调

纠正方法:

- 最后一步要做正确。
- 上网时,最后一步右脚在前,重心在右脚上,步幅要大。
- 后退时,最后一步右脚在后,重心在右脚上。
- 向右侧移动时,右脚在前,重心在右脚上。
- 向左侧移动时,可视情况左脚在前或右脚在前,重心应在前面一只脚上。

(4)未养成及时回中心位置的习惯

纠正方法:

- 依手势的指令,在羽毛球场上反复做起动、到位挥拍击球、回动的练习。
- 进行耐力与速度耐力的训练,以加强移动能力。

6.注意事项与步法练习

(1)注意事项

- 加强判断球落点的能力培养,步法移动快速到位,有充足的时间完成击球动作。
- 学会控制身体重心,以免造成步法与击球动作配合不协调。
- 增强击球后及时返回中心位置的意识。

(2)练习方法

- 徒手上网、后退、两侧移动的单组动作练习。
- 两人一组互相配合的指挥移动和多球练习。
- 两人一组互相配合的全场综合步法练习。

三、羽毛球运动基本技术练习方法

(一)正手握拍练习方法

1.握拍技术练习方法

(1)让握拍手自由转动拍柄后,按照正确的技术动作要领,用肉眼观察,由握拍手独立调整完成正手握拍动作或反手握拍动作。

(2)通过反复练习,逐渐过渡到不用肉眼观察,全凭手上的感觉便可完成正确握拍。

(3)在实战中,视来球的各种不同角度和方向,握拍手可自如地选择正手或反手握拍法击球,握拍力度应适宜。

(4)徒手挥拍练习:徒手做正手击球或反手击球的挥拍动作,要求做好相应的正手握拍动作与反手握拍动作的转换。

(5)持拍颠球练习:练习者用正手或反手握拍法持拍在身前,拍面对准球托底部,向上击球。

2.练习步骤

(1)原地正、反手持拍颠球。要求次数越多越好,力量由轻到重,高度由低到高,逐步学会控制拍面方向,尽量在原地颠球。

(2)正、反手交换颠球。在练习者正、反手握拍动作比较熟练以后,要求练习者持拍颠球时正、反手交替使用,注意两种握拍动作的转换,击球次数越多越好。

(3)行进间持拍颠球。在对原地颠球比较熟练的基础上,练习者向前行进颠球。可先采用一种握拍动作进行,逐步过渡到交换使用正、反手握拍动作。要求练习者手指、手腕放松,控制拍面方向,熟悉球感。

(4)行进间持拍颠球穿越障碍。在行进间持拍颠球的基础上,让练习者越过障碍物,如钻过球网,但不得停止颠球,保持练习的连续。要求练习者更好地控制拍面,同时在越过球网时,适当加大击球力量,保证练习者有足够的时间钻过球网,继续击球。

练习要求:

正确使用正、反手握拍动作,手指、手腕在击球前放松,击球一刹那握紧球拍,注意拍面方向,击球托的下部。

3.对墙击球练习

持拍于身前,两膝稍弯曲,连续从稍右侧下方用正手或从稍左侧下方用反手向前上方的墙上击球。

(二)基本步法练习方法

1.分解步法练习

把羽毛球场上的综合步法分解成单一运动方向的步法进行训练的练习,称为分解练习法,主要包括正、反手上网步法练习,正、反手接杀步法练习,正手后退击球步法练习,头顶后退击球步法练习,前后场连贯步法练习和后场反拍击球步法练习。

2.结合击球动作进行步法练习

(1)固定移动路线的步法练习

主要是在固定的移动路线上,熟悉各个单个步法的跑动路线。例如,从中心位置开始,先后退至正手底线,然后回中心,再上右网前,再回中心位置,如此循环练习。

(2)不固定移动路线的步法练习

在较熟练地掌握了向各个固定方向移动的步法之后,就可以进行不固定方向的全场移动练习了。由一人指挥,练习者跟着指挥者的手势进行全场综合步法练习。在进行不固定移动路线法练习时应注意:不论是自练还是按场外指导指示练习,都要避免惯性机械地移动步子,而应多做一些无规律的重复跑动,这样才能与实战结合起来。

(3)回击多球步法练习

陪练者将多球先后发往练习者的前后左右场区,迫使练习者运用各自步法移动去迎击来球。此练习方法既可以练习步法,又可以练习手法,练习密度大,实际效果好。

3.综合练习

> 意识好，应变能力强，才能掌握主动！

把两个或两个以上的单一基本技术（包括手法和步法）结合起来进行练习称综合练习。这种练习方法的特点是通过一定的套路配合，把手法与步法、进攻与防守等技术在前场和后场有机地结合在一起，从而提高基本技术在比赛中的实效性。初学者在较熟练地掌握各个基本技术之后进行综合练习，可以较快地提高技术水平。

进行综合练习时最初应将移动路线和击球落点固定下来，以便掌握综合技术，然后再过渡到不固定移动路线和击球落点上的练习。

（1）吊球上网

即一人固定在网前放网前球和挑高球，另一人先后退至底线吊网前球，再移动上网放网前球再后退，如此反复练习。还可以左右变化路线等。

（2）杀球上网

即甲方发球，乙方后退杀球，甲方接杀球放网前球，乙方上网挑高球，甲方后退回高远球，乙方再杀球，如此反复练习。以后再增加路线上的变化，如左右场区等。

（3）攻守综合练习

利用场地的半边，甲方以高远球、平高球、杀球或吊球来进攻乙方，乙方则主要以高远球和挡球、放网前球来防守。这样，乙方为甲方提供了进攻的机会，而乙方也能在对方的进攻下进行各种防守的练习。

（4）二打一练习

即一边场地由两人同时进攻或同时防守，另一边场地由一个人进攻或防守。这样可以提高一个人的进攻和防守的能力。总之，基本技术的练习方法很多，以上方法主要起举一反三的作用。初学者在练习时，应根据具体情况，循序渐进，合理地安排自身的练习。另外，有条件者可经常观摩技术水平较高的运动员的训练和比赛，对提高自身的水平有潜移默化的作用。

（三）发球技术练习方法

1.正手发高远球练习方法

（1）徒手挥拍练习

> **练习目的：**
> 熟悉挥拍轨迹，掌握正确的发球动作；
> 体会手臂的内旋和手腕的屈伸，掌握正确的发力动作；
> 掌握动作节奏，调节肌肉的紧张度，提高动作协调性。

练习者左肩侧对前方，两脚分开，与肩同宽，左脚在前，脚尖向前，右脚在后，脚尖稍向右侧，重心放在右脚上。准备发球时，右手持拍向右后侧举起，肘部微屈，左手虚拟持球，举在腹部右前方。练习时，左手先放球，在左手放开球时，右手上臂带动前臂，自右后方随转体向左前方挥拍，重心同时前

移。当球拍挥至右前下方球的下落处时，前臂由下向前上方挥动并急速内旋，带动手腕由伸展至微屈，闪动手腕，握紧球拍击球。击球后持拍臂随动作惯性自然向左上方挥动。

练习要求：

➢ 采用正手握拍动作，准备姿势要做好。

➢ 练习过程中要注意动作节奏，掌握发力的时间，注意前臂的旋转发力。

➢ 练习时可先分解练习，再完整练习。

(2)击固定球练习

将一只羽毛球用绳子吊起来，球的高度离地面30～40厘米，练习者站在球的左后方，保持练习者的球拍在右前下方可击中球。练习者用正确的发球动作挥拍，击球后继续做随挥动作。

> **练习目的：**
> 形成良好的转体、重心前移、挥拍动作，体会击球点的位置；
> 体会正确的前臂旋内、手腕屈伸的发力动作。

练习要求：

➢ 练习者用余光看球，自然挥拍，不要故意地击球。

➢ 手臂自然伸直，不要提肩、屈肘。

➢ 注意击中球时的拍面方向。

(3)完整发球练习

站在发球线后约1米处，发球场区中线附近，运用正确的正手发高远球动作，向对角线场区发球。

> **练习目的：**
> 正确掌握正手发高远球动作技术，并逐步控制发球的落点。

练习要求：

➢ 掌握正确的发球动作。

➢ 在发好球的基础上，提高发球质量，控制球的落点。

2.正手发网前球练习方法

(1)轻击球练习

在正手发高远球的动作基础上，减小挥拍的动作幅度，主要靠前臂和手腕带动挥拍，击球力量减弱，球击出后，控制拍子的继续挥动。

> **练习目的：**
> 逐步体会发近网球的发力动作；
> 降低球的飞行弧线。

练习要求：

➢ 击球时，握拍仍保持放松，利用手腕和手指的力量击球。

➢ 不要用拍子的正面击球，而是让拍面从右向左斜切击球，使球刚好越网而过。

(2)限高、限远发球练习

在球网上方30厘米处拉一条标志线，在对方前发球线后50～60厘米处也放一条标志线，要求练习者将球发在指定的范围内。

练习要求：

> **练习目的：**
> 掌握正确的发网前球技术；
> 提高发球的质量。

➢ 用符合规则要求的技术动作发球。

➢ 尽量降低球的飞行弧线。

➢ 使球贴网而过并落在对方发球区内。

（四）后场击球

1. 击高远球技术练习方法

（1）徒手练习步骤

击球前准备姿势练习。练习者侧身对网，左脚在前，右脚在后，重心在右脚上，左臂自然上举（成手指球动作），抬头稍后仰，右手正手握拍于右侧，上臂与右侧身体和前臂的夹角各为45度。

> **练习目的：**
> 掌握正确的击球准备姿势；
> 体会引拍的动作轨迹，形成正确的挥拍和发力动作。

原地做腰绕环。双臂自然上举，右手正手握拍随腰向右后、左前绕环，当右臂绕至左肩上方时，前臂由外旋改成内旋，手腕内收带动球拍做头顶挥拍动作。

右臂平举于右侧，前臂与上臂的夹角成90度，以肘为轴，前臂做内旋至外旋的前后摆动，类似鞭打动作。

上臂上举贴近耳朵，肘朝前，前臂后伸。当前臂向上提拉时，在右肩上方做内旋和外旋动作。

完整挥拍动作练习：准备姿势、引拍、击球、随挥动作。

练习要求：

> **练习目的：**
> 让练习者掌握击球点位置，纠正手臂没有充分伸直、击球点偏低的错误；
> 体会前臂由外旋到内旋的发力击球动作。

➢ 按动作要领分步练习，特别要重视击球前的准备姿势，不要没有准备直接击球。

➢ 眼睛要盯着球，不要看其他地方。

➢ 击球要从开始就形成正确的发力动作，即前臂的旋转发力，不要用拍子垂直向前发力。

（2）击固定球练习

用线将球吊在练习者右肩正上方，高度以练习者伸直手臂球拍能击到球为准。练习者按动作要领挥拍击球。

练习要求：

➢ 练习者一定要伸直手臂，在最高点击球。

➢ 以肩为轴，通过大臂带动前臂，最后闪动手腕击球；眼睛注视球。

(3)击固定线路球练习

由教师给练习者“喂球”，让球落在练习者的右上方或正上方，练习者正手击直线或对角线高远球。

练习要求：

➢ 练习者移动到球的正下方或左下方，运用正确的击球动作击球。

➢ 击球前要侧身做好准备动作，两臂自然上举。

➢ 击球时要通过蹬地、转体收腹的协调用力完成动作。

> **练习目的：**
>
> 提高练习者对球下落的判断力，在原地或通过简单的移动来完成击球动作，掌握正确的击球动作和击球点；
>
> 从击直线到对角线高远球，掌握击球时球拍的拍面方向和击球力量，提高击球质量。

(4)多球练习

练习者基本掌握击高远球动作后，可由教师发各位置的高球或平高球，结合步法移动，要求练习者回击高远球到对方后场。

练习要求：

➢ 根据来球的变化，迅速做出判断，并快速移动，争取在最高点击到球。

➢ 同时要注意击球的角度、力量。

> **注意：**
>
> 注意掌握击球的角度、力量和路线；
>
> 提高练习者的判断和快速移动能力；
>
> 练习过程中，要求树立四位意识。

2.吊球技术练习方法

(1)徒手挥拍动作练习

练习者侧身对网，采用击高远球的准备姿势。挥拍时前期引拍动作也同击高远球，在击球前一瞬间，前臂突然减速，用手腕的闪动向前下轻轻挥拍，拍面正对或侧切向前下方。

练习要求：

➢ 从准备到引拍，动作同击高远球，以增加吊球的隐蔽性。

➢ 挥拍的用力方向为前下方，手指、手腕要放松。

> **吊球目的：**
>
> 掌握吊球的动作要领，体会动作的发力方法。

(2)击中、后场半高球练习

教师发出中、后场半高球或高球，练习者轻吊直线球或斜线球。练习目的：掌握正确的吊球动作和击球点，提高吊球质量。

练习要求：

➢ 根据球的落点进行移动，将最佳击球点放在练习者的前上方。

➢ 尽量在高点吊球，以使球尽量贴近球网下落。

➢ 用手指、手腕控制击球瞬间的拍面方向，取得不同的吊球线路。

(3)多球吊球练习

同高远球多球练习。

(五)前场技术

1.挑高球技术练习方法

(1)原地向上挑高球练习

练习者在原地用正、反手垂直向上挑高球。

练习要求：在胸腹前挑球；控制拍面方向，尽可能向上挑高，增强爆发力。

> **练习目的**：体会挑球的发力方法，提高挑球的力量。

(2)两人一吊一挑练习

练习者分立球网两侧，一人吊网前球，另一人挑高球。

> **练习目的**：掌握挑高球的动作要领，提高控制球的能力。

练习要求：吊球者可先将球的落点控制在距网较远的位置，逐步贴近球网；挑球者根据球的落点，调整击球的角度，并逐步击出不同线路的球。

2.放网前球技术练习方法

(1)持拍颠球练习

练习者持拍，用搓球动作在体前颠球。

练习要求：手指、手腕放松，掌心空开。颠球过程中，不要求高度，但要求将球搓切得翻转。

> **练习目的**：体会搓球动作中手指、手腕的发力动作，提高手指、手腕控制球的能力。

(2)网前搓球多球练习

练习者持拍站在网前，由教练抛球至网前，练习者分别用正手、反手搓球动作，进行练习。

(3)各种技术进行练习

练习要求：手指、手腕放松，注意击球部位和拍面方向。击球点尽量靠近网口，提高击球质量。

> **练习目的**：掌握巩固搓球、推球、勾球动作。

第二节　中级水平

全面、正确、合理、熟练地掌握羽毛球运动的基本技术是提高运动技术水平的基础和关键。羽毛球运动的基本技术是该项运动的主体。严格来说，羽毛球运动的基本技术主要由上肢的基本手法和下肢的基本步法两大部分组成。上肢的基本手法又由握拍、发球和击球三个部分组成，下肢的步法则由基本站位、前场上网、中场左右步法和后场后退步法组成。在羽毛球运动中，上下肢的基本技术既相互独立、各成一体，又缺一不可，共同构成一个完整的有机体。只有把上肢的基本技术和下肢的基本步法最佳结合起来的球员才能称为优秀球员。

一、羽毛球中级水平技术与练习方法

(一)羽毛球基本站位及反手握拍

1. 羽毛球的基本站位

运动员站在羽毛球场上的位置称为站位。站位有两种情况：一种是受限制的站位，如发球、接发球时运动员就必须按要求站在规定的区域内(左半区或右半区)；另一种是不受限制的站位，可根据自己或同伴(双打)的需要而选择的站位，如单打的站位一般在离前发球线1米左右的中线附近，双打站位可根据双打两个运动员的具体战术需要而选择前后或左右的站位。

根据以上对羽毛球场地的划分，又可把不受限制的站位具体分为左半区站位、右半区站位、前场站位、中场站位、后场站位。

(1)单打站位

单打站位位于发球线1.5米处。在右发球区要站在靠近中线的位置，在左发球区则站在中间位置，主要是防备对方直接进攻反手部位。一般左脚在前，右脚在后，双膝微屈，收腹含胸，身体重心放在前脚，后脚脚跟稍抬起。身体左侧向球网，球拍举在身前，注意力集中，两眼注视对方(图3-30)。

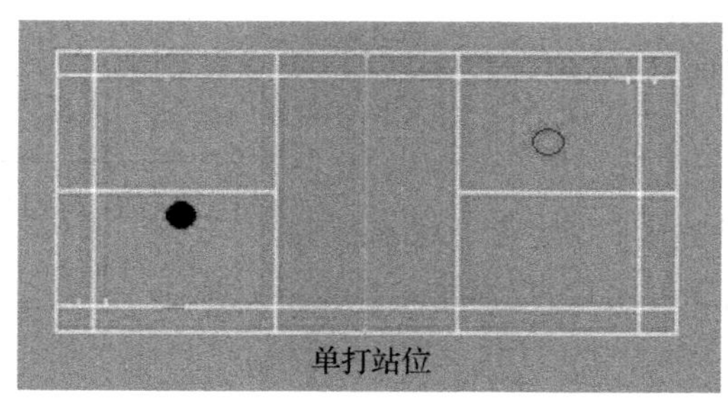

图3-30　单打站位

(2)双打站位

由于双打发球区比单打发球区短0.76米，发高远球易被对方扣杀，所以双打发球多以发网前球为主。接发球时要站在靠近前发球线的地方，接发球的准备姿势同单打基本相同，略有区别的是身体前倾较大，身体重心可以随意放在任何一脚，球拍举得高些，在球来到网上最高点时击球，争取主动。但要注意右场区对方发平快球突袭反手部位(图3-31)。

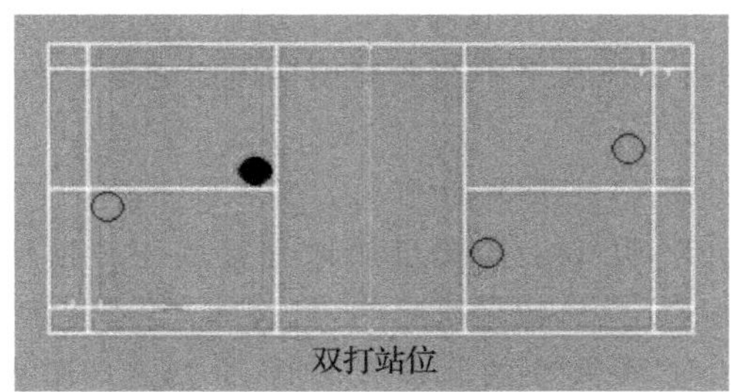

图 3-31　双打站位

2. 反手握拍方法

用握拍手手背同一个朝向的拍面击球叫反手击球，反手击球时的握拍方法为反手握拍法。反手握拍法也是握拍的基本技术之一，其同样也有一些灵活的变化以应对不同的技术要求。反手握拍法主要有三种，即反手基本握拍法、反手网前搓球握拍法及反手勾对角握拍法。具体方法是在正手握拍的基础上，拇指和食指将拍柄稍向外转，拇指自然贴在拍柄内侧的宽面上，中指、无名指和小指并拢握住拍柄，柄端靠近小指根部，使掌心留出间隙，有利于击球发力。

(1)反手基本握拍法

动作要领：反手的基本握拍姿势是在正手握拍的基础上把球拍框向外转，在右手持拍的情况下就是向右转，拇指前内侧顶在球拍内侧的宽面上，或者是拇指前内侧贴在拍柄的窄棱上。食指向其余三指并拢，掌心和拍柄间留一定的空隙，以方便手腕和手指的发力(图 3-32)。

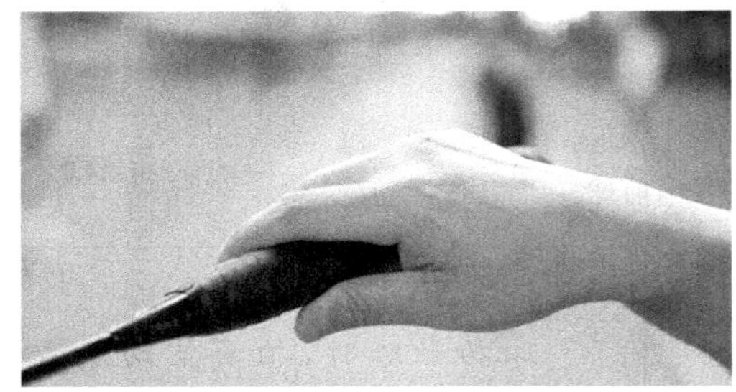

图 3-32　反手基本握拍

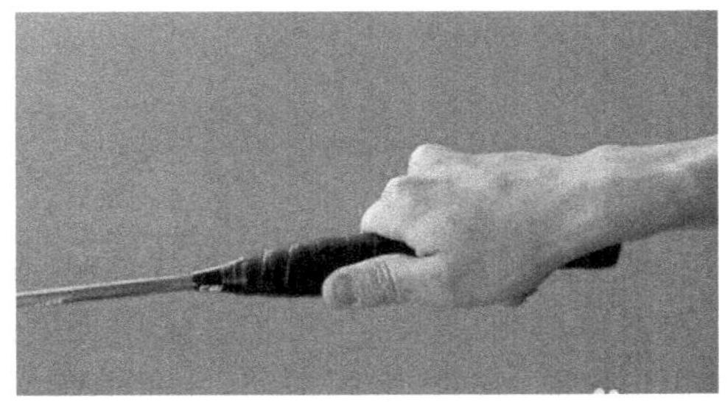

图 3-33　反手网前搓球握拍

(2)反手网前搓球握拍法

动作要领：在正手握拍的基础上，拇指、食指、中指和无名指稍松开，拍柄离开掌心，同时使球拍向内转，拇指贴在拍柄内侧的上棱上，食指第三关节贴在外侧的下棱边上(图 3-33)。

(3)反手勾对角握拍法

动作要领：在正手握拍的基础上，拇指、食指、中指和无名指稍松开，拍柄离开掌心，同时使球拍向内转动，拇指第二关节的内侧贴在拍柄的上棱边上，食指第二关节贴在拍柄的上宽面上，其余三指自然抓在下中宽面和拍柄内侧的宽面上。

注意事项：

➢ 握拍的关键：一要放松，二要灵活。

➢ 握拍要放松：握拍时，几个手指要自然地分开握住球拍柄，掌心也不要紧贴于柄上，应保持一定的间隙。这样就比较轻松自然，打起球来，才能运用自如，潇洒灵活。

➢ 握拍要灵活：握拍时，不要使劲握紧球拍柄，否则击球时难以发力，限制技术水平发挥。

（二）反手发球技术

反手发球技术是在身体的左前方用反拍面击球的一种发球方式。同正手发球技术一样，用反手同样能发出各种不同弧度的球；与正手发球有所不同的是，反手发球时动作的力臂距离相对较小，发球时对球的控制力更强，加之反手发球动作更具隐蔽性、一致性和突然性，在比赛中被广泛采用。在实战中，发球方根据双方战术的特点和需要，常以反手发网前球、后场发平高球、后场发平快球为主。

1. 反手发网前球（图 3-34）

反手发网前球是用反手握拍，以反拍面击出与正手发网前球飞行弧度一样的一种发球。

图 3-34　反手发网前球

动作要领：站位接近前发球线，右脚在前，重心在右脚，左脚跟提起，持拍手采用反手握拍法持拍于腹前，屈肘，手腕前屈，左手拇指与食指、中指捏住球的羽毛斜放在球拍前面。

将球拍稍向后（自己的腹部）摆动至一定的距离。前臂向前上方推送，同时，带动手腕由屈到微伸而向前摆动，利用拇指力量向前推顶球拍，用球拍对球托做横切推送，使球贴网而过，正好落在对方前发球线附近的发球区内。

注意事项：

球拍触球时，拍面呈切削式击球。

用手指、手腕控制力量，球飞行的弧度高度以略高于网为最好。

2.反手发平高球

用反手握拍,以反拍面击出同正手发后场平高球飞行弧度一样的球,称为反手发后场平高球。

动作要领:两脚前后站立,侧身对网,右脚在前,左脚在后,上体自然伸直,中心放在右脚,右脚尖面对发球网,左手持球,右手握拍,肘微屈略抬,使球拍框向下、拍面稍后仰,眼睛注视对方接球方向。发球时,主要以前臂带动手腕从左下向右上方快速挥拍,在拍将要触球时,左手自然放球。在拍面与地面成120度~130度夹角时,用反拍面将球击出。平高球关键在于掌握击球时的角度,以免球太高缺乏攻击力,太低则易遭受对方拦截。

3.反手发平快球

动作要领:反手发平快球的准备动作与反手发网前球相同,区别在于击球时拍面与地面形成的仰角,一般应在110度左右,击球力的方向应更平直一些。

发平快球的战术效果在于快速和突然性。它的技术关键是:发球姿势要与发其他球的姿势保持一致,不使对方预见发球意图;要有较强的手腕爆发力,否则击球速度慢,容易受攻击。

4.练习方法

➢ 应依照先分解后连贯、从简单到复杂的顺序,按照技术动作的要领做挥拍练习,直至熟练。

➢ 用细绳拴住球固定悬挂一定的高度,反复做发球动作练习,体会球与拍之间的距离感及前臂内旋带动手腕由伸腕到展腕的发力过程。

➢ 持拍面对墙壁做发球练习,在做该项练习时,既要照顾到击球的准确性,同时还要兼顾动作的正确性。

(三)杀球

杀球是把对方击来的球在尽量高的击球点上斜压下去。这种球力量大、弧线直、落地快,给对方的威胁很大,它是进攻的主要技术。一般是看准来球,用力向前下方重击、重切或重"点"击球。杀球分为正手杀直线球和对角线球、头顶杀直线球和对角线球、正手突击杀直线球和反手杀直线球。

1.正手杀直线球(图3-35)

动作要领:准备姿势和击球动作大体与正手击高远球一样。步子到位后屈膝下降重心,准备起跳。侧身起跳时,往右上方提肩带动上臂、前臂和球拍上举,以便向上伸展身体。起跳后,身体后仰挺胸成反弓形。接着右上臂往右后上摆起,前臂自然后摆,手腕后伸,前臂带动球拍由上往后下挥动,握拍要松。随后凌空转体收腹带动右上臂往右上摆起,肘部领先,前臂全速往前上挥动,带动球拍高速前挥。当击球点在肩的前上方时,前臂内旋,腕前屈微收,闪腕发力杀球,这时手指要突然抓紧拍柄,把手腕的爆发力集中到击球点上。球拍和击球方向水平面夹角小于90度，拍面正面击球托的后部，使球直线下行。杀球后，前臂随惯性往体前收。在回位过程中将球拍回收至胸前。

图3-35　正手杀直线球

2. 正手杀对角线球

动作要领：动作要领和准备姿势与正手杀直线球相同，不同点是起跳后身体向左前方转动用力，协助手臂向对角方向击球。至于长杀、短杀等，这就要靠手腕和手指控制拍面、倾斜角度、用力方向和大小来决定。

3. 正手突击杀直线球(图3-36)

动作要领：侧身，右脚后退一步准备起跳。起跳后身体向右后方腾起，上身右后仰或反弓形，右臂右上抬肩尽量后拉。击球时，前臂全速往上摆起，手腕从后伸，经前臂内旋至屈收，同时握紧球拍压腕产生爆发力，高速向前下击球。突击杀球后，右脚在右侧着地屈膝缓冲，重心在右脚前；右脚在左侧前着地，利用左脚蹬地向中心位置回动，手臂随惯性自然往体前回收。

图3-36　正手突击杀直线球

4. 头顶杀直线球和对角线球(图3-37)

动作要领：首先准确判断对方来球的方向和落点，然后迅速将身体转向后方。头顶杀直线球的准备姿势与头顶击高远球相同，不同点是挥拍击球时，要靠腰腹带动大臂，协调小臂、手腕的综合力量形成鞭击动作，全力往前下方击球，球拍面和击球方向水平面的夹角小于90度。

头顶杀对角线球的动作方法基本同上，只是击球时全力向对角线方向击球才行。

图 3-37　头顶杀直线球和对角线球

右上臂向上抬，球拍由右绕过头顶，击球点应选择在头顶上方的部位。击球时，前臂向前上方由内旋带动手腕突然回收发力挥拍形成鞭打，要集中全力直线方向下压，球拍面和击球方向水平面的夹角小于 90 度击球过网。击球后，小臂内旋较明显，惯性作用小，手臂自然往前摆动。

> 杀球前切记一定要放松手腕；
>
> 然后用脚蹬地使力量从脚下传到手腕；
>
> 杀球的目的不仅仅是为了直接得分，有时是为得分创造机会，如果太执着于杀球进攻，往往会造成无谓的失误。

5. 练习方法

➢ 按动作要领进行反复的挥拍练习，以巩固动作。

➢ 通过向前下方用力投掷羽毛球，体会动作要领。

➢ 两人一组隔网站立，一人发中场高球，一人做跳起杀球练习。

➢ 采用多球定位变向的杀球练习，体会正确的动作和准确的落点。

➢ 做变方向的定位正手杀球练习，过程中注意动作的准确性，并把握好杀球时机。

➢ 加强身体素质练习，注重下肢和腰腹力量的提高，以提高杀球的"点"，从而提高杀球质量。

> **注意事项：**
>
> 准确预测杀球点，没有准确的击球点就打不出有威力的球。
>
> 击球时，肩部、肘部和腕部不要有多余的动作，将全身的力量作用在击球动作上。
>
> 要保持较高的击球点。
>
> 提前挥拍，或挥拍过急容易出现失误。

（四）接杀球

接杀球是指把对方扣杀过来的球还击回去，一般多采用挡球、抽球和推球技术。接杀球是防守技术，但只要反应快、判断准、手法娴熟、回球的落点和线路运用得当，就能在防守中创造由守转攻的条件。准备击球前，屈膝平行站立，两脚稍宽于肩，两眼注视来球。当来球过网，右脚向右跨出一步，重心移向右脚，右臂向右侧伸出，放松握拍，拍面略后仰对准来球。

1. 正手接杀球

当对方杀来右侧的球，通常采用正手握拍的方法去接球。接球时依据来球的质量和对方的站位，可以采用挡网和挑高球来处理，以尽可能地寻找战机转被动为主动。

(1)正手挡直线网前球(图 3-38)

动作要领：对方杀球时，应快速移动至球前，身体右倾，手臂右伸小臂外旋，手腕外展。击球时，小臂内旋稍翻腕带动球拍由右下向前上方推送触球，把球挡向直线网前。也可以在击球时小臂由外旋到内收，带动球拍由右向前切送球托，击直线球至网前。

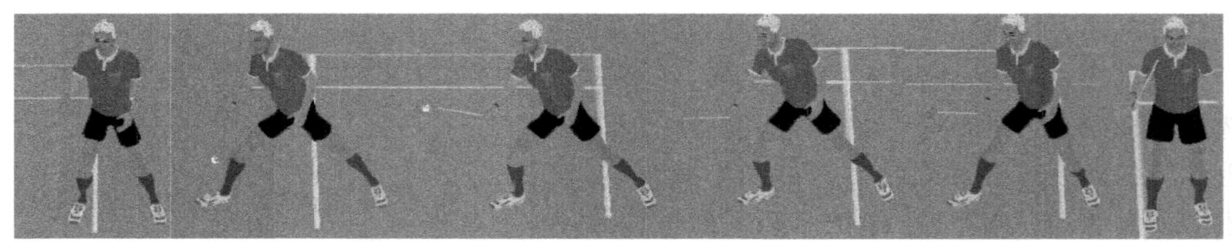

图 3-38　正手挡直线网前球

(2)正手挑直线后场球

动作要领：当对方杀右边线球时，右脚向右侧跨一大步至球前，往右侧引拍，右臂稍向右后摆的同时稍带有外旋，手腕伸到最大限度后，使球拍迅速后摆，紧跟着右小臂外旋挥动手腕从后伸到伸直手腕，这时，肘起着“支点”作用，拍面对准来球，击球托的中下部，使球向直线高远方向飞行。击球后，关节小臂内旋，球拍往体前上方挥动，球拍回收至体前。

(3)正手挡对角网前球(图 3-39)

动作要领：正手挡对角网前球的准备姿势与挡直线球是一样的。但在挥拍击球时，在肘关节屈收的同时小臂要稍内旋，手腕由后伸到内收闪动，击球托的右侧。击球点在右侧前，手腕、手指控制拍面角度，使球向对角线网前坠落。

图 3-39　正手挡对角网前球

2. 反手接杀球

当对方杀来左侧的球，通常采用反手来接杀，它一般采用反手挡网和反手挑高球来进行处理。准备击球前，两脚屈膝平行站立稍宽于肩，两眼注视来球。当来球过网，左脚向左跨出一步，重心移向左脚，右臂向左侧伸出，放松握拍，反拍面略后仰对准来球。

(1)反手挡直线网前球(图 3-40)

动作要领:在对方杀球时,应快速移动至球前,身体左转前倾,右肩对网,右肘弯曲,手腕外展,引拍至左肩前上方;击球时,接对方来球,以前小臂带动球拍由左上方用拇指的顶力挥拍击球托,把球挡回直线网前;击球后,身体右转成正面对网,拍随身体的移动收至体前。

图 3-40　反手挡直线网前球

(2)反手挡对角网前球

动作要领:此技术的动作方法与反手挡直线球相同,只是击球时,手腕由外展到后伸闪动挥拍,击打球托的左侧下部,使球向对角网前坠落。

(3)反手挑后场高球(图 3-41)

动作要领:击球前,小臂内旋,手腕外展,引拍至左侧前。当对方杀左边线球时,右脚向左侧跨一大步。大臂支撑,小臂急速往右前方挥摆,手腕由外展至后伸闪动,握紧球拍,加上拇指的顶力,全速挥拍击球,使球向直线方向飞行。若对角线方向挥拍,则球向对角线方向飞行。

注意事项:

要根据球离网的远近,灵活调整拍面角度和用力方向。

要保持好前臂与手腕的一致性,充分发挥向上方挑球的爆发力。

图 3-41　反手挑后场高球

(4)易犯错误

➢ 手腕与手指运用不当,不是用力过猛,就是拍面控制不好,击出球离网太高、太远或落网。

➢ 站位离网过近,妨碍击球动作;击球前肘关节过直。

(5)练习方法

➢ 按动作要领进行反复的挥拍练习,以巩固动作。

➢ 通过对较慢速度的杀球有针对性处理练习,体会动作要领。

➢ 在移动中练习接杀球动作。

➢ 加强身体素质的练习,特别是下肢和腰腹力量、反应速度和对球的控制能力的提高。

重点提示:

降低身体重心,眼睛密切注意对方来球;

用快速的并步加上侧身跨步(正手)或者蹬转步(反手)将身体重心移过去接杀球;

借对手杀球的力量把球挡回去就可以,球一般也恰好可以落回网前;

如杀来的球较平,可以反抽以达到反攻。

(五)抽挡球技术

1. 平抽球

抽球是把在身体左右两侧,肩以下、腰以上的来球抽击到对方场区内的击球方法。虽然抽球属于防守技术,但由于抽球击球点低、近网、球速快,有一定的进攻能力,因此它也是反控制的主要技术之一,在双打比赛中运用比较多。

抽球分为正手抽球和反手抽球两种。抽球时,只要掌握好发力方向和调整好拍面角度,即可把球回击成高远球、平高球、平快球和抽吊网前球。

(1)正手抽球:右侧场区的低球,用正拍面抽击球,称为正手抽球(图 3-42)。

动作要领:当对方击来后场低球时,快步向右后场移动到适当位置,最后一步以右脚向球下落的方向跨去,侧身对网,上身向右后倾,重心在右脚上。

图 3-42 正手抽球

(2)反手抽球:在左侧场区的低球,用反拍面抽击球,称为反手抽球(图 3-43)。

动作要领:两脚开立站在中场附近,微屈双膝,体前持拍判断来球方向,向左跨步到接球位置。小臂由内旋转为外旋,手腕由外展到内收,手指握紧球拍,利用拇指的反压力把球回击到对方场区。击球点争取在身体侧前方,以利手臂发力击球。击球后,右脚蹬地回位。

图 3-43　反手抽球

2. 平挡球

平挡球也分为正手平挡球和反手平挡球。

(1)正手平挡球

正手平挡球是用正手握拍以正拍面将位于身体右侧体前的来球轻挡过网,使球过网后落于对方前场或中场区域内的一种中场击球技术。

动作要领:两脚屈膝左右开立面对网,上体直立,持拍于体前,两眼注视对方击来的球。右脚向右侧跨出一步,在跨步的同时球拍向右侧后引,以正拍面对准来球,上体向右后转至左肩对网,髋关节也转向右后,右腿蹬直,屈肘,前臂外旋伸展腕,手指放松握拍。击球时,挥拍动作要小,借助来球的力量,持拍臂前伸,前臂内旋,屈指发力握紧拍柄向前下方击球,上臂有制动动作。击球后,右脚向前迈,球拍随身体向左转,立即收拍于体前。

(2)反手平挡球

反手平挡球是用反手握拍以反拍面将位于身体左侧体前的来球轻挡过网,使球过网后落于对方前场或中场区域内的一种中场击球技术。

准备击球前,屈膝平行站立,两脚稍宽于肩,两眼注视来球。当来球过网,身体重心移向左脚(如果球离身体较远,可左脚向左移一步,重心移到左脚上;如果球离身体很远,可以左脚为轴,右脚经左脚前往左方跨出一步,成背对网姿势),右臂向左边伸去,放松握拍,反拍面略后仰对准来球,挥拍将球挡回对方网前区。击球后,持拍手臂顺惯性往前上方挥动,收回在右肩前。

> **注意事项:**
>
> 与通常的低手吊球相比,抽挡球的飞行更快;
>
> 没有或只有很少的前臂旋转和腕关节参与;
>
> 完成一次击球后,举拍要及时。

(六)推球技术

在网前较高的击球点上,用推击的方法往对方底线击出弧度较平、速度较快的球,称为推球。由于击球点到过网的距离很短,球又平直快速,再加上控制好落点,所以推球很有进攻性。它分为正手推球和反手推球两种。

1. 正手推球(图 3-44)

动作要领:移动到位,球拍向右侧平举。推球前,前臂稍外旋,手腕后伸同时球拍也稍往后摆拍面推球。小指与无名指稍松开，使拍柄离开手掌，充分发挥手指的力量。推球时，拍面尽力后仰，手腕由后伸直并且闪腕，食指向前压下，小指、无名指突然握紧拍柄，球拍快速挥动。推球后，在回动过程中收球拍于胸前。

图 3-44　正手推球　　　图 3-45　反手推球

2.反手推球(图 3-45)

动作要领:移动至网前左侧，反手握拍，臂侧上举。推球前，臂向左胸前收引，手腕稍外展，球拍松握，拇指顶住拍柄的内侧宽面。推球时，当前臂往前伸的同时外旋，手腕由稍外展到伸直抖腕，中指、无名指、小指突然紧握球拍，拇指顶压，往前挥动将球推出。击球后，身体还原至准备姿势。

3.击球的练习方法

➢ 反复进行各种击球动作，并配合步法移动的徒手挥拍练习。

➢ 多球练习，在中场做正、反手推球练习。

➢ 二对一做隔网正、反手推球练习。

> **注意事项:**
>
> 掌握好推球的时机，太低的球不易用推球的技术。
>
> 握拍要放松，不能用小臂手腕发力，球拍预摆幅度不能大，发力要短促快速。
>
> 提高击球点，控制好拍面角度。

(七)基本步法(两侧移动步法)

从中心位置向左右两侧移动到击球点上击球的步法，称为两侧移动步法，这种步法多用于接杀球和接低平球。其可分为向左侧移动和向右侧移动两种步法。

1.向右侧移动步法

(1)向右侧蹬跨步法(图 3-46)

主要用于球离身体较近时，起动后，两脚向上轻跳，重心移至左脚，左脚用力蹬地的同时，右脚向来球方向大跨一步，着地后右脚成弓箭步，上体前倾。击球后，以右脚前脚掌回蹬，回动至中心位置。

(2)向右侧垫步步法(图 3-47)

主要用在球距身体较远时，起动后，两脚向上轻跳，重心移至右脚上，左脚向右脚并一步，左脚一着地就用力向右蹬，使右脚迅速向右大跨一步，右脚着地后即成了箭步，上体前倾。击球后，右脚前脚掌回蹬，回动到中心位置。

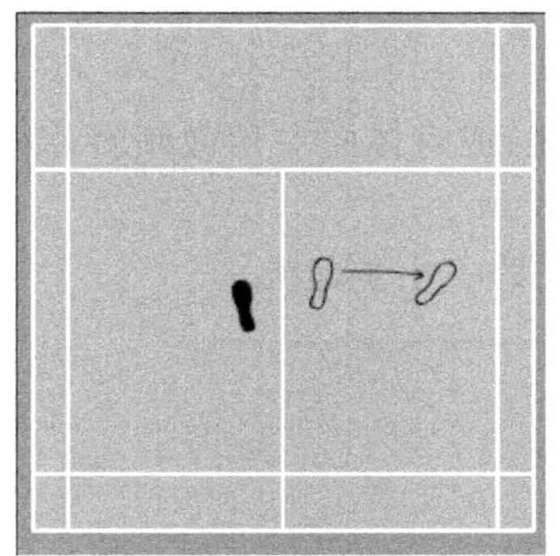

图 3-46　向右侧蹬跨步法

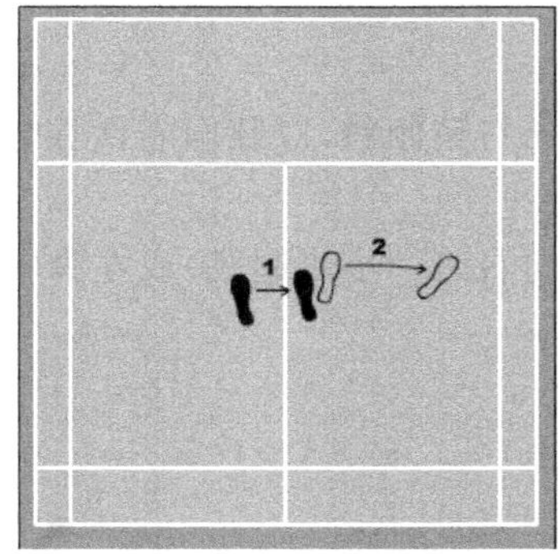

图 3-47　向右侧垫步步法

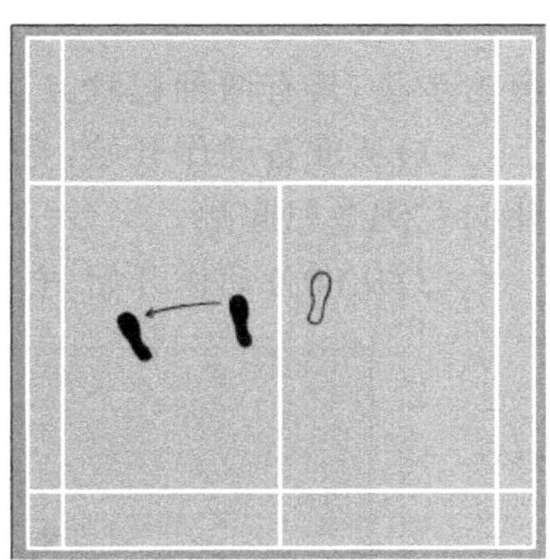

图 3-48　正对球网移动步法

2.向左侧移动步法

(1)正对球网移动步法(图 3-48)

无论是正手还是反手击球都可以采用这种步法。起动后，右脚用力蹬地，同时身体左转，左脚向左侧跨一步，重心移至左脚上，以脚趾制动，上体左倾，反手将球击出。击球后，左脚回蹬，顺势回到中心位置。

(2)背对球网移动步法(图 3-49)

这种步法只能在反手击球时使用。当来球飞向左侧时，两脚轻跳，重心落在右脚上，右脚用力蹬地，经左脚前向左侧跨一大步，成背对球网姿势，右脚以脚掌制动，上身稍前倾，用反手击球。击球后，右脚回蹬转身，回到中心位置。

(3)背对球网垫步步法(图 3-50)

起动后，左脚先向左跨一小步，身体左转，同时右脚用力蹬地，经左脚前向左后侧跨一大步，成背对球网姿势，上体前倾。右脚以脚掌制动后用力回蹬转身，回至中心位置。

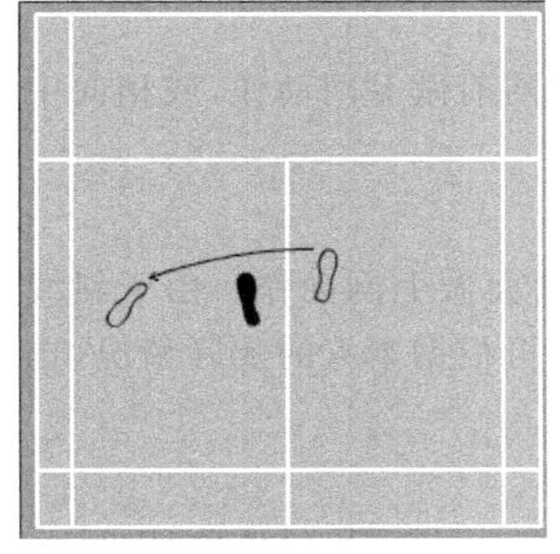

图 3-49　背对球网移动步法

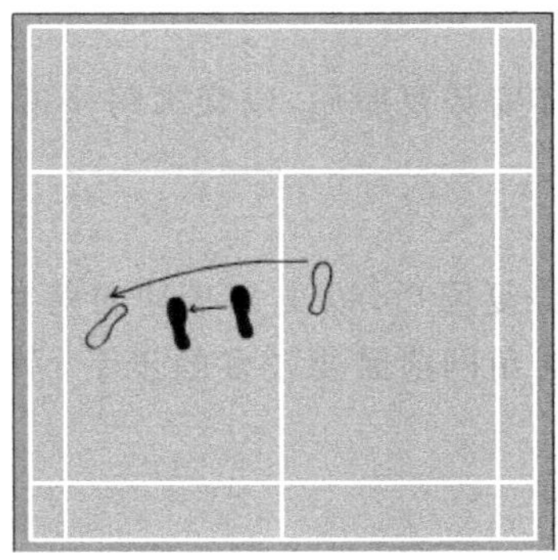

图 3-50　背对球网垫步步法

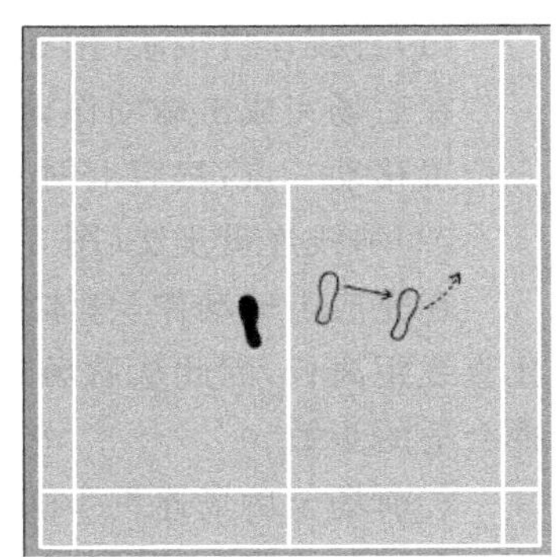

图 3-51　左右侧起跳步法

3. 左右侧起跳步法(图 3-51)

这种步法由于起跳,加快了步法的速度和击球的高度,具有较大的威胁性,常被称为突击步法,其有两种起跳方法。

(1)从准备动作开始,身体向右稍倾斜,双膝向右微屈起跳;或身体向左稍微倾斜,双膝向左侧微屈起跳。

(2)从准备动作开始,右脚向右跨一小步起跳;或左脚向左跨一小步起跳。

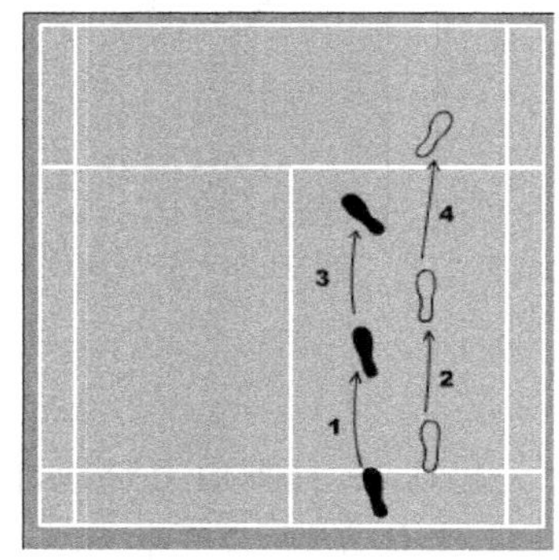

正手后场上正手网前连贯步法

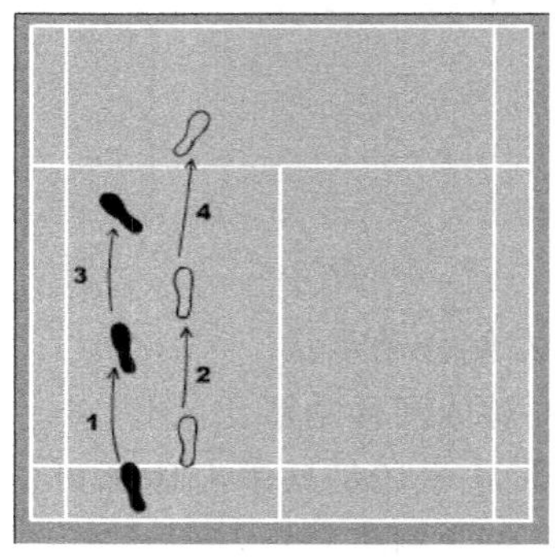

头顶后场上反手网前连贯步法

图 3-52 直线连贯步法

(八)基本步法(前后连贯步法)

在步法移动过程中,不需要重新起动的步法叫做连贯步法,有后场至前场和前场至后场的连贯步法。

1. 后场至前场连贯步法

基本上有四条线路:正手后场直线上网;左后场直线上网;正手后场对角上网;左后场对角上网。前两种是直线连贯步法,后两种是对角线或斜线连贯步法。

(1)直线连贯步法(图 3-52)

在后场完成击球动作,身体姿势复原后,以交叉跨步冲向网前做上网动作,或稍向中心位置移动一点,然后上网。

(2)斜线连贯步法(图 3-53)

在完成击球动作,身体姿势复原后,以交叉步冲向对角网前做上网动作。由于斜线比直线距离长,因此从后场到对角网前需要较多的步子,学生可根据本人的实际情况,选择合适的步数。

2. 前场至后场连贯步法

有四条线路:正手网前直线退后场;反手网前直线退后场;正手网前斜线退后场;反手网前斜线退后场。

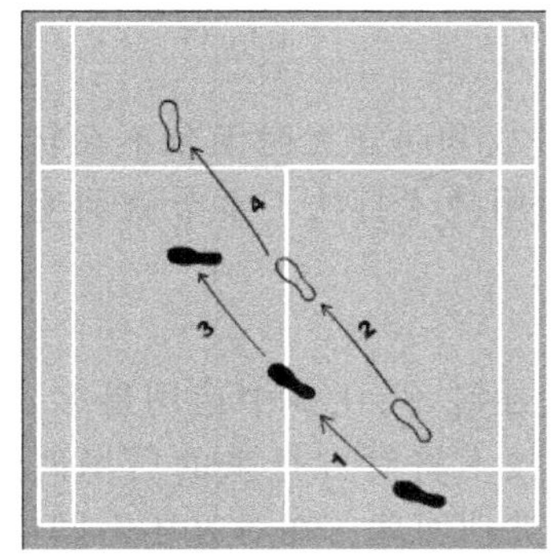
正手后场上反手网前连贯步法

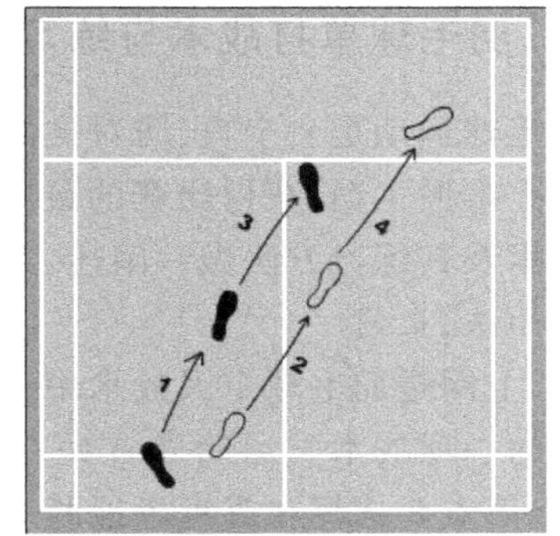
头顶后场上正手网前连贯步法

图 3-53 斜线连贯步法

(1)正手网前直线退后场(图 3-54)

在网前完成击球动作、身体姿势恢复后,做并步后退步法,右髋向右后方转动,右脚移于左脚之后,以并步或交叉步移动至后场。

图 3-54 正手网前直线退后场

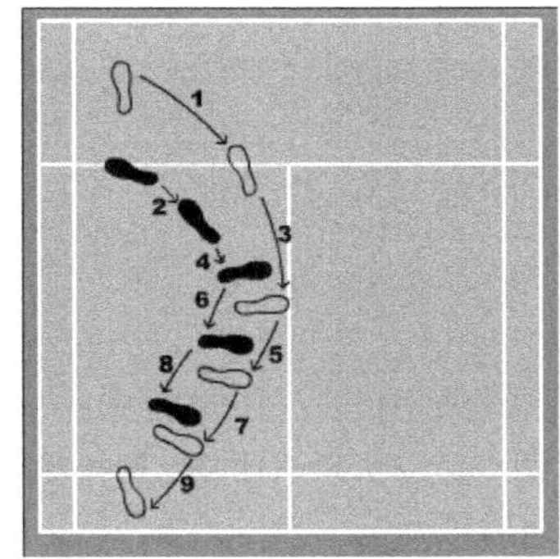
图 3-55 反手网前直线退后场

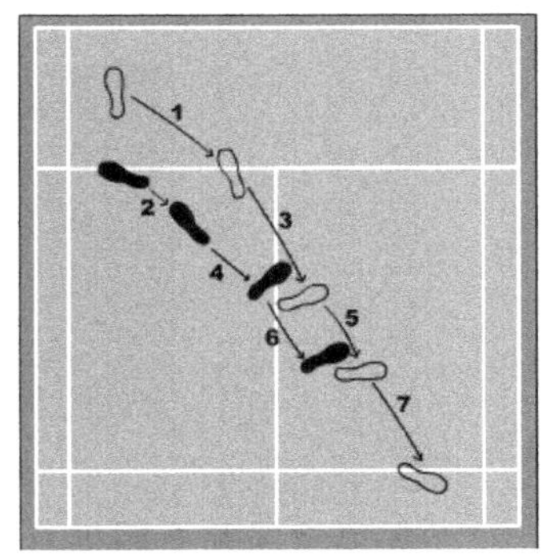
图 3-56 反手网前斜线退后场

(2)反手网前直线退后场(图 3-55)

在网前完成击球动作、身体姿势恢复后,向后并步退一步,右髋向左后方转动,带动右脚移于左脚侧后方。由于髋部转动的幅度很大,左脚要用一个向右侧转的小跳步,左脚尖朝着右侧边线,然后以并步或交叉步移动至后场。

(3)反手网前斜线退后场(图 3-56)

在网前完成击球动作、身体姿势复原后,向后并步退一步,右髋向右侧方向转动,带动右脚移于左脚右侧方,以并步或交叉步移动至底线。

二、羽毛球单打战术与练习方法(中级水平)

羽毛球运动是一个攻、防对抗的项目，在比赛中，进攻和防守无时无刻不在转换。要在球场上掌握主动，获得比赛的最终胜利，必须合理运用战术打法。本节就羽毛球重要单打战术及其练习方法做一阐述。

(一)杀、上网

杀、上网是羽毛球个人战术中最基本的战术，也是在练习、比赛中运用最多、相对容易掌握的一项战术。运动者首先在后场以点杀、劈杀技术将对方打来的后场高远球下压，回击落点要选择在靠近场地两边边线处，以使对方被动回球。在对方还击网前球时，迅速上网，以搓球或勾对角或快速平推创造半场扣杀机会；若对方在网前挑高球时，可在其向后退的过程中把球直接杀向其身上。

1. 头顶杀球并上网搓球：对方击高远球，后场点杀对方对角端线处，对方被动回击网前球时，迅速上网还击贴网的搓球(图 3-57)。

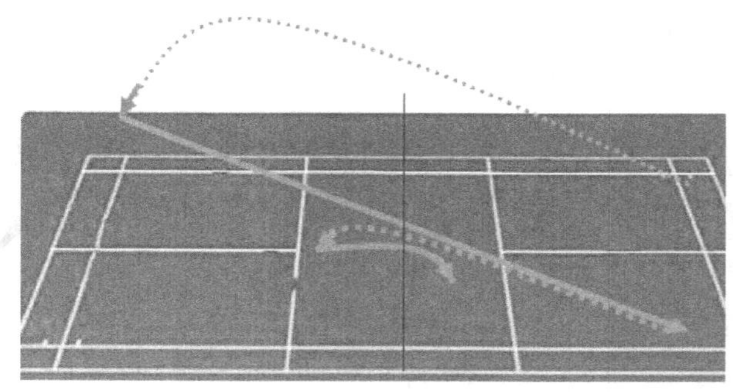

图 3-57　头顶杀球并上网搓球

2. 头顶杀球并上网推对角线球：对方击高远球，后场杀对角，落点在边线处，对方被动回击网前球时，迅速上网推对角线球(图 3-58)。

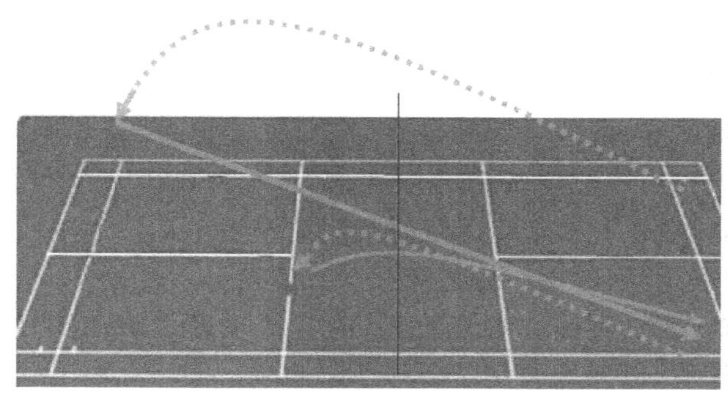

图 3-58　头顶杀球并上网推对角线球

3.头顶杀对角线并上网勾球:对方击高远球,后场头顶杀对角,对方放网前球时,迅速上网勾对角(图 3-59)。

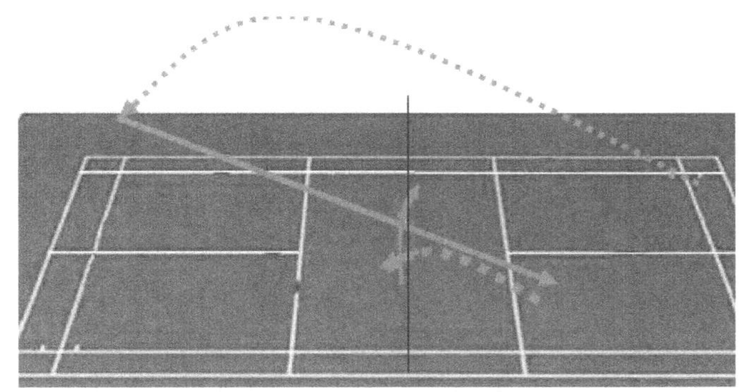

图 3-59 头顶杀对角线并上网勾球

重 点:
增加杀、吊质量;
提高反应速度;
增强上网步法练习。

4.对方在网前挑高球,把球杀向其身体:对方击后场高远球,头顶劈杀边线处,对方回击网前球,迅速上网搓或勾角,如对方在网球挑高球,可在其向后退过程中把球直接杀向其身上(图 3-60)。

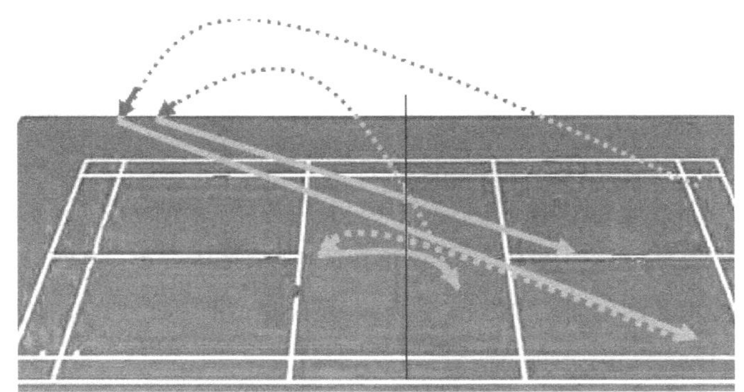

图 3-60 对方在网前挑高球,把球杀向其身体

(二)吊、上网

杀球是羽毛球比赛的重要得分手段,吊球运用得当也可以在比赛中取得优势,为比赛奠定胜利的基础。吊球是在杀球具有优势的情况下,配合进攻采用的一种为调动对方、消耗对方体能、打乱对方阵脚而主动使用的战术手段。在比赛中采用吊、上网战术时,应首先在后场以轻杀配合吊球把球下压,落点要选择在网前边线处,使对方被动回球;若对方还击网前球时,迅速上网,并以各种网前击球技术还击对方。

1.正手吊直线并上网搓球:比赛中,双方击打高远球是常用的一种手法。在对手回击后场高远球的时候,在对拉或杀球时,突然变化节奏放一网前球可以起到出奇制胜的效果。例如,对方拉高远球,吊一直线球,对手回放网前球时迅速上网搓球(图 3-61)。

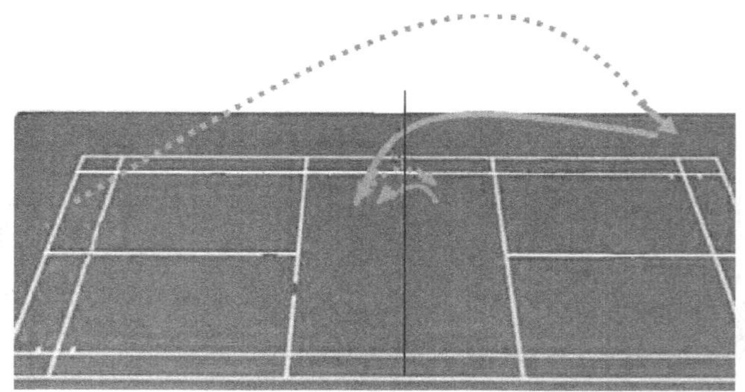

图 3-61　正手吊直线并上网搓球

2.正手吊直线并上网推球:对方击后场高远球,吊一直线球,对方回放网前球时,上网推对角或直线球(图 3-62)。

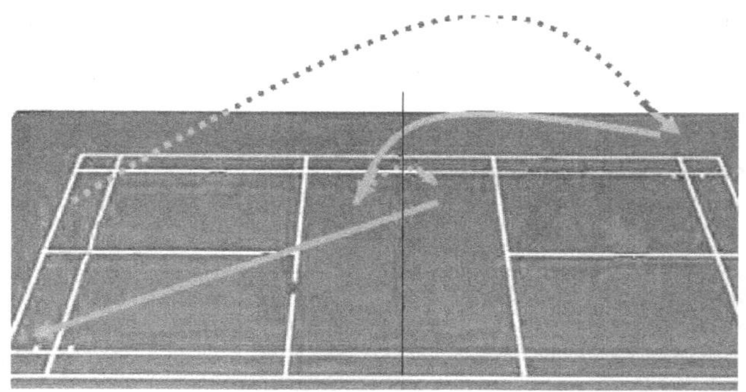

图 3-62　正手吊直线并上网推球

3.正手吊直线并上网勾球:对方击后场高远球时,吊一直线球,对方回放网前球时,上网勾对角(图 3-63)。

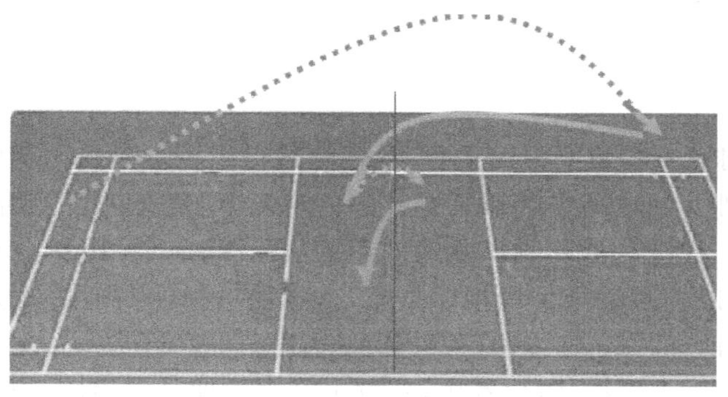

图 3-63　正手吊直线并上网勾球

4. 正手吊对角线并上网搓球：在对方回击后场高远球时，正手吊斜线球，对方回放网前球时，上网搓球(图 3-64)。

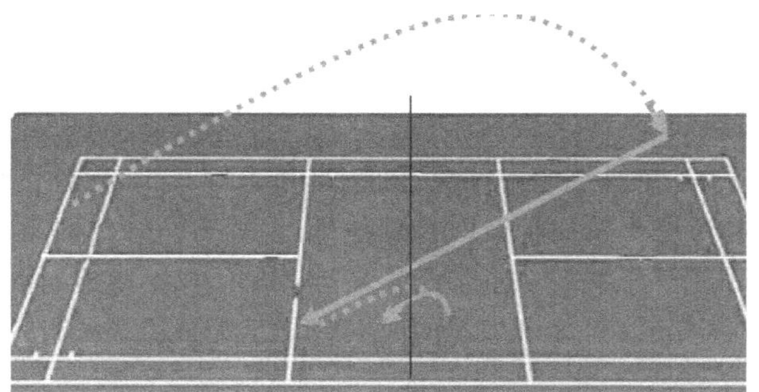

图 3-64 正手吊对角线并上网搓球

5. 正手吊对角线并上网勾球：在对方回击后场高远球时，正手吊斜线球，对方回放网前球时，上网勾对角(图 3-65)。

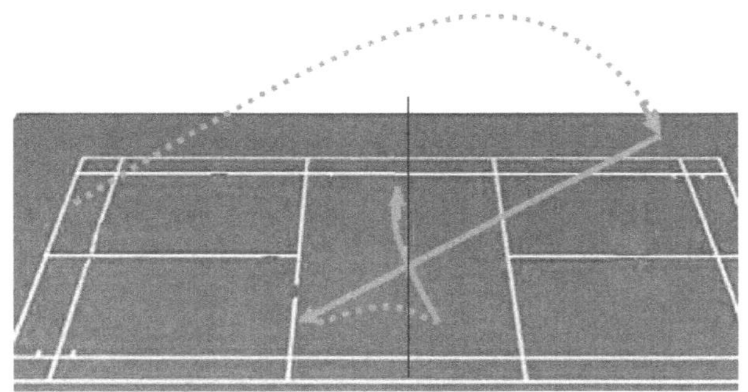

图 3-65 正手吊对角线并上网勾球

6. 正手吊对角线并上网推对角：在对方回击后场高远球时，正手吊对角球，对方回放网前球时，上网推对角(图 3-66)。

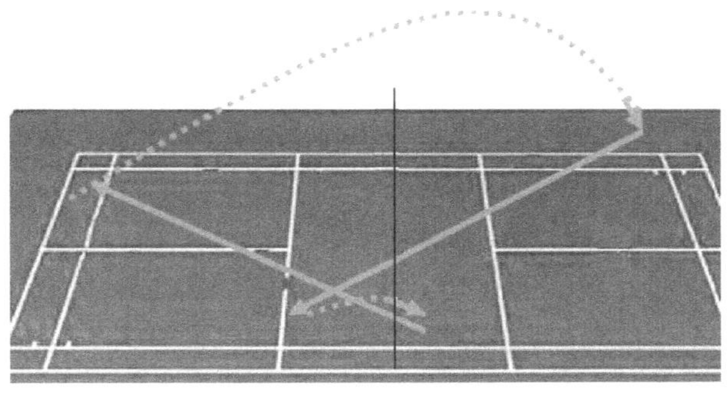

图 3-66 正手吊对角线并上网推对角

（三）半场一对一练习及比赛

羽毛球运动是控制与反控制的较量，双方在有限的空间里，凭借力量、速度与技巧斗智斗勇。训练中缩小场地面积，增加了练习强度和难度，可以起到事半功倍的效果。在半片场地区域内，双方球员进行对抗练习或比赛，可以运用高球、平高球或挑高球互压底线；或者一方运用点杀、劈杀技术将球下压，在另一方还击网前球时迅速上网；或者运用轻杀配合吊球将球下压，在对手还击网前球时，迅速上网。训练或比赛双方攻防交换，战机瞬息万变，准确、灵活运用技战术及时合理地处理每一次击球，是取得胜利的关键。

1. 半场练习高远球及平高球：对打直线高球，利用半片场地，两人分别进行对打高球、平高球练习，可规定组数和每组练习的时间或规定完成数量（图 3-67）。

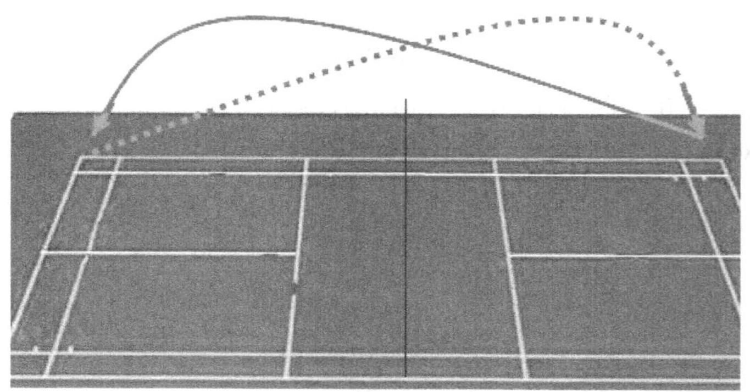

图 3-67　半场练习高远球及平高球

2. 一挑、一吊练习：利用半片场地，两人各站场地一边，做吊、挑练习，规定次数，两人轮换练习（图 3-68）。

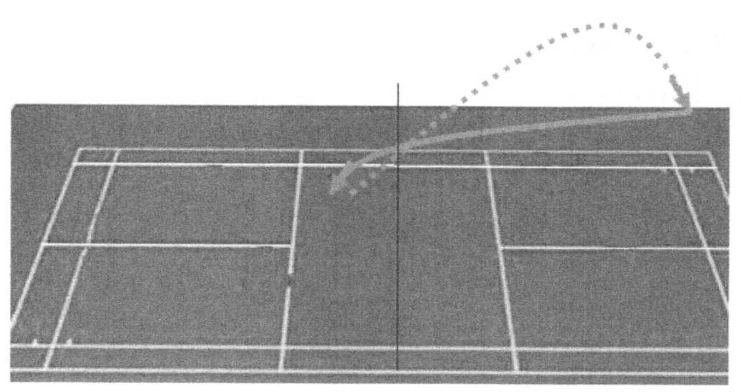

图 3-68　一挑、一吊练习

3. 半场组合练习：半场一对一练习或比赛，在半片场地区域内，双方运用高远球、平高球、挑高球，或点杀、劈杀，或吊球、搓球等各种技术进行组合练习或比赛（图 3-69）。

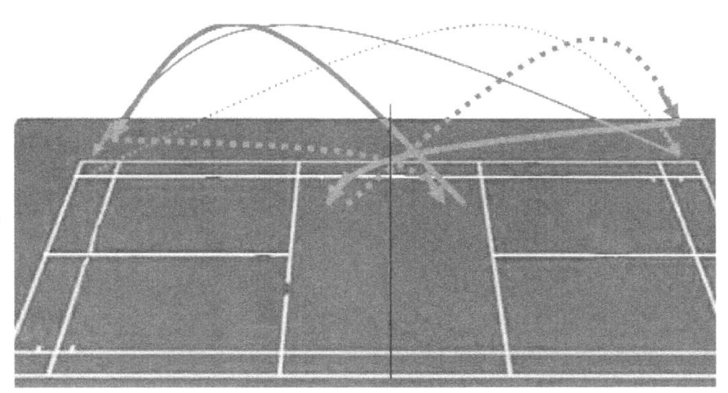

图 3-69　半场组合练习

第三节　高级水平的羽毛球技术与练习方法

一、网前球技术

将对方击来的网前球，轻轻一托或一击，球向上弹起后恰好过网下落，称为放网前球。这种技术通常是在不能及时移动到较高位置上击球而被动使用的，高质量的放网技术可变被动为主动，使对方处于被动状态。放网前球按其技术可分为正手、反手放网前球两种。

（一）网前搓球

网前搓球是指在网前利用手指、手腕力量切击球托，使球旋转翻滚过网的击球技术。搓球技术是在放网技术的基础上发展起来的，因它飞行轨迹异常，能给对方回球造成困难，从而增加进攻机会。根据搓球的方向不同，按其技术可分为正手和反手搓球两种。

> 搓球是将对方击至球网上半部的球，用斜拍面以搓、切等动作击出，使球在摩擦力的作用下旋转飞行，擦网而过，然后落至对方网前。

1. 正手搓球（图 3-70）

动作方法：根据来球路线与落点，快速移动到合适的击球位置。侧身对网，重心在右脚，伸臂举拍时微屈肘。击球时，以肘关节为轴，前臂外旋，腕部由展腕至收腕“抖动”，加快挥拍速度，体现“搓切”的动作，击球的右下底部，使球翻滚过网，击球后还原成准备姿势。

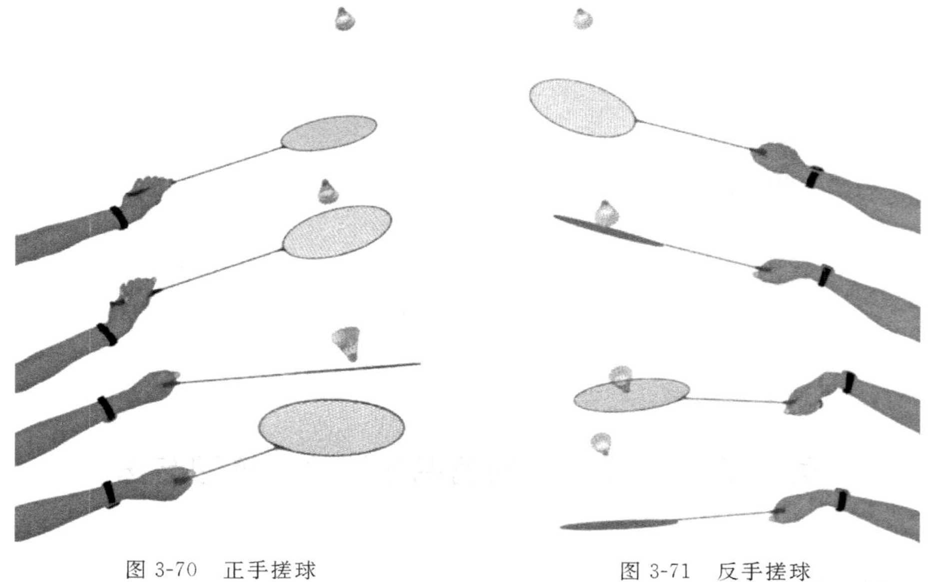

图 3-70　正手搓球　　　　图 3-71　反手搓球

2.反手搓球(图 3-71)

动作方法:移动到位,反手握拍,前臂稍上举,手腕前屈至网高处,使手背高于拍面。搓球时,主要是用小臂的外旋和手腕内收并外展的合力,搓击球托的右后侧底部,使球侧旋滚动过网,击球后,还原成准备姿势。

(二)练习方法

(1)原地搓小球挥拍练习:每组 10～15 次,一组之后交换任务,练习 2～5 组。

(2)跨步击球练习:每组 10～15 次,一组之后交换任务,练习 2～5 组。练习过程中,要熟悉和巩固正确的击球动作,掌握移动击球的衔接。击球时动作要小,加快挥拍的速度。

(3)多球练习:一人站在网前抛网前球,一人练习搓球。每组 20 次,练 3 组。主要是为了提高原地搓球的稳定性,注意摩擦球托是在击球的瞬间。

(4)定点对搓练习:与多球练习的方法相同,只不过加上了练习者搓球后回中的动作,然后反复上网搓球。继续稳定动作使之定型,提高移动击球的能力。

(5)不定点搓球练习:一人站在网前的中间位置,将球向练习者的网前两点随机抛出,练习者上网搓球,然后回中。反复练习,注意快速上网的搓球点和快速退回中场的能力。

放网技术练习与搓网前小球的练习方法相同。徒手挥拍体会放网动作之后,先原地放网,然后定点移动放网,最后练两点移动放网。

(6)易犯错误：

➢ 搓球部位不是球托底部或侧底部，球不旋转。
➢ 握拍时手心没空隙，击球时没有捻动动作。
➢ 击球动作过大，击球点不高且离网远。

(7)注意事项：

➢ 握拍要放松，动作协调。
➢ 注意动作的幅度。
➢ 击球部位的正确性。

(8)常见错误与纠正：

错误一：击球时，拍面后仰的角度不够。

纠正：练习用慢搓来回击对方的球，体会拍面后仰前送的动作。

错误二：击球瞬间没击到球托的正确位置，球不翻转。

纠正：和同伴练习对搓，体会拍面击球托的动作。

错误三：弹击球，握拍太紧，动作僵硬。

纠正：体会手臂放松的感觉。

错误四：动作过大，用前臂弹击球。

纠正：按照搓球的要求，反复练习搓球的动作，体验手腕动作。

(三)网前勾对角(图 3-72)

网前勾对角是一种技巧性比较高的技术，它最大的特点就是身体的移动方向与出球方向不一致，具有一定的迷惑性和突然性的特点，是羽毛球网前技术中手法比较细腻的技术之一。

勾球按其技术可分为正手和反手勾球两种。根据击球点所处的高低位置不同，一般分为网前高手位勾对角球和低手位勾对角球两种击球方式。

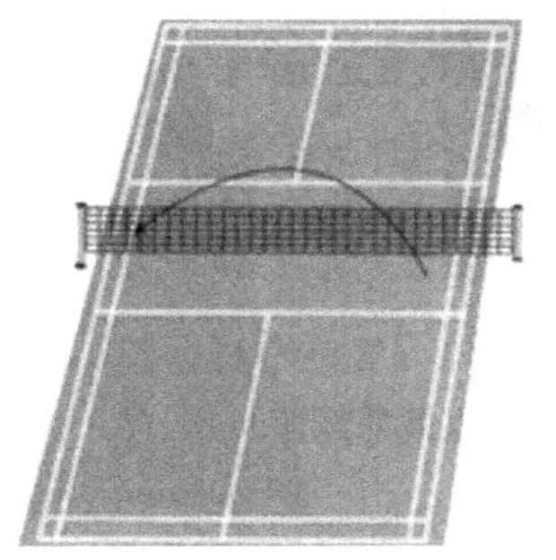

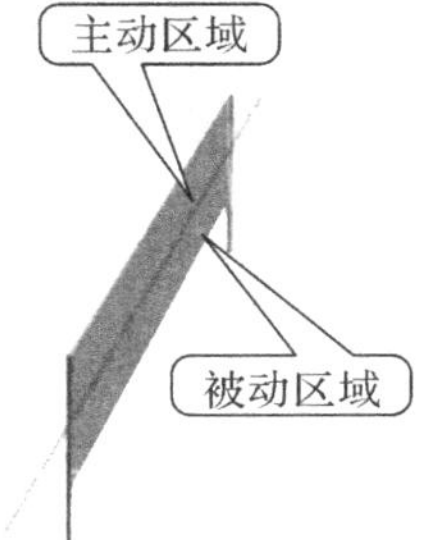

勾对角球是将对方击至前场区域的球，以对角线路回击对方并落至与之对应的前场区域。

图 3-72 网前勾对角

高手位主动击球时，可以突然使来球改变飞行的路线，从而迫使对方改变原来的移

动方式。球路的突然变化往往能够出其不意，增大对方移动和还击的难度。

低手位被动勾对角线时，往往能够达到“峰回路转”的效果，球的飞行轨迹避开对方网前的直线封网，避其锋芒，置己于死地而后生。

在比赛中灵活运用勾对角技术，通常用其来对付场上直线移动速度较快、但身体转动不够灵活的大个子对手。以下讲解均以右手持拍为例。

1. 正手勾球(图 3-73)

动作方法：移动至右网前，球拍随上臂向右前方斜平举，同时前臂稍有外旋，手腕稍后伸，右手握拍将拍柄稍向外捻动，使拇指指腹贴在拍柄的内侧宽面，食指的第二指节贴在拍柄的外侧宽面上，掌心空出。击球时，靠前臂稍有内旋，并往左拉收，手腕由微伸至内收抖腕，手腕要控制好拍面角度，击球托的右侧下部，使球沿着网的对角飞行至对方网前角落，击球后还原成准备姿势。

图 3-73　正手勾球

2. 反手勾球(图 3-74)

动作方法：移动至左网前，反手握拍，上臂前伸拍子平举。击球时，拍面正对来球，肘部突然下沉，上臂稍外旋，手腕后伸闪腕，拇指与中指向右转动拍柄，其他手指突然握紧拍柄，拨击球托的左侧下部，使球飞越过网至对角处，击球后，球拍往右侧前回收至准备姿势。

图 3-74　反手勾球

勾对角线球的技术关键：伸腕或屈腕的动作要突然、短小、快速，使拍面对着出球方向。

(四)练习方法(正手勾球)

1. 过网高度练习：过网高度的控制可以用下沉手腕、直立拍头的方式实现。球飞行过网较高的话，将球拍角度调整得更直立，这样球过网飞行相对较平。如果击球点较低或球不过网，可以将球拍拍面上扬，使球飞行弧线高一些。

练习方法：不做引拍动作，球拍直立，多球练习，掌握勾球过网的高度。每组 20～30 次，每次练习 2～3 组。

2. 击球力度的练习：网前勾球的击球发力主要依靠手腕和手指来完成。手腕的挥拍动作主要是控制方向，球飞行的速度和飞行的距离主要依靠手指的发力控制。

练习方法：击球拍面控制稳定后，用手指的力量快速地推送击球。每组 20 次，练习 3 组。

3. 贴近球网练习：勾球落点越贴近球网，对手需要移动的距离就越长，回球的难度就越大。球拍击球时，拍面尽可能地垂直对网。

练习方法：球拍拍头垂直对网，拍头从右至左轻轻挥动。每组 20 次，练习 3 组。

4. 斜拍面切击练习：适当增加斜拍面的切击，可以使球加快自转速度，球飞行过网更加稳定。

练习方法：原地多球勾球练习。击球时，手腕增加外旋动作，使拍面切击球托的右外侧。每组 20 次，练习 3 组。

5. 固定目标反向瞄准练习：在距离勾球落点区域放置一个球筒为目标。每次练习勾球后，在击球落点和球筒目标之间画上直线，并将直线延长到落点和球筒间的相同距离。在直线末端为新的击球目标。

练习方法：每组 20 次，练习 3 组。

6. 常见的错误及纠正：

错误一：伸拍太直，没有将手腕下沉，球过网高度不稳定。击球时，球拍和击球点在一个水平面上，过网的高度依靠手腕的转动角度控制，那么球过网的高度就很难稳定。

纠正：引拍时，手腕下沉，使拍头向上。这样，球过网的角度相对容易控制。

错误二：挥拍动作正确，但击球的时机不准确，击球拍面位置不正确，因此回球落点离球网较远，不能有效地调动对手。

纠正：提前引拍，将手腕下沉以后才挥拍击球。

（五）练习方法（反手勾球）

1. 挥拍练习

结合正手勾球进行挥拍练习，熟悉手腕的变化以及肘部动作的配合。

练习方法：正反手挥拍各 20 次，练习 3 组。

2. 多球勾球练习

原地多球勾球练习，能提高对拍面的控制，加强对力度的控制能力。

练习方法：正反手各 30 次，练习 3 组。

> **原理**：我们掌握的动作都是理想状态下的动作，但实际击球时的击球点和击球拍面都不是很合理。因此在不改变动作的前提下，重新调整击球的目标，可能会找到适合你的击球动作。这就好像步枪的准星不准时，可以瞄准偏移的反向位置。

3.勾、放结合练习

这两种都是前场技术,练习抢网动作的一致性。引拍和击球动作不同,通过交替技术练习,能提高手腕动作的灵活性,增强网前技术的快速变化。

练习方法:每组20次,练习3组。

4.勾、挑结合练习

挑球技术是向前送,发力较大;勾球技术指向斜线,力量小。这是两种不同的动作,结合练习时,对力量的灵活掌控和对拍面的变化调整有较大的难度。一旦熟练掌握,能使前场控球能力和球路变化有很大提高。

练习方法:开始的时候,交替练习一个挑球、一个勾球。熟练掌握后,可以根据喂球的质量来选择挑球还是勾球。每组20次,练习3组。

5.注意事项

- 伸腕或屈腕动作要突然、快速、短小,拍面对出球方向。
- 引拍动作要放松自然,这样容易控制勾球的角度和勾球的力量。
- 引拍时,前臂和手腕要有外旋动作,否则容易被对方识破。

6.常见的错误及纠正

错误一:大拇指推送,用正常的反手握拍,大拇指推送击球,球过网较远。

纠正:改变握拍的方法,用大拇指的内侧接触拍柄,击球时用大拇指内侧向右拨送发力击球。

错误二:手腕僵硬,击球时不能使用手腕和手指的动作,采用前臂的挥动击球,击球力量和落点控制不稳定。

纠正:手腕放松,击球时采用手指的发力方式。

错误三:切击球错误,勾球时,不是每个球都要切击。在击球点远离球网时切击勾球的话,落点就不好控制了。

纠正:近网勾球时可以采用切击,远网勾球时手腕外旋击球。

二、反手击球技术

(一)反手击后场(图3-75)

1.动作方法

当球飞向左场区的底线附近,判断来球的方向和落点,迅速移动到位,右脚前交叉跨到左侧底线附近,背对网,重心移至右脚上,使球处于右肩的前上方。肘部上抬略高于肩,拍面朝上。击球时,以肘关节为支点,前臂带动手腕,通过手腕的抖动和拇指的侧压,自下而上地甩臂将球击出。同时左脚支撑右脚蹬跨回收,使整个击球动作协调而又自然反弹。击球后,顺势转体面向球网,迅速返回中心位置,准备还击。

图 3-75　反手击后场

> **提示：** 在左后场用反拍面击球，反拍面击球的技术动作较难，击球威力不如正拍面大，落点也不易控制。

2.反手击高远球练习方法

➢ 按反手击高远球动作要领，做徒手挥拍练习。

➢ 两人对墙站立，做反手击高远球练习。一人将球向上击起，另一人配合步法用反手球动作将球击至墙上。

➢ 两人定点对练，逐渐增加难度。

3.注意事项

➢ 步法，身体重心移动到位，身体协调用力。

➢ 以肩为轴从右前向左"横扫"。

➢ 前臂和手腕发力应一致，充分发挥前臂和手腕力量。

4.易犯的错误

➢ 身体不能及时调整或转体慢，击球点过低。

➢ 不能正确掌握击球点，造成抽鞭式击球力量没能运用到击球上。

➢ 不能以肩为轴做大臂带动小臂的抖腕动作，影响挥臂幅度与力量。

➢ 随前动作时，击球后转体回动太慢，造成回中心的速度太慢。

（二）反手吊球（图 3-76）

1.动作方法

反手吊球准备动作与反手击高远球相同，只是击球时，握拍的方法、拍面的掌握和力量的运用有所区别。吊直线球时，用球拍反面切削球托的后中部将球击出，落点在对方场区前发球线附近；吊斜线球时，用球拍反面切削球托的左侧部将球击出，落点在对方左场区前发球线附近。

2.练习方法

➢ 按正确的吊球动作要领，反复做徒手的挥拍练习。

➢ 原地向上击球后，做吊球练习。

➢ 两人一组隔网站立，一人发高远球，一人将球吊回对方场区。

➢ 两人一组隔网站立，一人练习吊球，一人将球挑至对方场区。

图 3-76　反手吊球

3. 注意事项

- 击球时要尽可能提高击球点，如果击球点过低，容易造成球下网。
- 手腕用力要柔软而有弹力。
- 击球前期动作同击高球动作相一致，不让对手识破球的落点而有所准备。
- 吊过网的球过高，容易给对方制造反击的机会。
- 反手后场吊球击球时应稍有前推的动作，否则球不易过网。
- 反手后场吊球击球瞬间，后拍面与水平面的夹角应大于 90 度。

第四章　羽毛球运动基本战术

本章导读

初学者在掌握一定的基本技术后，要学习和运用一些简单的战术进行练习和参加比赛，并从实践中不断地加以丰富和提高。本章介绍的战术不但是初学者容易运用和掌握的，而且也是羽毛球的基本战术，如果能熟练掌握，可结合自己的特点加以演变提高。全面、正确、合理、熟练地掌握羽毛球运动的基本战术是提高运动技术水平的基础和关键。

第一节　羽毛球单打战术(一)

羽毛球技术从发球开始就在比赛的每一击、每一分中被灵活运用，根据临场的情况和每个人的技术特点，可能多次反复地运用某项技术，也可能将数个不同技术组合起来变化着运用。正因如此，比赛没有固定的程序和模式，每一分、每一局的争夺都千变万化、精彩纷呈。本节讲述的是几种常用的单打战术配合与练习方法。

一、发球抢攻战术

发球不受对方干扰，发球者可以根据规则以任何方式将球发到对方接球区的任意一点。发球抢攻是比赛的重要得分手段，根据对手回击球的习惯球路、反击能力、打法特点、精神和心理状态等情况，运用不同的发球方法，可以争取前几拍的主动权。善于利用多变的发球术，可以先发制人，打乱对方的战术节奏，取得主动。运用发平快球(或平高球)和网前球配合，有目的地选择对手的弱点，争取创造第三拍的主动进攻机会，组成发球抢攻战术。

(一)发前场区球抢攻战术

发前场区球的目的主要是限制对手马上进行攻击，同时有意识地预判对方的回击球路，从而迅速组织和发动快速有力的抢攻，达到直接得分或获得第二次攻击的机会。发前场区球有发 1 号区位，2 号区位，1、2 号之间区位和发追身球。场区划分见图 4-1。

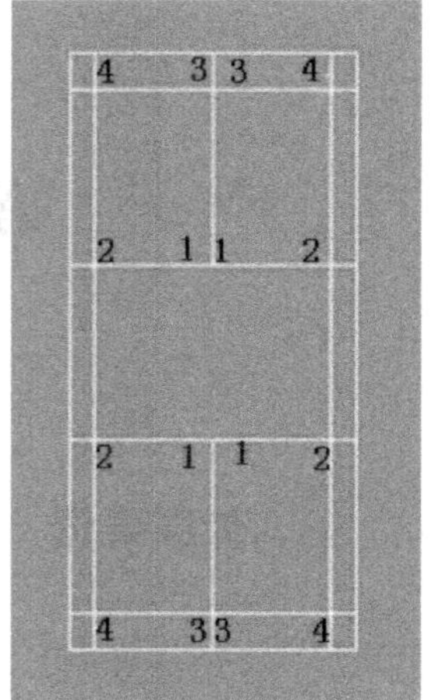

图 4-1　场区划分

发前场区球能减少对方直接把球下压的机会，形成发球后立即进入抢攻的局面。发前场区球主要有发前发球线内角、前发球线外角、前发球线之间和发追身球几种。把球发到前发球线内角位，球飞行路线较短，容易封住对方攻击自己后场的角度；把球发到前发球线外角位，则起到调动对方中心位置的作用，可使对方出现大面积空当，但需要提防对方接发球平推直线后场，尤其是发球者反手位；发网前球也可以发追身球迫使对方还击困难。发网前球与发底线球结合使用效果更好。

1. 发前场区内角球，对方挑高球，后场杀球进攻（图 4-2）

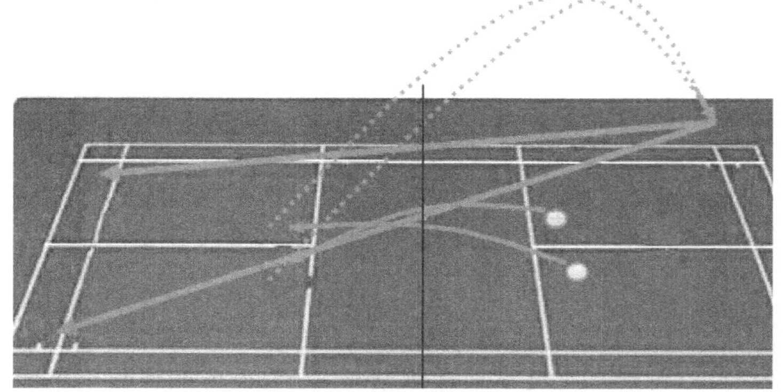

图 4-2　发前场区内角球，对方挑高球，后场杀球进攻

2. 发前场区外角球，对方挑高球，后场杀球进攻（图 4-3）

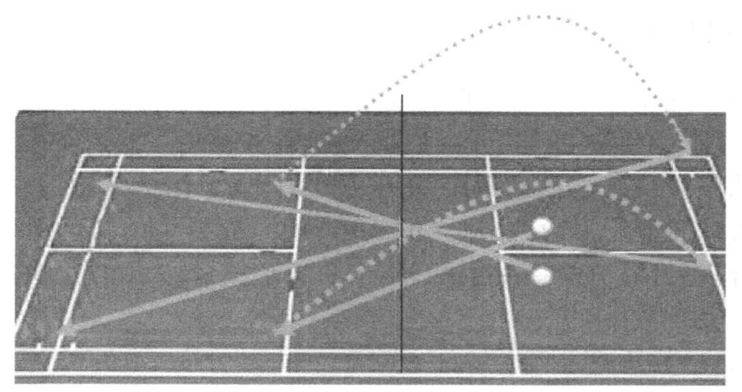

图 4-3　发前场区外角球，对方挑高球，后场杀球进攻

3. 发前场区外角球，对方平推直线球，劈杀对角进攻(图 4-4)

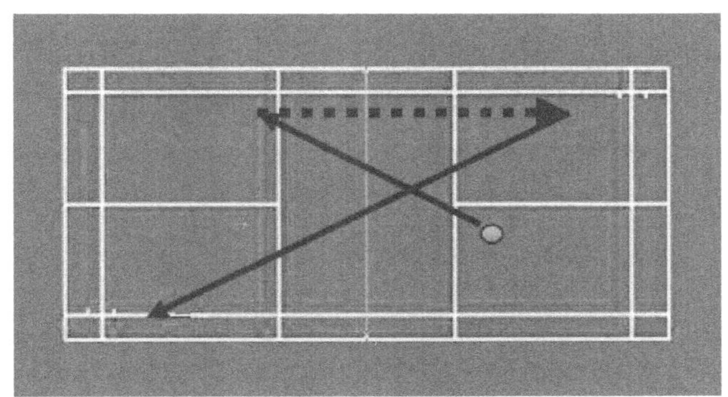

图 4-4　发前场区外角球，对方平推直线球，劈杀对角进攻

4. 发追身球，对方挑高球，后场杀球进攻(图 4-5)

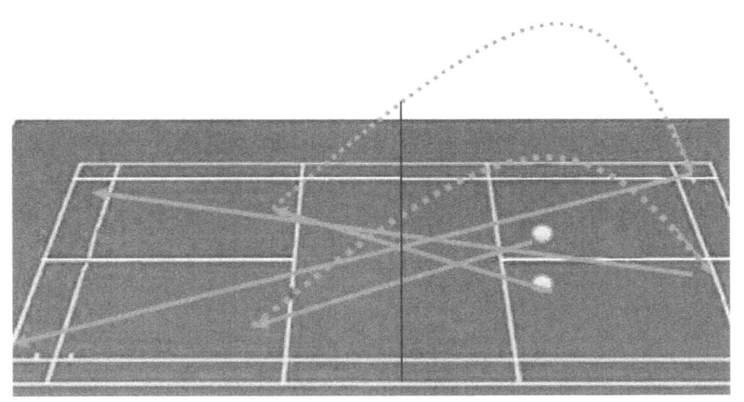

图 4-5　发追身球，对方挑高球，后场杀球进攻

(二)发平快球抢攻战术

发平快球抢攻战术和发网前球抢攻战术的主要区别在于发网前球可以直接抓住战机进行抢攻，而发平快球则要通过防守反攻的手段才能获得抢攻的机会。发平快球属于进攻性发球，球速很快，隐蔽性较强，作为突袭手段如运用得当，往往可掌握进攻的主动权。但是平快球容易被对方拦截，如果应对不当反而会处于被动。发平快球一般应发向对方反手区或直接发追身球，使对方措手不及。发平快球要保持动作的隐蔽性、一致性，发力要突然，球速要快。在使用发平快球战术时，配合使用劈吊和劈杀可增加其战术效果。通常情况下，平快球的落点和杀、吊的落点拉得越开效果越好。

发平快球可以配合发前场区球抢攻，同时让对方增加判断的难度造成盲目进攻；或是在我方的预判内进攻，从而使发球方能够从防守快速转入进攻；或是造成对方失控而直接失误。发平快球战术的目的，一是为了偷袭，如对方反应慢，或站位偏向边线时，偷袭后场内角位的成功率会大一些；二是发平快球逼对方采用平抽快打的打法；三是为了将对方逼至后场区造成网前区的空隙。

1. 发反手区平快球，对方回后场高球，劈杀、劈吊边线球（图 4-6）

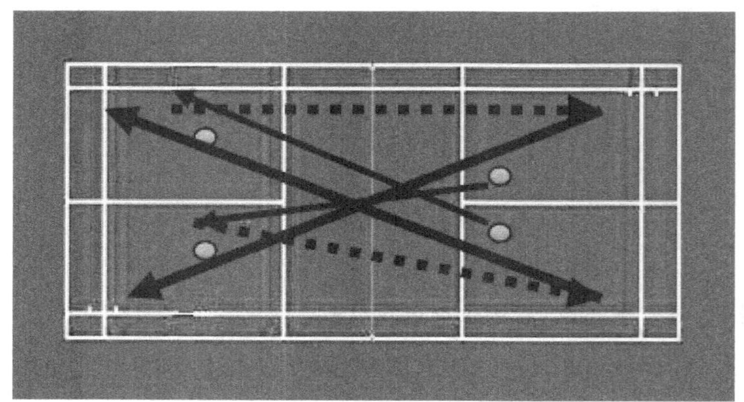

图 4-6　发反手区平快球，对方回后场高球，劈杀、劈吊边线球

2. 发追身平快球，对方回后场高球，劈杀、劈吊边线球（图 4-7）

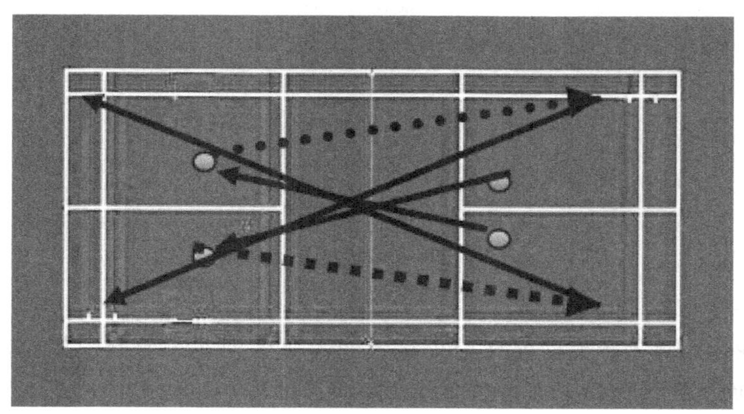

图 4-7　发追身平快球，对方回后场高球，劈杀、劈吊边线球

（三）发平高球抢攻战术

发平高球有发 3 号区位，发 4 号区位，发 3、4 号之间区位三种平高球。发平高球与发平快球有一些区别，平高球的飞行弧度较低，但对方仍然必须退到后场才能还击，同时由于球的飞行速度较快，对方没有充裕的时间考虑对策，因此回球质量会受到一定影响。平高球对于球的飞行弧线的控制，应观察对方站位的前后和人的高矮及弹跳能力，以恰好不给对方半途拦截的机会为宜。发平高球的落点选择与发高远球相同。如对方回击

后场高球，则以劈杀、劈吊边线球回击；若对方被动回击网前球时，迅速上网，并以各种网前击球技术还击对方放回的网前球。

1. 发 3 号区位平高球，对方回后场高球，劈杀、劈吊边线球（图 4-8）

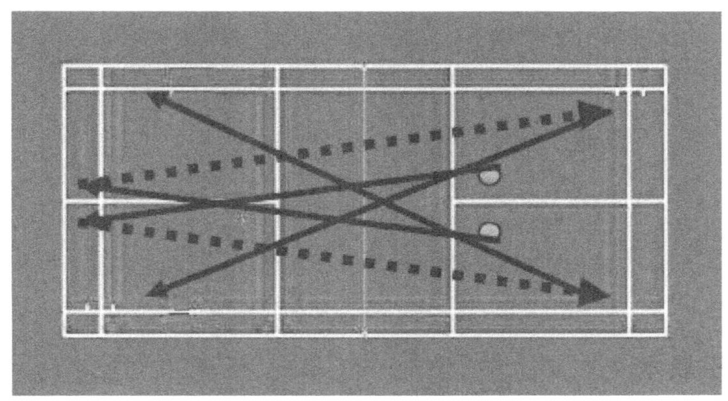

图 4-8　发 3 号区位平高球，对方回后场高球，劈杀、劈吊边线球

2. 发 4 号区位平高球，对方回后场高球，劈杀、劈吊边线球（图 4-9）

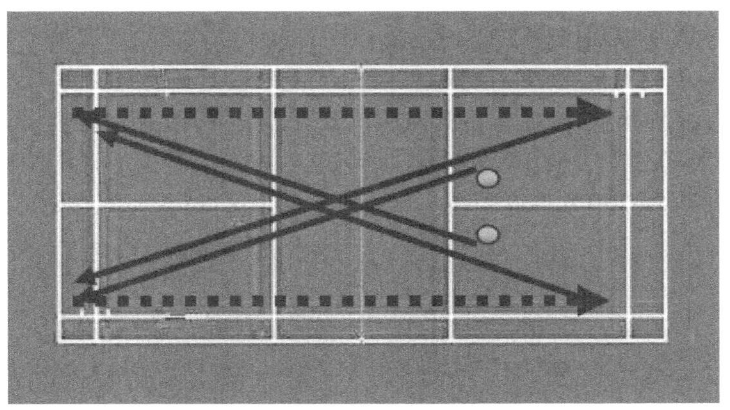

图 4-9　发 4 号区位平高球，对方回后场高球，劈杀、劈吊边线球

二、攻后场战术

攻后场是比赛中常用的一种战术，这种战术常用来对付后场扣杀能力较差、跑动能力较弱的对手。运用准确的平高球、挑高球、高远球打到对方后场两角，把对方紧压在底线，使其在底线两角移动击球。此战术多采用重复打高远球、平高球或挑底线，在其还击半场高球或网前高球时即可大力扣杀或吊空当，取得主动或胜利（图 4-10）。

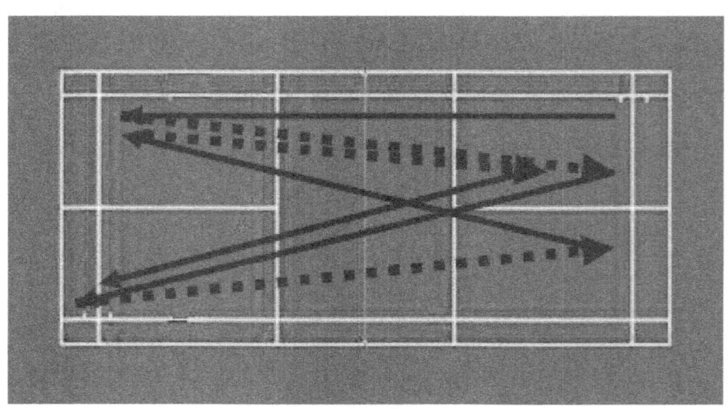

图 4-10　攻后场战术

三、逼反手战术

对于所有运动者来说，后场反手击球总是或多或少地弱于正手击球。与正手击球相比，反手击球受到人体解剖结构的限制，击球的进攻性不强，球路也比较简单。有些运动者在后场击球时力量较弱，甚至不能用反手把球打到对方端线。因此，在比赛中对于对方的反手要毫不放松地加以攻击。

（一）调动对手使其离开中心位置

促使对方反手露出破绽，先攻击其网前拉开对方位置，使对方反手区露出空当，然后把球打到反手区，迫使对方使用反拍击球。例如，乙方发来高远球，甲方回击时先吊乙方正手网前，乙方挑高球，甲方再以平高球攻击对方反手区（图 4-11）。

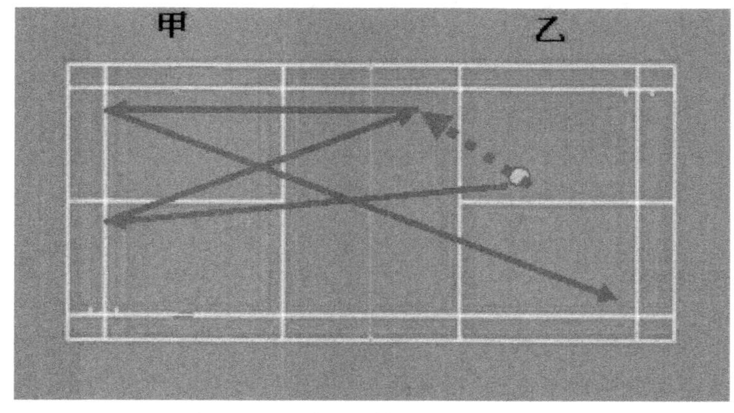

图 4-11　调动对手使其离开中心位置

(二)连续攻击反手较差的对手

后场反手较差的选手,经常使用头顶击球、侧身击球、侧身弓击球来弥补反手的不足。头顶、侧身击反手区球时,身体重心、身体位置要偏向左场区的边线,因而在重复攻击对方的反手区时,要迫使其身体位置远离球场中心,这样原来是优势的正手区就出现大片的空当,成为被攻击的目标。在重复攻击对方反手区迫使其远离中心位置时,突然吊对角网前,就能取得优势或胜利。例如,甲方发高远球到乙方左接发球区端线外角位,乙方头顶拉对角高球,甲方连续攻击乙方头顶外角,这时乙方的身体重心后仰偏向场地的左侧边线,右场区出现大片空当,甲方就可以点杀对方对角网前,使乙方来不及救球(图 4-12)。

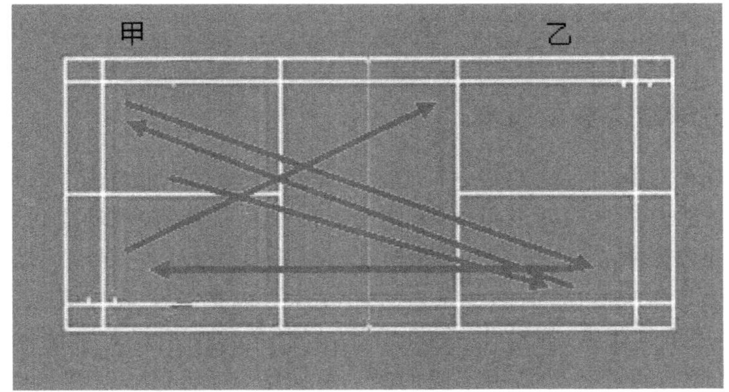

图 4-12 甲方重复攻击乙方反手后杀乙方对角网前

甲方重复攻击乙方反手,当乙方在后场用反手吊直线网前球时,快速上前扑杀或搓、勾。当乙方打来半场高球的时候,如乙方移动速度较慢,扣杀落点应远离乙方位置的空当处;如果乙方移动速度较快,则要把球扣杀在他刚离开的位置,因为在快速移动中要立即停住再回转身来接杀球是很困难的。当乙方被迫在后场用反拍击球时,要主动向前移动位置,封住网前;当对方在后场用反手吊直线或对角网前球时,就可以快速上前扑杀或搓、勾,为下一拍创造主动进攻的机会(图 4-13)。

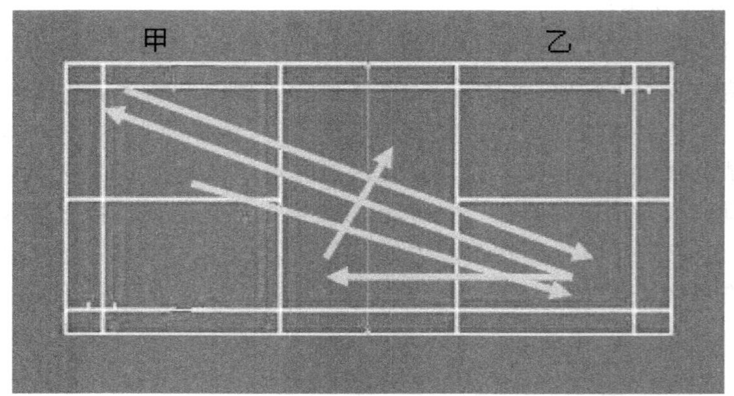

图 4-13　甲方重复攻击乙方反手后,快速上前扑杀或搓、勾

四、打四方球结合突击战术

打四方球是在对手的步法较慢、体力较差、技术不全面的情况下,以快速的平高球、吊球准确地打到对方场区的四个角落,迫使对方前后左右奔跑、被动应付,当对方来不及回到中心位置或失去重心时,抓住空当和弱点对其进行攻击。它要求运动员本身具有较强的控制球的能力和快速、灵活的步法。打四方球可以连续交替打前、后场,多拍拉、吊结合,也可以使用重复落点、假动作、回攻反手、打对角线来消耗对手的体力。使用这种战术时,对不同特点的对手要采用不同的拉、吊方法。对后退步法慢的可以多打前、后场;对盲目跑动满场飞的可使用重复球和假动作;对灵活性差的应多打对角线,尽量使对方多转身;对后场反手差的仍通过拉开后攻反手;对体力不好的可用多拍拉、吊来消耗其体力,有的放矢,取得最后的胜利。

(一)重复平高球进攻战术

这种战术是以平高球重复进攻对方的同一个后场区,连续重复数拍攻击对方以获得胜利,或逼迫对方出现半场高球以利我方进行最后一击。这种战术用来对付回动上网快、底线控制能力差,以及侧身后退步法差的对手很有效(图 4-14)。

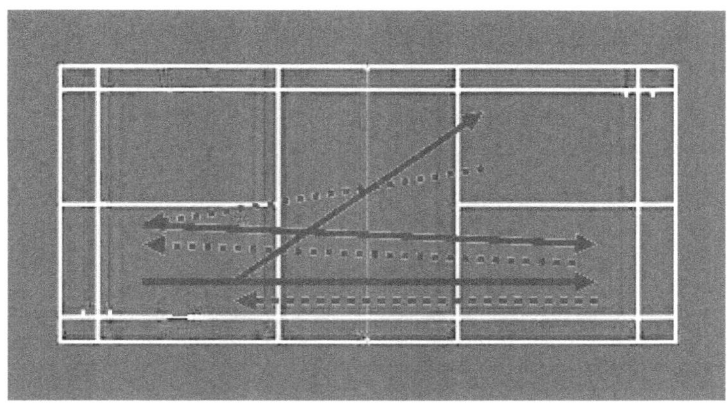

图 4-14　重复平高球进攻战术

（二）两边拉开平高球进攻战术

这种战术是使用平高球或挑高球连续攻击对方的底线两角，争取主动，或逼迫对方回击半场高球从而有利于我方进行最后一击。这种战术要求击球时控制平高球的速度和准确性，需要具有一定的爆发力和协调性，对于回动上网快但底线攻击能力差的对手是有效的（图 4-15）。

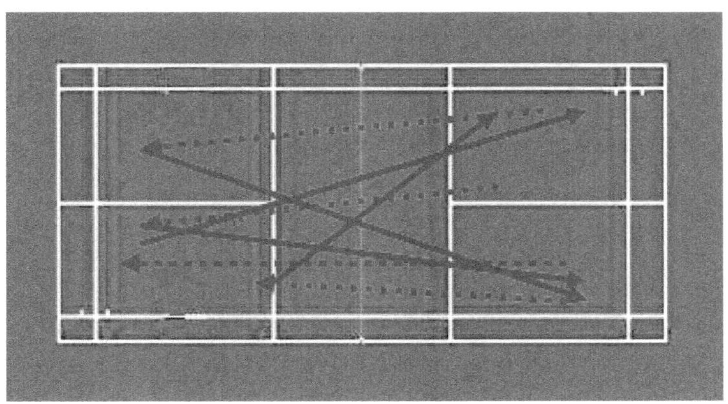

图 4-15　两边拉开平高球进攻战术

（三）重复吊球进攻战术

这种战术的特点是重复吊一点或吊两边，以便寻找有利战机获得胜利。此战术运用的条件为：一是对方上网步伐慢，网前小球技术差；二是对方打底线球不到位，急于后撤防守；三是我方吊球技术好、动作隐蔽，并合理运用假动作。当对方回击半场高球时，抓住战机一击制胜（图 4-16）。

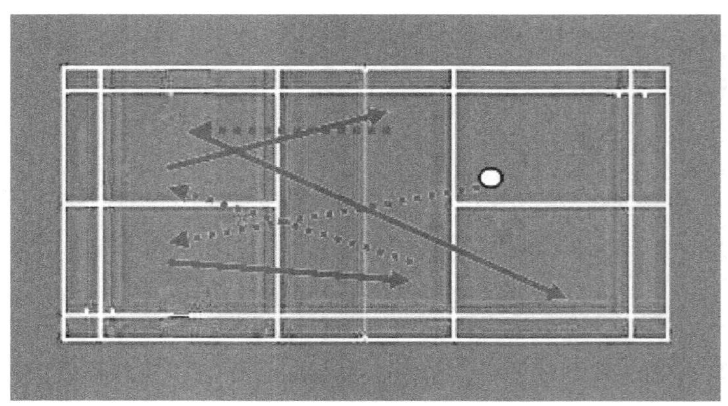

图 4-16　重复吊球进攻战术

（四）平高球结合吊球进攻战术

这种战术的特点是重复打前、后场，运用直线平高球和对角吊球调动对方，使得对方接球时需要移动的距离比较长，增加了防守的难度。当对方回球不到位时，抓住战机一击制胜（图 4-17）。

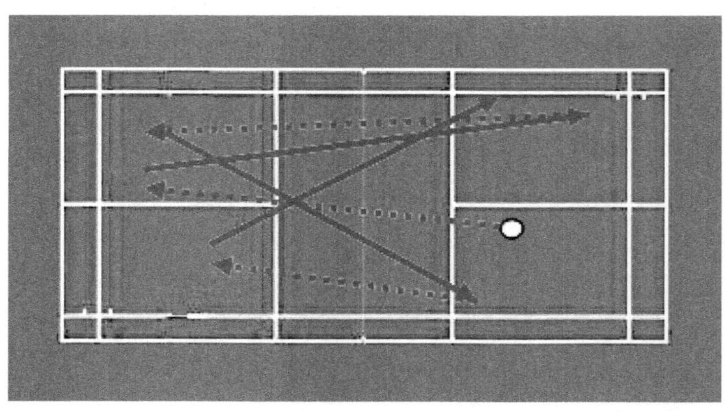

图 4-17　平高球结合吊球进攻战术

五、吊、杀上网战术

吊、杀上网是在对方打来后场高球后，先以杀球配合吊球把球下压，落点选择在场地两条边线附近，迫使对方被动回球。在对方还击网前球时，迅速上网以贴网的搓球或勾对角、快速平推创造半场扣杀的机会。若对方在网前挑高球，可在其向后退的过程中把球直接杀到其身上。运用上网战术时，必须能很好地控制吊、杀球的落点，这样在对手被动回到网前时，才能迅速主动上网。

(一)杀球,对方回击网前球时上网搓球

1.正手杀直线上网放(图 4-18)

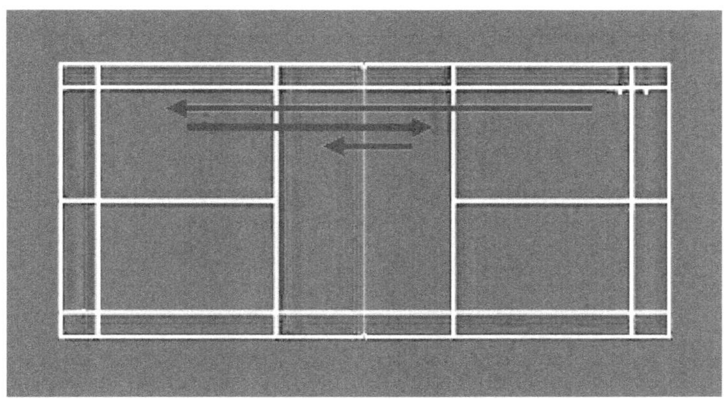

图 4-18 正手杀直线上网放

2.正手杀对角线上网放(图 4-19)

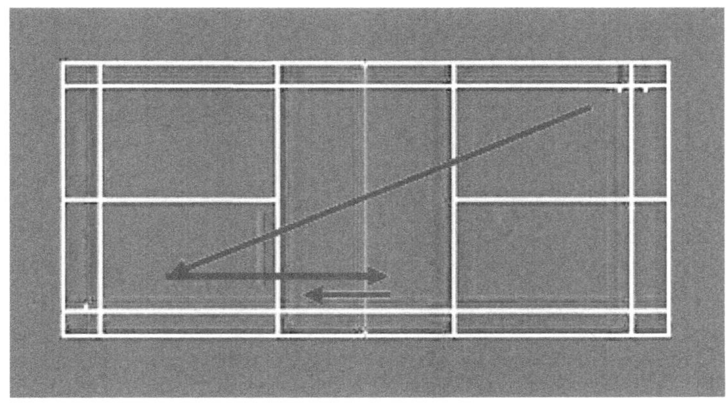

图 4-19 正手杀对角线上网放

(二)杀球,对方回击网前球时上网勾对角

1.正手杀直线上网勾对角(图4-20)

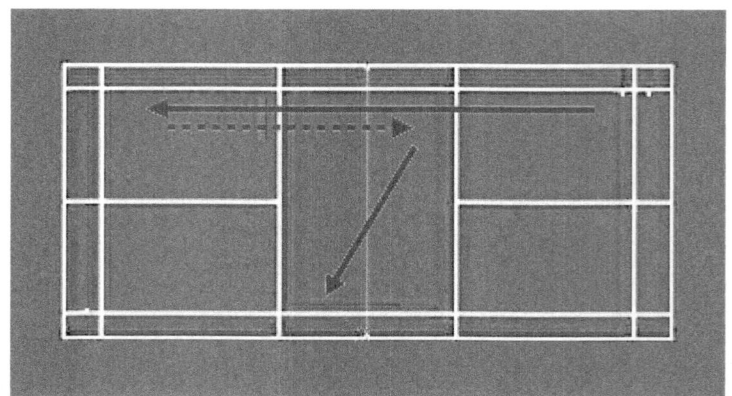

图4-20　正手杀直线上网勾对角

2.正手杀对角线上网勾对角(图4-21)

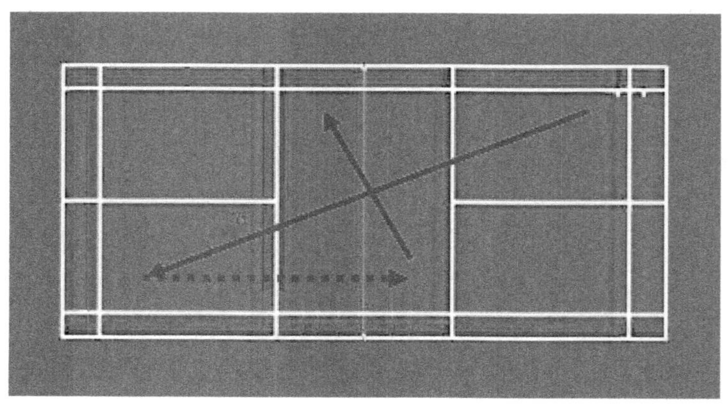

图4-21　正手杀对角线上网勾对角

(三)杀球,对方回击网前球时快速回击平推球

1.正手杀直线上网推对角线(图4-22)

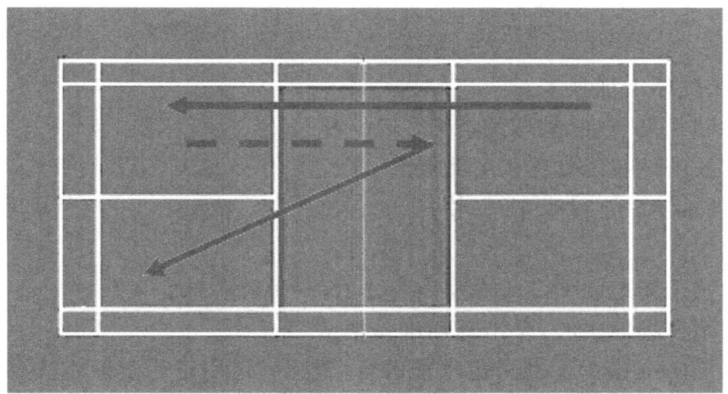

图4-22　正手杀直线上网推对角线

2.正手杀对角线上网推对角(图4-23)

练习步骤:

- 正手接吊挑与反手接吊挑。
- 正手接杀放网与反手接杀放网。
- 训练先做无球正、反手放网模仿练习。
- 多球接杀放网。
- 两人对练杀与接杀放网。

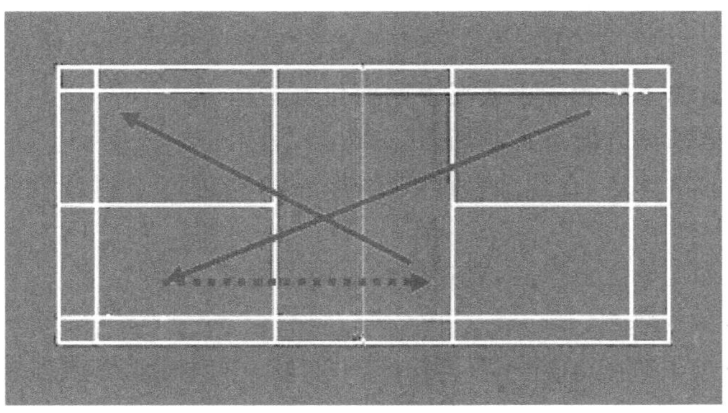

图4-23　正手杀对角线上网推对角

六、林丹羽毛球技、战术练习方法示例

(一)林丹羽毛球战术的练习方法

1.练习目的:

➢ 掌握推、挑球击球技术。

➢ 提高移动状态下推、挑球的能力。

➢ 提高前场击球技术动作的一致性。

2.练习水平:具备初、中级技术水平。

3.练习方法:

➢ 陪练者站于场地一侧T位置,一手持拍,一手持多球。

➢ 主练者站在场地中心,呈击球前准备姿势。

➢ 陪练者先向主练者正手网前位置送球,主练者运用正手上网步法移动到位。

➢ 根据抢到的击球点,选择推球或挑球技术,将球回击到直线底角位置,或以对角线回击。

➢ 完成击球后,迅速回位到中心位置。

➢ 陪练者再向主练者反手网前位置送球,主练者运用反手上网步法移动到位。

➢ 根据抢到的击球点,合理选择推球或挑球技术,将球击到直线底线位置,或以对角线回击。

➢ 完成击球后,迅速回位到中心位置。

➢ 依次循环,反复练习。

(二)林丹网前战术练习方法

1.双方准备位置、姿势同上。

2.练习方法:

➢ 陪练者随意向主练者正手或反手网前位置送球。

➢ 主练者根据来球方向进行判断,迅速起动,运用正手或反手上网步法移动到位。

➢ 根据抢到的击球点,合理选择推或挑球技术,将球回击到直线或对角线的底线两角位置。

➢ 完成正手或反手位击球后,迅速回位到中心位置。

3.依次循环,反复练习。

4.练习负荷:每组约30个球,共3组,每组间歇5分钟,或根据主练者实际情况调整训练量。

5.要点提示:

➢ 击球前,身体、手臂要放松。

➢ 击球点应选择在两脚的延长线上,尽量抢高点击球。

➢ 击球时,左臂要打开,以保持身体的平衡和制动作用。

➢ 运用手腕、手指发力，并体会触球拍面，控制击球方向及落点位置。

➢ 推或挑球应注意出球的飞行弧度，根据需要，选择较平或有一定弧度的击球线路。

➢ 击球落点尽量准确，保证击球的质量，以期为自己争得较多的调整、回动时间。

➢ 击球后，球拍不要乱甩。

➢ 初练习时，可适当降低球速。随着熟练程度提高，逐渐加快送球的速度，从而加大练习的难度。

第二节　羽毛球单打战术(二)

一、对角路线的进攻战术

不论是进攻或防守，前场或后场，都以回击对角路线来组织战术。特别是当对方打直线球时，我方以对角路线回击，迫使对方球员在移动中多做转体，造成对方移动困难而被动，为我方创造进攻机会。

> 羽毛球战术，是指运动员在比赛中为表现出高超的竞技水平和战胜对手而采取的计谋和行动。

二、三角路线的进攻战术

采用这种战术的原则就是当对方回击直线球时，我方就打对角球，反之，对方回击对角球时，我方就打直线球。

> 战术的特点是可以使对方移动的距离最远，难度较大，只要能准确地判断对方回球的路线，采用“三角路线”就是一种较有效果的进攻战术。

三、平高球压底线战术(图 4-24)

用快速、准确的平高球打到对方后场两角，在对方不能拦截的前提下尽量降低球的飞行弧线，把对方紧压在底线，当对方回击半场高球时，就可以扣杀进攻。使用平高球压底线时，如配合劈吊和劈杀可增加平高球的战术效果。一般情况下，平高球的落点和杀、吊的落点拉得越开越好。例如甲以平高球压乙方正手和反手两底角，配合吊、杀两边。

> 这种战术用来对付初学者和后退步法较慢、后场技术较差或击球后急于上网的球员较为有效。

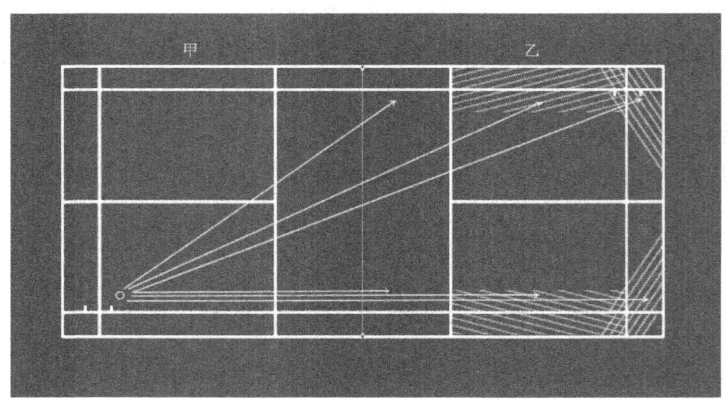

图 4-24　平高球压底线

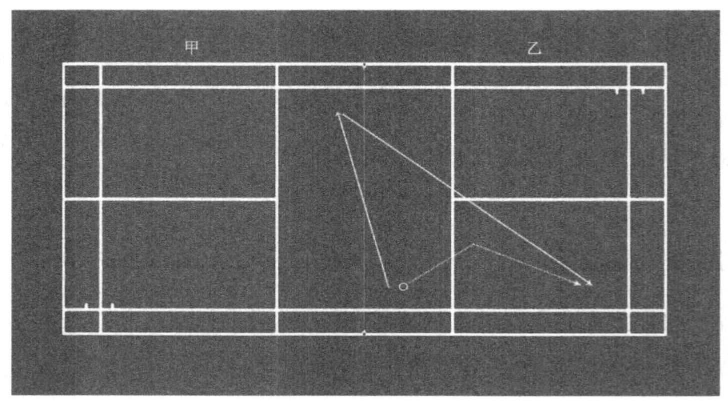

图 4-25　拉、吊结合杀球

四、拉、吊结合杀球战术(图 4-25)

此战术是将球准确地打到对方场区的四个角上,使对方每次击球都要在场上来回奔跑。使用这种战术时,对不同特点的对手要采用不同的拉、吊方法。

对后退步法慢的可以多打前、后场;对盲目跑动满场飞的可以使用重复球和假动作;对灵活性差的应多打对角线,尽量使对方多转身。例如乙方在左网前勾对角,回中心慢了,正手后场出现了空当,这时甲不一定推直线,可以推对角,看球似乎是离乙近了,但乙还要及时转身,加大了动作难度。

> 如能熟练地使用平高球,劈吊和网前搓、推、勾技术,快速拉开对方,伺机突击扣杀,则这一战术能收到更好的效果。

对后场反手差的人可通过拉开后攻反手;对体力不好的可用多拍拉、吊消耗其体力。

五、过渡球战术

过渡球是为了摆脱被动，为下一拍的反攻积极创造条件，怎样转被动为主动是比赛中重要的一环。

被动时要做到：

➢ 争取时间调整好位置和控制身体重心，从网前或后场底线击出高远球是被动时常用的手段。

➢ 打高远球，可以赢得时间，恢复中心位置。

➢ 利用球路变化打乱对方的进攻节奏。

➢ 在接杀球或接吊球时要将球还击到远离对方位置的地方，以破坏对方吊、杀上网的连续快速进攻。

➢ 如果对方吊、杀后盲目上网，而自己位置较好时，则可以把球还击到对方底线。

六、先守后攻战术

这一战术可用于对付喜欢进攻而体力又差的对手。比赛开始，先以高球诱使对方进攻，在对方只顾进攻疏于防守时，立即突击进攻；或在对方体力下降、速度减慢时再发动进攻。

七、四方球战术(图 4-26)

这是羽毛球的一种基本打法，主要通过后场的高远球、扣杀、劈杀、吊球等技术，先发制人，然后快速上网以搓、推、扑、勾等技术，高点控制网前，导致对方直接失误，或被动击球过网，被进攻队员一举击败，也称“杀上网”的打法。

这种打法是进攻型的打法，能够快速上网高点控制网前，速度耐力和力量耐力也要求较高。它要求运动员本身有较强的控球能力和快速、灵活的步法及较强的进攻能力。这种打法体力消耗较大，如果碰上防守技术好的对手，体力就往往成为成败的关键因素。

> 四方球战术对场上步法移动较慢、回球质量和体力较差的选手尤为有效。

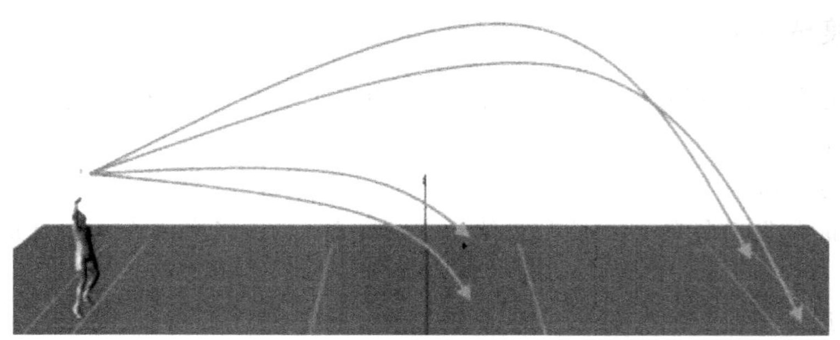

图 4-26　四方球战术

第三节　羽毛球双打战术

双打比单打每方增加一名队员，场地宽度仅增加 92 厘米，接发球区比单打缩短 76 厘米。双打从发球开始就形成短兵相接的局面。由于进攻和防守都加强了，要求运动员技术全面、能攻善守、反应灵敏。特别是对发球、接发球、平抽、挡、封网、扑、连续扣杀、接杀挑高球及防守反击等诸多技术，要求更高。

> 双打的关键是两名队员配合默契，相互信任，打法上攻守衔接及站位轮转协调一致。

一、发球

因双打的后发球限制线比单打短，在双打中如果发高远球，接发球方可扣杀，直接争取主动，同时又较少有后顾之忧。因此，站位压在靠近前发球线处，可对发球者造成很大的心理和技术上的威胁。

(一)发球站位

根据对方站位、站法来决定发球战术。目前接发球的站位法有四种：一般站位法、抢攻站位法、稳妥站位法、特殊站位法。

> 发球质量、路线的配合、弧线的制造、落点的变化对整个双打比赛的胜负具有决定作用；双方水平相当时，胜负取决于发球质量。

(1)一般站位法：特点是站在离中线和前发球线适当的位置，其目的是以稳为主，保护后场，对前场以推、搓、放半场为主。

发球办法：以发近网 1、2 号区位为主，使对方不能集中精力于一点，因对方受接发球影响，不能打出较凶狠的球，这时主被动权取决于第三拍的回球质量。

(2)抢攻站位法：特点是站位很接近发球线，身体倾斜度较大，目的是要进行抢攻，威

胁对方，以扑球、跳杀为主来处理接发球，此种站位法以男队进攻型打法的队员采用较多。

发球办法：首先要判断对方站位的目的，是要进行抢攻，还是要防守等，判断准确后才能采用各种发球手段来对付。我方发球应以质量为主，结合时间差、假动作，达到破坏对方抢攻的目的。

(3)稳妥站位法：特点是站位在离发球线远一些的位置上，身体成站立式(倾斜度较小)。这种站位法要求把球发过去，是进攻意识较差的一种过渡站位法。

发球办法：不要发高球，以网前球为主，因对方站位消极、起动慢，发近网球有利于第三拍的反攻。

(4)特殊站位法：一般站位以右手握拍为例，左脚在前，右脚在后，但特殊站位法改变为右脚在前，左脚在后。这种站法一般以右脚蹬跳击球，不论是上网或后蹬均以一步蹬跳击球。

发球办法：当你还不了解对方改变站法的目的及优缺点时，要以我为主发球，尽快掌握对方的目的及优缺点，从而制订有效的发球战术。

(二)发球路线

发球路线和落点的选择需注意如下几点：

> **发球路线和落点的选择要点：**
>
> 调动对方站位，破坏对方打法。
>
> 避实就虚，抓住对方弱点发球抢攻。
>
> 发球要有变化。

(1)调动对方站位，破坏对方打法：如对方甲、乙两名队员站成甲在后、乙在前的进攻队形，在发球给乙时可以后场为主结合网前，而发球给甲时却要以发网前为主结合后场，这样，从发球起就阻挠了对方调整站位。

(2)避实就虚，抓住对方弱点发球抢攻：首先要看接发球者的站位，如果他紧压网前站在网前内角位，可用发网前与后场动作的一致性发球到对方后场外角位；如对方离中线较远，则可发平快球突袭后场内角位；对接发球路线呆板、变化少的，可针对这种情况发球后抢封角度突击。

(3)发球要有变化：发球时，网前要和后场配合，网前的内角、外角，底线的内角、外角的配合，使对方首尾难以兼顾，多点设防，疲于应付。在发球的弧线上也要有变化，这样，接球方就难以找到发球方的规律了。

(4)发球时间的变化：接发球方在准备接发球时，思想虽然高度集中，但因受到发球方的牵制，要等球发出后才能判断、起动、还击。所以，发球动作的快、慢应在规则允许范围内有所变化，不要给接球方掌握规律。

(5)发球时心理的影响：在双打比赛中，有时会出现发球失常，一个原因是发球技术不过硬；另一个原因则是受接发球者的影响。由于接球者站位逼前，扑、杀凶狠且命中率较高，或比分正处于关键时，心情紧张，造成手软而影响发球质量。遇到这种情况，首先要沉住气，观察接发球者的动向、接发球的路线和规律，提高发球质量，增强还击第三拍的信心。另外，发球的路线要善变且无规律，真真假假、虚虚实实，这样就会减少不必要的顾虑，发球质量也会稳定下来。

二、接发球

> 接发球的战术一般是根据对手发球的落点来选择。

接发球虽然受发球方的牵制，属于被动等待，但由于规则对发球做了击球点不能过腰、球拍上沿须明显低于手、动作必须连续向前挥动（不能做假动作）等限制，所以发球者发出的球不能具有太大的威胁。接发球方如果判断准确、起动快、还击及时，就能在对方发球质量稍差时杀、扑得手或取得主动；反之，则会接发球失误或还击不力使自己陷入被动。

（一）接发网前球

（1）无论内角位还是外角位的网前球，接发球质量的关键是抢到球飞行过程中的最高点。一般可以扑或者轻压对方的两腰（即对方的两边中场），逼迫对方起球，也可以扑压对方的身体。可以用搓放网前或勾对角等网前小球的处理方式。

（2）推压两个底角也是很好的选择，可以大范围调动对手，以更有效地攻击对手。

（3）接发内角位网前球时，主要以扑或轻压对方两边中场及发球者身体为主要攻击点，配合网前搓、勾等其他线路。

（4）接发外角位网前球时，除了以上打的位置外，还可以平推对方底线两角以调动对方一名队员至边角，扩大对方另一名队员的防守范围。

（二）接发后场球

（1）接发后场球以杀球为主，最好是攻击发球队员，杀追身球，因为这时发球队员一般是在移动中，而且持拍方式不是最佳防守方式。

（2）如果因没能判断出对方的球路而没有及时启动，最好用平高球打到对方的两个底角。特别被动的情况下要用高远球尽量把球打到对方的后场，进行防守。

（3）一般来说，发球一方发出高球后，都会后退来做防守的准备，这时可以突然吊发球队员的对角线，经常会有不错的效果。

（4）接发内角、外角位后场球时，应以发球者为攻击点，力争扣杀追身球；如启动慢了，可用平高球打到对方底线两角。一般发球者在发后场球后，后退准备接杀的情况居多，这时可用拦截吊球，落点可选择在发球者的对角。

（5）除了按照对方的发球方式来选择接发球战术之外，还可以针对对方的特点来选择接发球的方式。如对方的攻击力不足，可以直接挑球到两个底角；对手的反手能力较差，可以推压对方的反手底线等。

三、基本战术

（一）攻人战术

这是一种经常运用的战术。当发现对方有一人的防守能力或心理素质较差、失误率比较高或防守时球路单调，可采用这种战术，把球进攻到这个较弱者的一边。

战术要点：

➢ 攻人战术可以集中优势兵力以多打少，以优势打劣势，造成主动得分，这有利于打乱对方防守站位。

➢ 另一个不被攻的人，因无球可打，站位会偏向同伴，形成站位上的空当，有利于我方突击另一线而成功。

（二）攻中路战术

攻中路战术可以造成守方两人抢接一球或同时让球，彼此难于协调；网前队员封网的难度小。

1. 守方左右站位时把球打在两人的中间（图 4-27）

守方左右站位时将球打在两人中间，可以造成守方两人抢球或同时让球，限制守方在接杀时挑大角度的球路，因打对方中路，对方回球的角度也小，有利于攻方的封网。

2. 守方前后站位时把球下压或轻推在边线半场处（图 4-28）

这种战术多半是在接发网前球和守中反攻抢网时运用。这种球守方前场队员拦截不到，后场队员只能以下手击球放网或挑高球，后场两角便会露出很大空当，因而可攻击他的空当或身体位置。

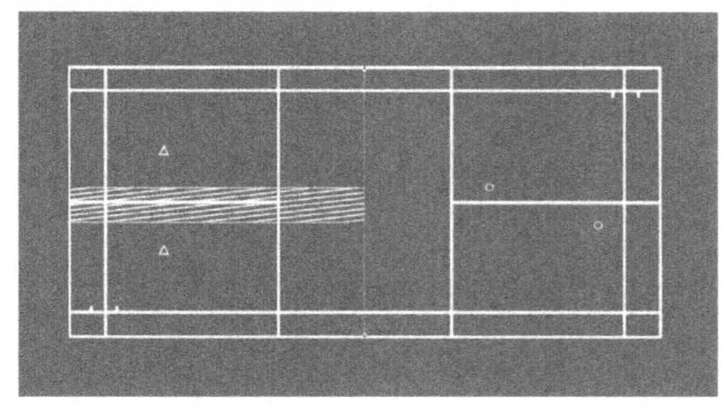

图 4-27 攻中路战术（左右站位）

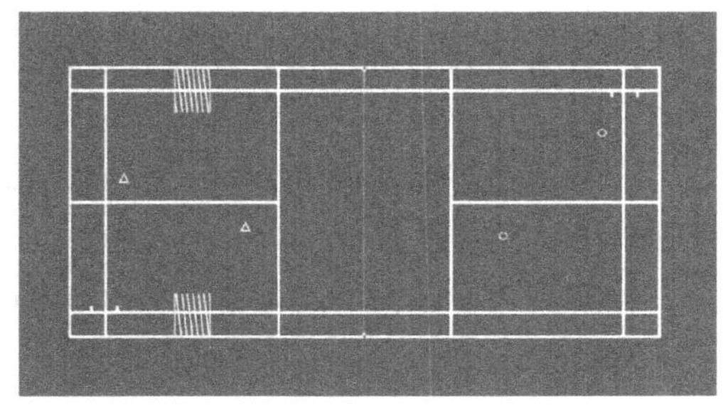

图 4-28 攻中路战术（前后站位）

（三）攻后场战术

遇到后场扣杀能力差的对手，可采用平高球、接杀挑高球等战术，迫使对方一人在底线两角移动。一旦其还击被动时，可大力扑杀；如另一对手后退补防时，可攻网前空当或打后退者的追身球。

（四）攻直线战术

杀球路线和落点均为直线，没有固定的目标和对象，只依靠杀球的力量和落点来得分。当对方的来球靠边线时，攻球的落点在边线上；当对方的来球在中间区时，就朝中路进攻。

> 攻后场战术常用来对付后场扣杀能力较差的对手，或将对方弱者调动到后场后使用。

（五）后攻前封战术

后场队员积极创造机会大力扣杀，在对方接杀放网、挑高球或企图反击抽挡时，前场队员以扑、搓、推、勾控制网前，或拦截吊封住前场，使整个进攻连贯而又凶狠有节奏变化，迫使对方防不胜防。

> 攻直线战术在使用上容易，杀边线球难度高一点，但效果好，便于网前同伴的封网。

（六）守中反攻战术

防守时，对方攻直线球，我方挑对角平高球；对方攻对角球，我方挑直线平高球，以达到调动对方移动的目的；然后可采用挡或勾网前的战术，可以很快获得由守转攻的主动权。

1. 防守要点：调整站位

- 为摆脱被动，转入反攻，首先要调整好防守时的站位。
- 如果是网前挑高球，击球者应直线后退，切忌对角后退。
- 直线后退路线短、站位快、对角后退路线长，易被对方打追身球。
- 另一名队员应根据同伴移动后的情况补空当位。

2. 防守要点：防守球路

- 攻方杀球者和封网队员在半边场前后一条直线上，接杀球应打到另半边前场或后场。
- 攻方杀球者和封网者在前后对角位上，接杀球可还击到杀球者的网前或封网者的后场。
- 攻方杀球者杀对角后，另一名队员想要退到后场去助攻时，接杀球时可以还击到网前中路或直线网前。
- 把攻方杀来的直线球挑对角，杀来的对角球挑直线以调动杀球者。

第四节　羽毛球战术的练习方法

一、固定球路练习

把几项击球技术根据战术要求组织起来，反复练习。这种方法是把基本技术训练与战术训练结合起来，由于是固定球路，重复的次数就多，能使动作连贯和提高击球质量。

（一）高、吊配合练习法

> 初学者一般采用固定球路练习方法掌握简单的战术球路，但这种练习方法必须与其他方法配合进行。球路的组合可以有很多，注重实战意义。

1.直线高球对角练习法（图 4-29）

练习双方均可同时练习直线高球和对角吊球、上网放网和直线挑高球，甲方回击一直线高球，乙方回击直线高球；甲方回击一直线高球，乙方吊一对角球；甲方放一直线网前球，乙方挑一直线高球；甲方回击直线高球，乙方再回击一直线高球；甲方吊一对角线球，乙方放一直线网前球；甲方挑一直线高球，重复至开始。还可将几项基本技术综合在一起练习，由于球路固定，失误会减少，这是熟悉和提高高、吊基本技术的一种方法。发球者也可从左边发球，顺序也是一样的。

2.对角高球直线吊球练习法（图 4-30）

甲方由右场区发高远球，乙方回击对角高球；甲方也回击一对角高球，乙方吊一直线球；甲方放一直线网前球，乙方挑一直线高球；甲方回击一对角高球，乙方再回击一对角高球；甲方吊一直线球，乙方放一直线网前球；甲方挑一直线高球，乙方回击对角高球，反复进行下去。发球者也可从左边发球，顺序也一样。

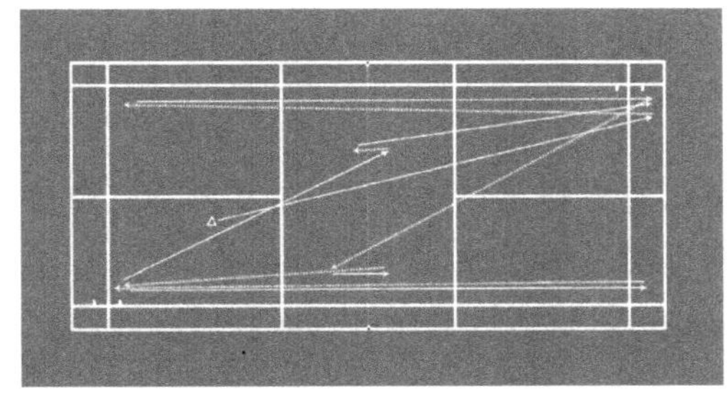
图 4-29　直线高球对角练习

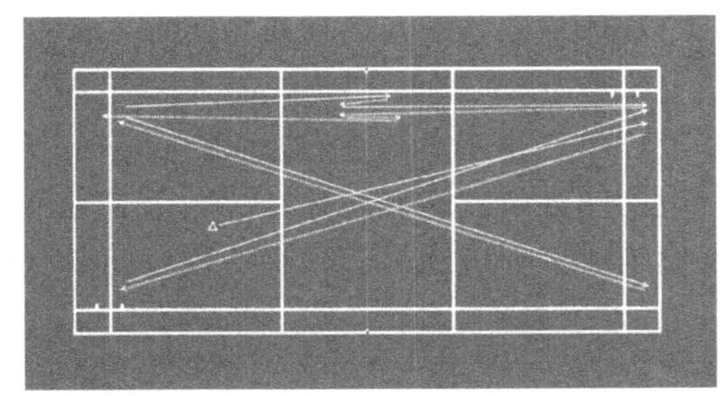
图 4-30　对角高球直线吊球练习

3.对角高球对角吊球练习法（图 4-31）

甲方从右场区发高远球，乙方回击对角高球；甲方吊对角线球，乙方挑直线高球；甲方回击对角高球，乙方吊对角线球；甲方挑直线高球，反复进行下去。发球者也可从左边发球，顺序也是一样的。

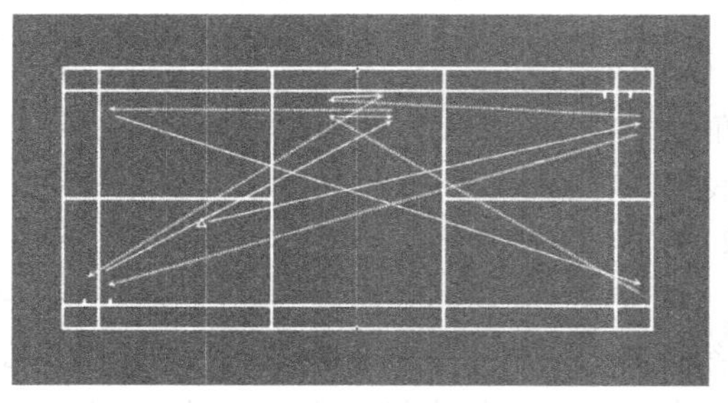
图 4-31　对角高球对角吊球练习

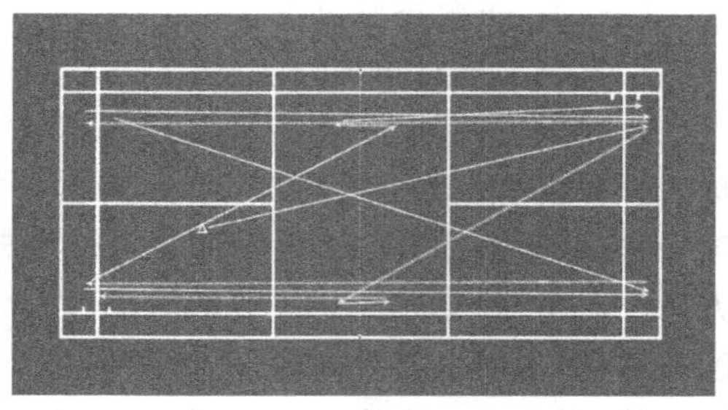
图 4-32　直线高球和杀对角球练习

(二)高、杀配合练习法

1. 直线高球和杀对角球练习法(图 4-32)

练习者双方均可同时练习直线高球和对角杀球,以及挡球和挑球,具体球路与直线高球对角吊球一样。如发球者从左边发球,球路也一样。

2. 对角高球直线杀球练习法

具体球路与对角高球直线吊球一样。

3. 对角高球对角杀球练习法

具体球路与对角高球对角吊球一样。

(三)吊、杀配合练习法

1. 吊直线杀对角练习法(图 4-33)

发球者由右区发高球,练吊、杀者先吊直线球,对方接吊挑直线球,练习者杀对角球。这样练习一方可练吊、杀,练一段时间后交换,双方均可练到吊、杀和接吊、杀。

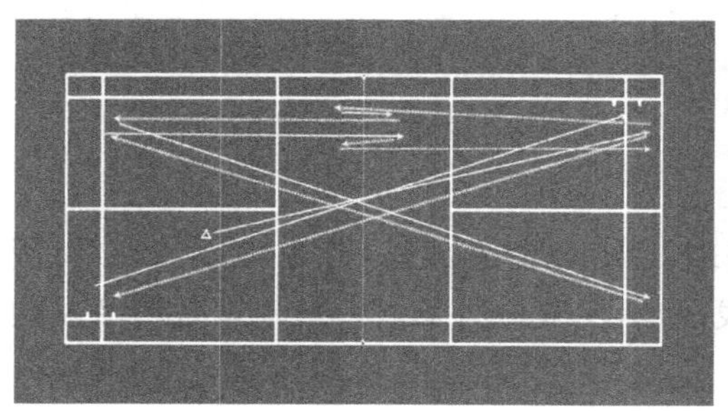
图 4-33　吊直线杀对角练习

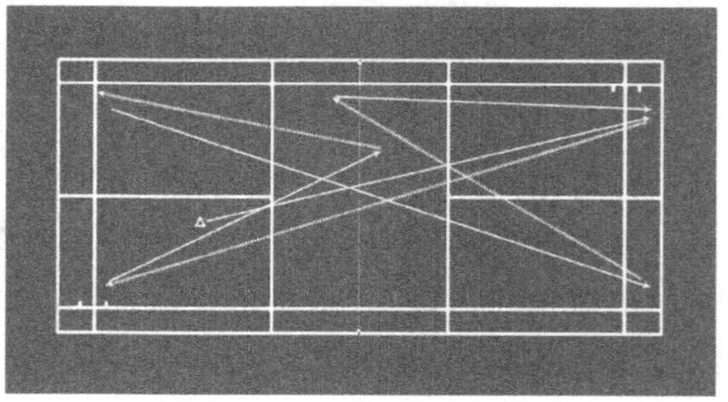
图 4-34　吊对角杀直线练习

2. 吊对角杀直线练习法

球路如图 4-34 所示。

3. 吊直线杀直线练习法

球路如图 4-35 所示。

4. 吊对角杀对角练习法(图 4-36)

以上列举均以挑球一方以挑直线球为例，如果挑球方挑对角球，那么具体的固定球路又有所不同。总之，固定球路可根据练习需要设定，以上列举的只是其中几种，可根据练习需要改变练习方法。

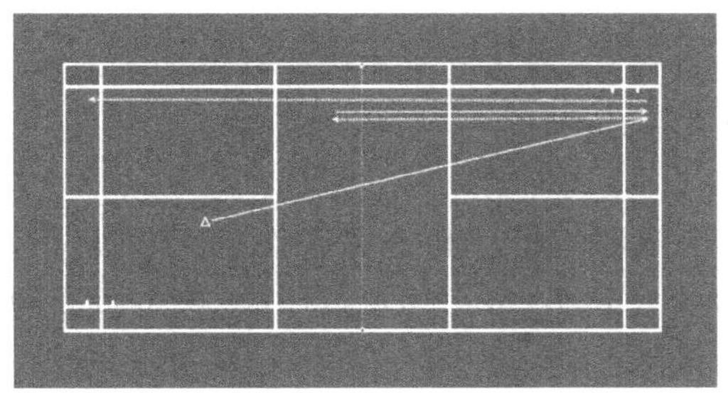
图 4-35　吊直线杀直线练习

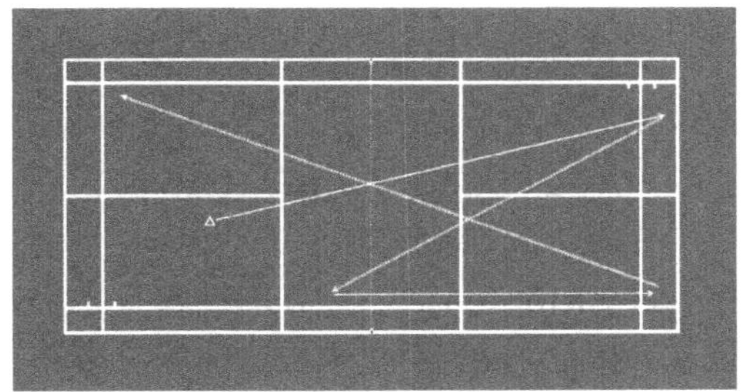
图 4-36　吊对角杀对角练习

二、不固定球路练习

(一)不固定高、吊练习法

这是一种综合高、吊练习的高级阶段，主要是采用“二点打四点”或“四点打二点”；练习者主要是站在自己球场中心点上向左右后场两边移动，采用高球或吊球控制对方，而对方只能回击到练习者一方后场的两边。

> **不固定高吊练习作用：**
>
> 一是训练快速移动接高吊的能力；
>
> 二是对二点打四点高吊的练习者，是练习高吊手法一致性；
>
> 三是对四点打二点接高吊的练习者，是练习控制全场能力，可提高快速判断，控制对方底线及全场的快速移动能力。

(二)不固定高、杀练习法

1. 高、杀对接高、杀练习法

练习高、杀者可任意打高球(如平高球、平快球)，一般超过三拍，结合杀球。如对方打高球，接球方也用高球还击；如对方杀球，可挡直线或对角网前，练习者可上网放网，接高杀者再挑至底线高球。反复练习。这种练习一方是采用高杀进攻，一方是接高杀全场防守。一段时间后再交换练习。

2. 高、杀对高、杀抢攻练习法

双方均可采用高球或杀球练习，这是一种强攻练习法，不但练高、杀技术也练抢攻意识。

(三)不固定吊、杀练习法

1. 吊、杀对吊、杀练习法

练习吊、杀者可任意打吊或杀，如对方打吊球，接吊、杀者要回击高球；如对方打杀球，可挡直线或勾对角球，此时，练习者上网放网，接吊、杀者再挑高球，反复练习。这种练习一方是练习吊、杀上网进攻，另一方是练接吊、接杀防守练习，过一段时间后交换练习。

2. 吊、杀对吊、杀抢攻练习法

双方均可采用吊球或杀球，这是一种抢攻练习法，不但练吊、杀技术也练抢攻控网意识，是一种高水平的进攻练习。

（四）高、吊、杀组合练习法

采用高、吊、杀综合练习已到水平较高的发展阶段，故不必采用固定球路的练习，一般采用不固定球路练习。在形式上可采用如下几种办法。

1. 半边场地高、吊、杀综合练习法

在半边场地上进攻一方以高球（平高球或平快球）、吊球和杀球进攻，防守方以挡、挑、放网来防守，这样，一方练进攻技术，一方练防守技术，由于场地范围小，便于防守和进攻。因此，初学者常采用这种练习法。

2. 全场高、吊、杀对接高、吊、杀练习法

一方练高、吊、杀，另一方接高、吊、杀，难度和强度均较大。这种练习法，基本接近实战练习。练习进攻时可用高球、平高球、吊球、劈吊球、杀球、抽球，在网前可用放网球、搓球、推球、勾球。而接高、吊、杀者可练习防守高球、挑球、挡球、勾球，全部基本技术都可练习到，因此这是一种最好的综合技术练习法。

3. 高、吊、杀对攻练习法

双方均可采用高、吊、杀、抽、推、勾控制对方，而对方则应防守反攻，因此，是一种难度和强度均较大的攻守练习。

三、多球战术训练法

（一）多球练习法

练习者双方均可取 2～4 只球，当失误时，不用去捡球，而是将手中的球再发出去，以增加练习时间和击球次数，是一种增加强度和密度的练习方法，适用于单、双打练习。

（二）多球练习法

练习者可一人或两人，取一箱球（300～400 只）采用多球练习，可根据练习的要求，采用不同的路线、速度和组数、个数，由教师发多球给练习者练习。当一人练完一组后，可休息一段时间，换另外一名练习者练习，这种多球练习法是增加难度和强度的一种好方法。为了保证有一定密度，练习者最多不超过 5 人一组，最好是 3～4 人一组。双打练习也常采用多球练习法。

四、多人陪练练习法

这种练习法在单打中一般较多采用二对一的陪练法，这对提高练习的难度、强度和密度均有好处，如二陪一进行高、吊，高、杀，吊、杀，高、吊、杀等练习都能收到较好的效果。在双打中常采用三对二练习攻守，甚至增加至四对二、三对二的进攻，两人练习方防

守，是一种提高防守能力的练习方法。

（一）二一式前后站位陪练法

两人一前一后站位进行进攻，一人防守。后场的进攻者采用高、吊、杀等技术进攻，前场的进攻者以搓、推、勾等技术进攻，这样可以加强进攻的速度和难度，是提高个人防守能力的一种练习法。

（二）二一式左右站位陪练法

这是一种既适合于练进攻，也适合于练防守的练习法。一人进攻时要按战术线路要求进攻，两人分边各负责自己半场区的防守。两人进攻时也要按照战术意图进行，不能盲目乱打，而且还击的速度要适合单打的节奏及路线。

（三）二一式对攻陪练法

这是一人对两人的战术练习法，对抗双方在单打场区内采用自己所掌握的各种战术与技术，组织各种球路有意识地在场上进行互相争夺主动的控制与反控制的练习。

（四）三二式前后站位陪练法

一方为三人（一前二后），一方为两人，主要练习两人这一方的双打防守及转攻的战术意识，对提高双打防守己方转攻的能力很有好处。

第五节　羽毛球单项基本技术训练方法

（一）握拍练习

按照正确的要领握住球拍，并交替做正手握拍和反手握拍的练习。握拍练习时，要注意适时放松手指，要快而准确地交换握法。在练习击球时，要经常提醒和检查握法是否正确，这一点很重要。

（二）挥拍练习

这是各种击球动作的辅助性练习。提高挥拍练习的密度，可充分体会各种击球技术的动作要领。开始练习时，先做动作的分解挥拍练习，再做连贯慢速挥拍练习，待较熟练掌握动作要领之后，再做快速挥拍练习。在做连贯慢速挥拍练习时，有条件的最好能对着镜子练，或两个人共同练习，这样可相互观摩，纠正失误。也可拿网球拍或小哑铃进行挥拍练习，这样既可训练动作，又能增强手臂力量。

（三）发球练习法

因为羽毛球竞赛规则只有发球方赢了球才能得分，所以发球实为组织进攻。发球可以一个人练，也可结合接发球进行两个人对练。

1. 发高远球练习

练习者在掌握正确的发球动作基础上，既要力求将球发得高、发得远（对方底线附近)，同时还要注意左、右落点的变化，既要能发到对方场区的底线与边线交界附近，又要能发到底线与中线交界附近。

2. 发平高球、平球练习

发平高球、平球练习时，练习者除了要注意球落点的变化，还应使其发球的动作与发高远球动作保持一致，仅在最后用力时再变化。

3. 发网前球练习

在发网前球练习时，练习者首先应根据比赛的需要(指单打、双打)选择好站位。如单打被动时的站位应同于发高球时的站位，双打比赛时的站位则应适当前移。练发网前球时，一要注意使发出的球尽量贴网而过，二是球的落点应在对方前发球线或稍后，且要有变化。另外在练发网前球时还可安排对手进行扑球练习，这样可提高发球的质量。

(四)击高远球练习法

击高球包括击高远球、平高球、平射球，通过这种练习以巩固击高远球、平高球、平射球的手法，使球能达到应达到的落点、弧度和速度。

1. 初级的悬球击球练习法

用一根绳子将球悬挂在适合每个人击到高球的位置上(高度应根据各人的身高、臂长而定)，反复练习击高球动作，检查挥拍动作、击球点、接触面是否按照击高远球技术性能来完成，这是初学者所采取的练习法。

2. 喂球练习法

由教练发高远球或击高远球给练习者，球落到一定高度时，教练发出“打”的信号，培养练习者的空中击球感觉，提高击球点。

教练“喂球”时，球的弧度较高有利于初学者挥拍动作的完成，另外球的落点较固定，不会忽左忽右忽高忽低，又有利于初学者较快形成正确的击球动作和动力定型。

如果一开始入门就开始对打练习，因来球高度、位置、速度均不一样，练习者为了击到球就乱跑、乱挥、乱打，必然会养成许多不正确的动作，打多了形成了错误的动力定型，今后提高就会受到限制。

3. 中级的原地对打练习法(图 4-37、图 4-38)

两人站在各自场区的底线附近，进行对打高远球的练习。先进行直线对打高远球，再练平高球、平射球，后再进行对角线对打高远球、平高球、平射球的练习。

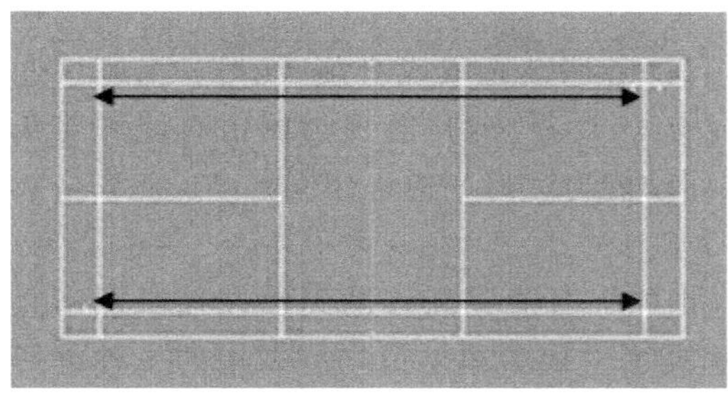
图 4-37

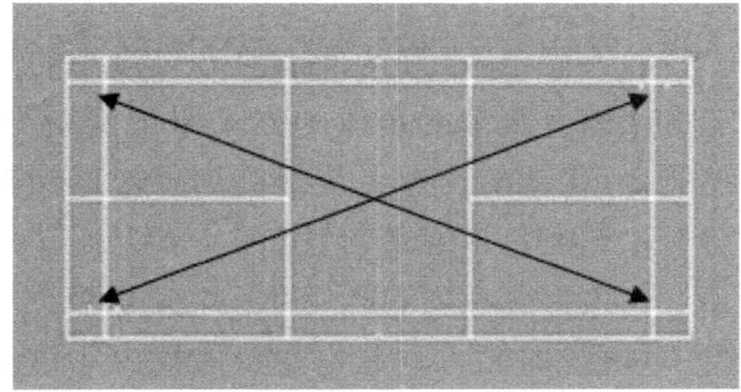
图 4-38

4.移动对打高远球练习法(图 4-39、图 4-40)

一人固定、一人移动的练习:一人在底线固定击高球,另外一人前后移动回击高球,另外一边也同样。

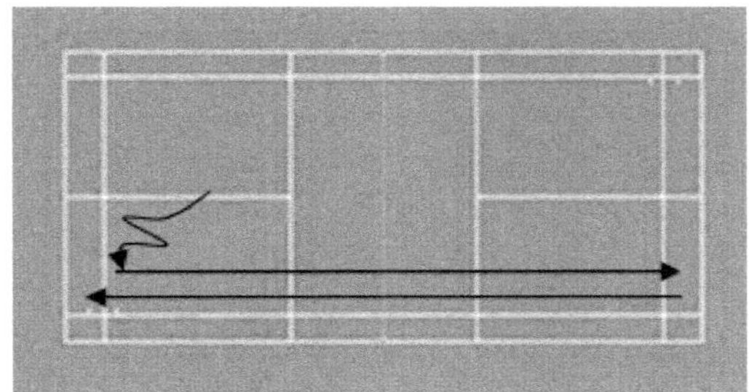
图 4-39

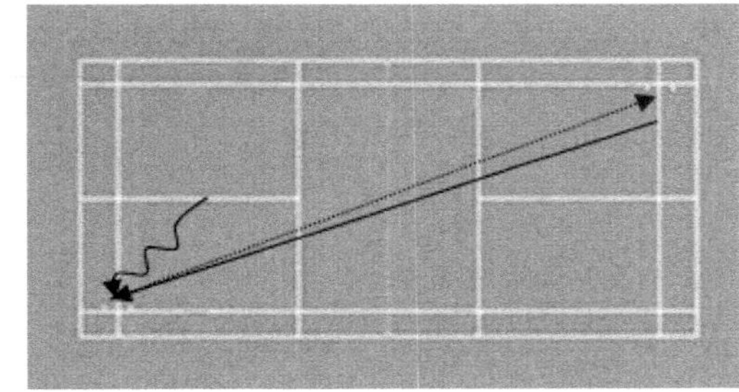
图 4-40

5.一点打一点前后移动击高球练习(图 4-41)

双方在击完球之后均应回到中心位置,然后再退至底线,回击对方打来的高球,反复练习。这种练习能提高在移动中到位回击高球的能力,能提高起动和回动能力,另外一边也一样。

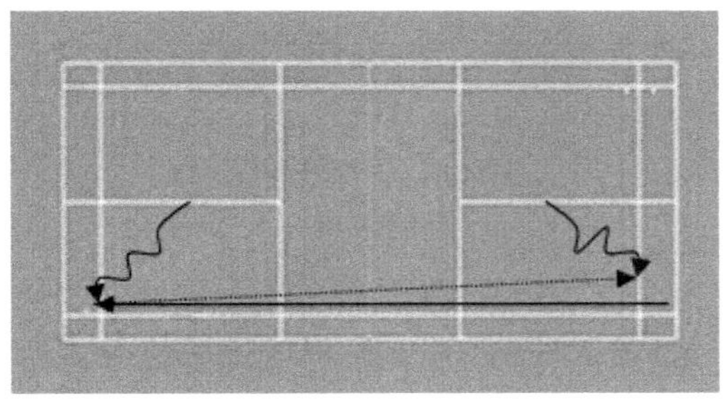
图 4-41

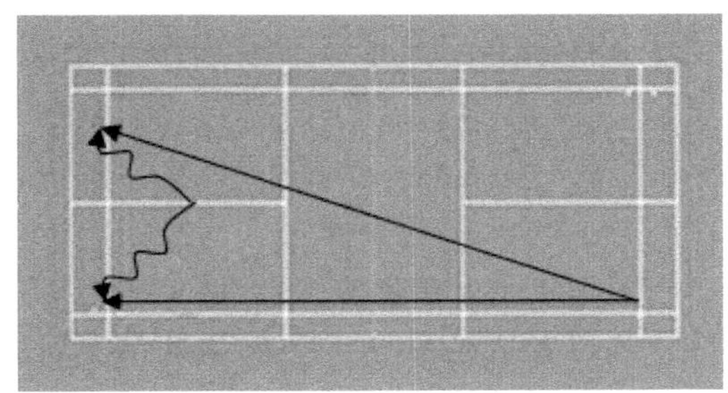
图 4-42

6.一点打二点移动练习法(图 4-42)

一人固定,在左区回击对方打过来的高球,可随意回击直线或对角线,另一人则应固定将球以直线和对角线的方式回击到对方左后场区,反复练习,能提高回击直线和对角线能力,移动的击球者能提高到位击球和起动、回动能力。另一边也相同。

7.二点打二点练习法(图 4-43)

二人都互相对打至底线,并应积极回中心,此种练习能提高移动到位并控制回击直线、对角线的能力。这是业余体校少年运动员和高水平顶尖运动员均可采用的一种练习手段。

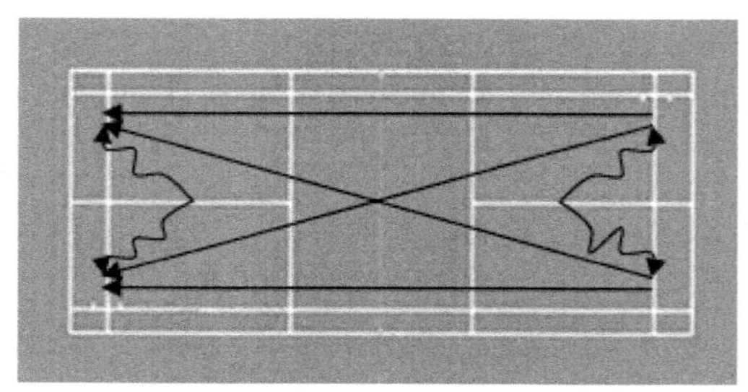

图 4-43

(五)吊球练习法

1.定点吊直线练习法(图 4-44)

练习者站在右(左)后场,将球吊至对方左(右)场区网前,对方再将球挑回练习者所站的位置,反复练习。

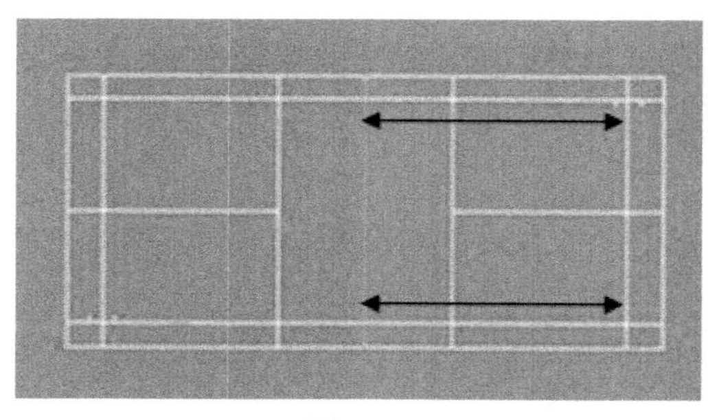

图 4-44

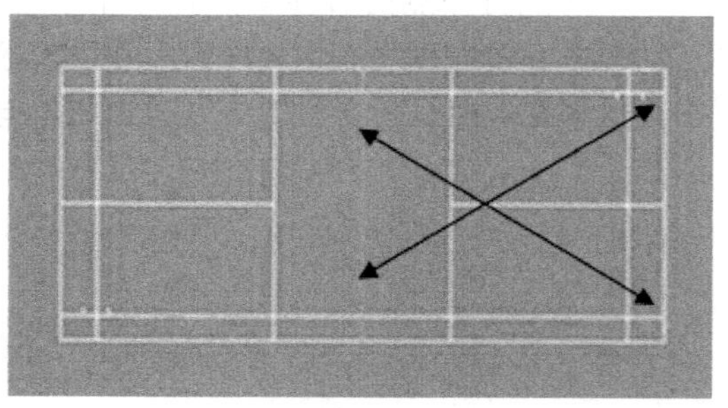

图 4-45

2.定点吊对角线练习法(图 4-45)

练习者站在右(左)后场,将球吊至对方右(左)场区网前,对方再将球挑回练习者所站的位置,反复练习。

3.前后移动一点吊一点练习法(图 4-46、图 4-47、图 4-48)

练习者由右(左)后场区,吊对角(直线)后回动至中心位置,然后重新退至右(左)后

场进行吊球练习。而挑球者挑球后退回中心位置,然后重新上网挑球。

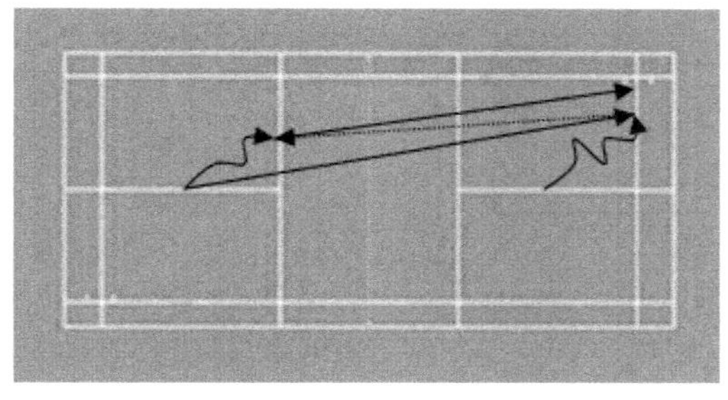
图 4-46

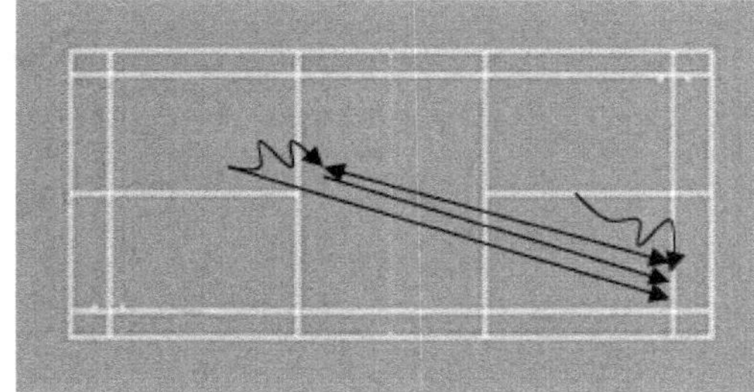
图 4-47

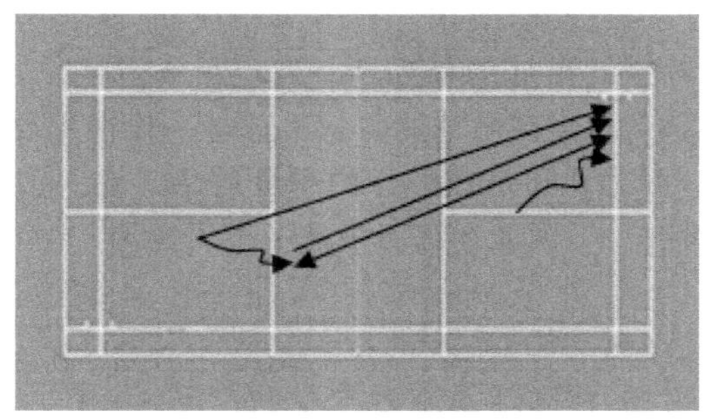
图 4-48

4.前后移动二点吊一点练习法(图 4-49、图 4-50)

吊球者先后在后场两点上将球吊至对方网前的一个点上,可在右前场区也可在左前场区;挑球者在网前的一个点上先后将球挑至对方后场两个点上,反复练习,双方均前后移动。

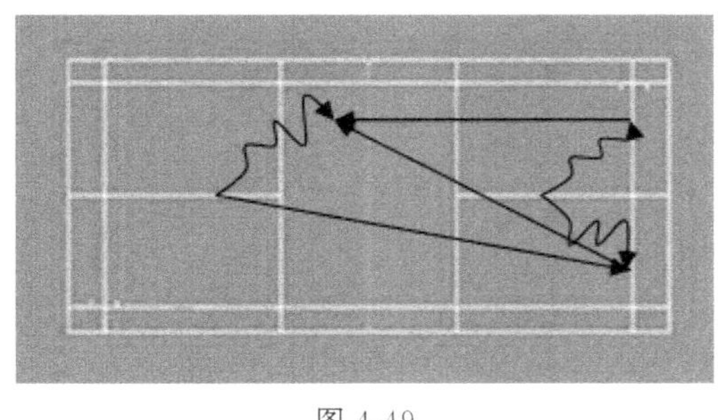
图 4-49

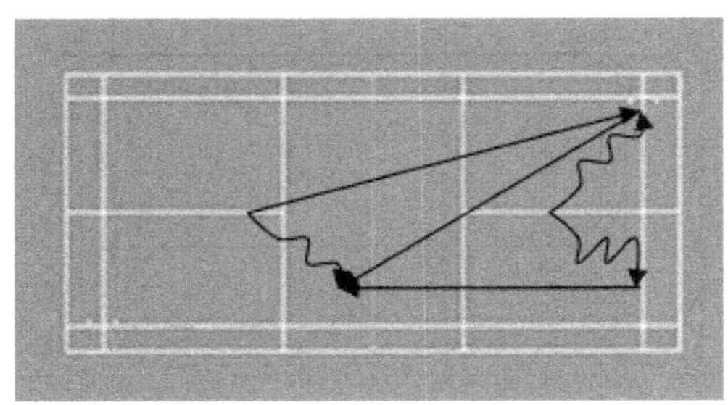
图 4-50

5.前后移动两点吊两点(图 4-51)

吊球者先后在后场两点将球吊至对方网前两个点上;挑球者前后移动,将两点的球挑至对方后场两个点上,反复练习。

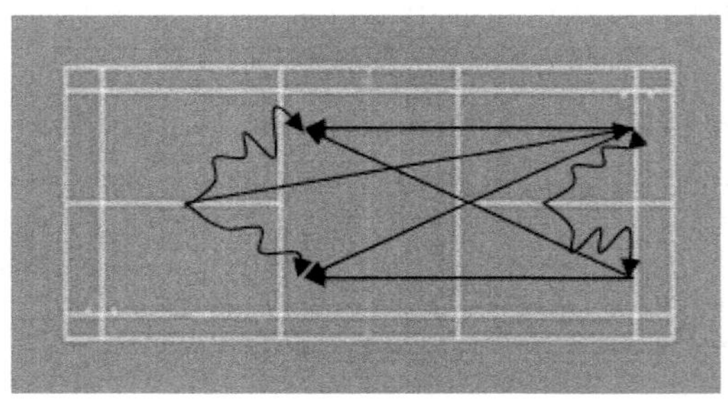

图 4-51

以上吊球的路线练习，一种是以练手法练感觉为要求，一般以计时为准；另一种是以练稳妥性为要求，可以计次数为准，要求一次连续吊成功 50 次为一组，或成功 100 次为一组，连续吊几组，以提高连续吊球的稳妥性。二点吊一点或二点则是为了提高吊球的起动、回动能力，要求在移动中提高吊球能力。吊球是一项很重要的进攻性技术，熟练地掌握并结合一致性手法，可达到和杀球一样的得分效果。在一般情况下，吊球可作为一项调动对方位置的进攻性技术，因此在练习中占了很大比例。

（六）杀球练习法

1. 定点杀直线练习法（图 4-52）

练习者站在右（左）后场，将来球杀至对方左（右）场区，对方如水平较高将球挑至后场，让练习者反复进行杀直线球的练习。如若对方也是刚开始掌握基本技术者，就无法将杀过来的球挑至后场，那么，就可采用发多球的定点杀直线练习。这种练习是要让初学者提高手腕闪动压击球的感觉能力，以及手臂挥拍和拍面正面击球的正确感觉，形成正确的杀球技术，是初学者很重要的一项练习法。

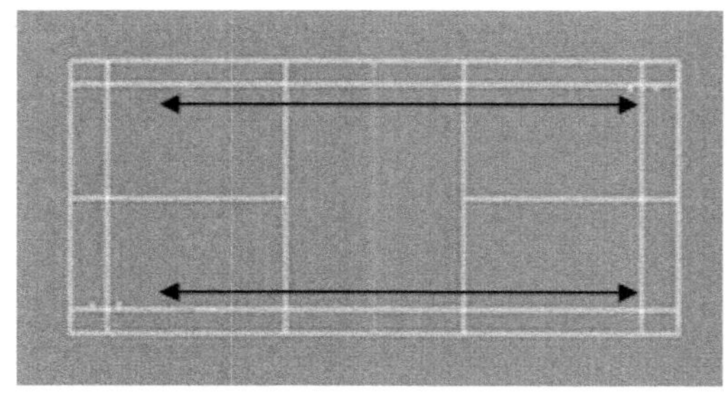

图 4-52

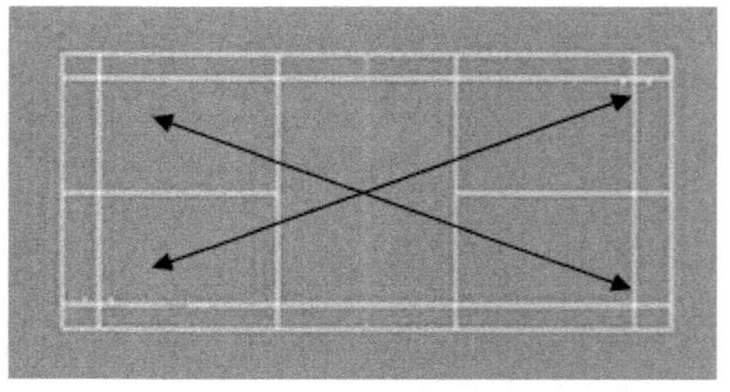

图 4-53

2. 定点杀对角线练习法（图 4-53）

练习方法与杀直线相同，但要求杀对角线，让练习者找到杀对角线手臂的挥动、手腕的闪动、拍面击球时的击球点的正确感觉。

3.定点杀上网练习法(图 4-54、图 4-55)

练习者杀直线(对角)后上网,将对方回击过来的网前球回击到网前,对方再把球挑至原来的后场,练习者从前场再退至后场进行杀球,反复练习。这是一种杀球技术与上网步法结合的最初级练习法。杀球者的上网步法基本是前后直线(对角线)的移动方式,而防守者的步法呈三角形的移动方式。反之,在头顶区开始杀球也一样。

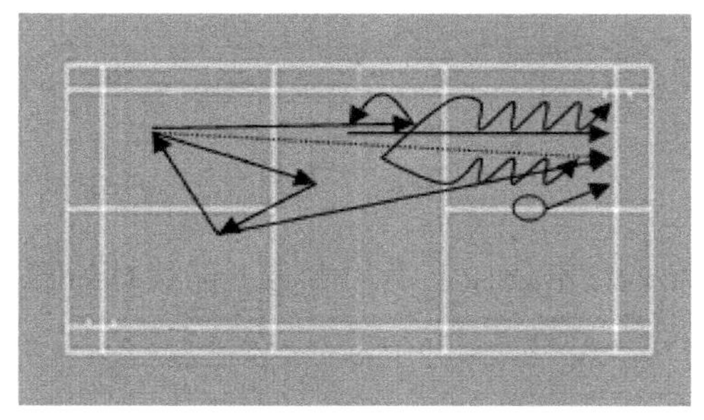

图 4-54

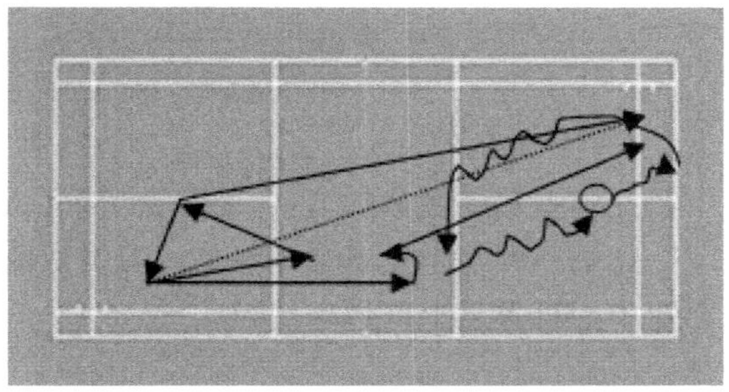

图 4-55

4.不定点杀上网练习法(图 4-56、图 4-57)

对回击过来的高球,练习者可采用正手杀直线(对角)或头顶杀直线(对角)后,上网回击网前球,对方挑直线(对角)到后场正手(头顶)区,练习者退至后场重新进行不定点练习,这是一种较高水平的练习方法,对初学者不适用。这种练习能有效提高前后速度的能力(即上网高点击球与快速后退杀球的能力)。

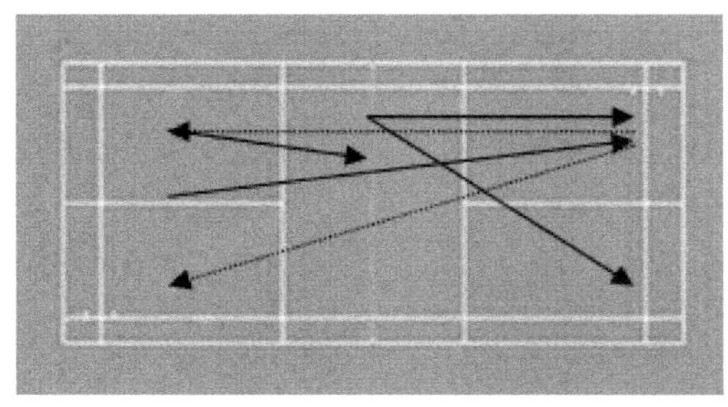

图 4-56

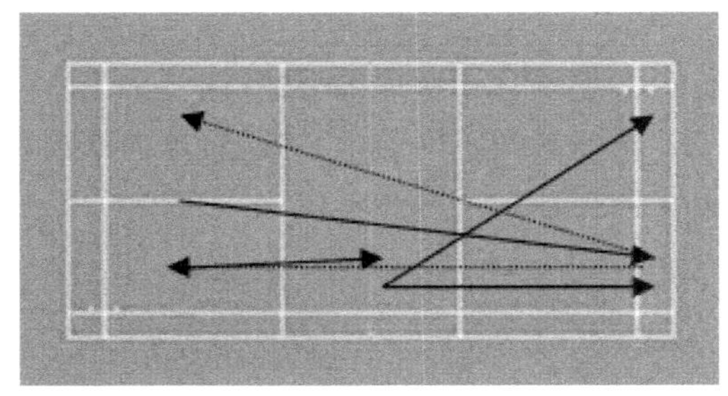

图 4-57

(七)搓球练习法

1.定点不移动搓球练习法(图 4-58)

这是一种多球的练习法,练习者可站在右(左)区网前,对抛过来的网前球,采用正搓、反搓技术搓过网,这是一种手感练习法。

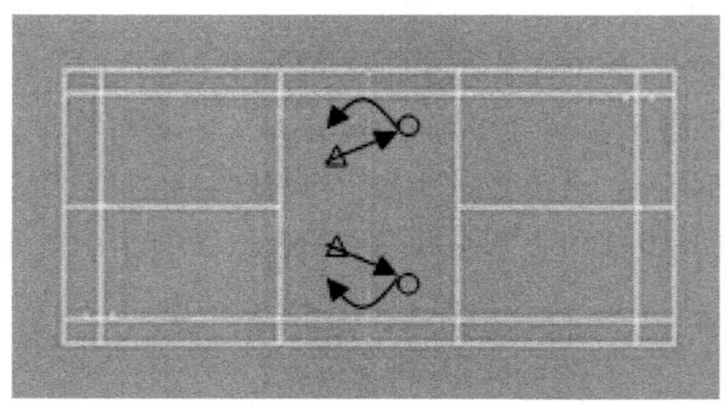

图 4-58

2. 定点移动搓球练习法(图 4-59、图 4-60)

这是一种与定点不移动搓球练习类似的练习法,只不过加上了从中心上网搓球后回动至中心再重复上网搓球练习。

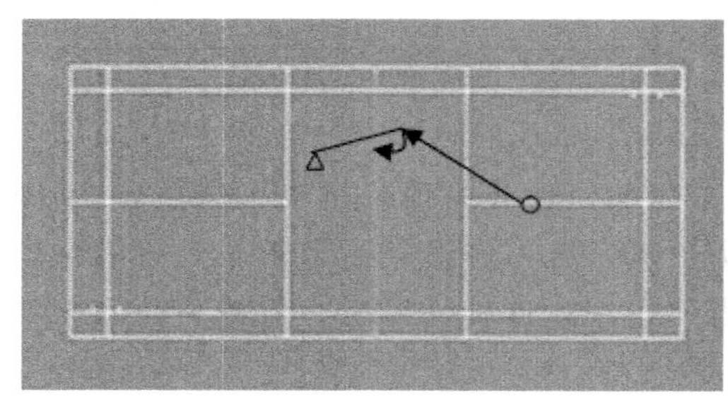

图 4-59

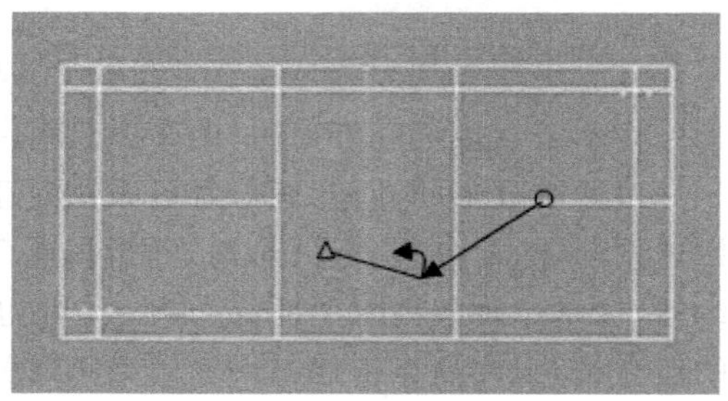

图 4-60

3. 定点移动搓球练习法(图 4-61)

给球者站于网前中心处,将球向网前两边抛出,练习者上网搓球后回动至中心,再反复上网搓球。

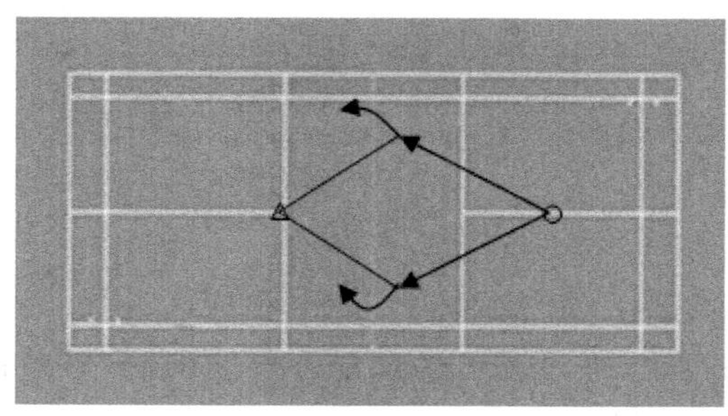

图 4-61

这是一种把手法和步法结合在一起的练习法,如抛球者时间弧度和距离合适,就可达到和实战一样的效果,是一种较好的练习法。

(八)推球练习法(图 4-62、图 4-63、图 4-64、图 4-65)

推球练习法与搓球练习法相同,开始采用定点不移动推球,然后采用定点移动推球,最后采用不定点移动推球练习。

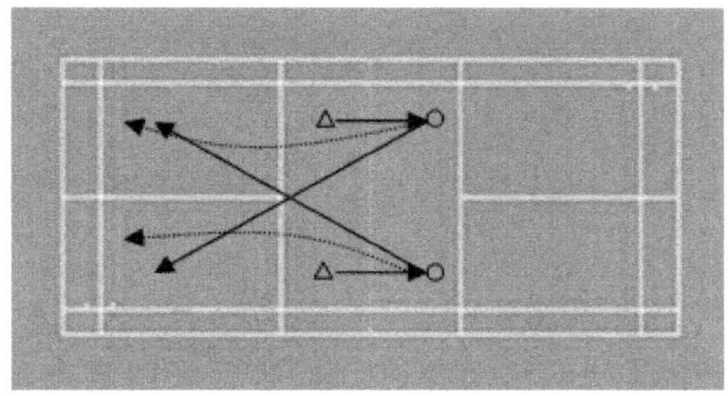
图 4-62

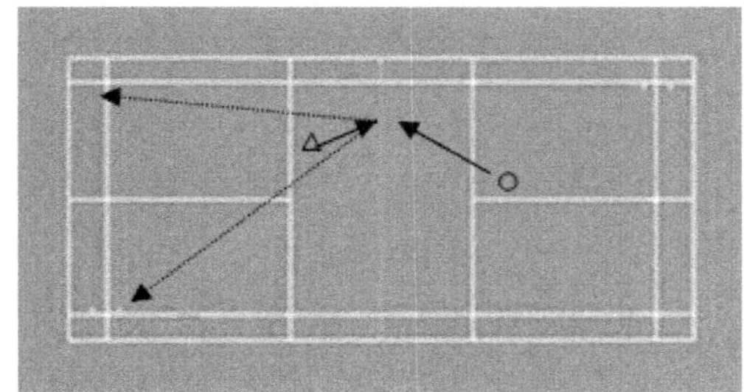
图 4-63

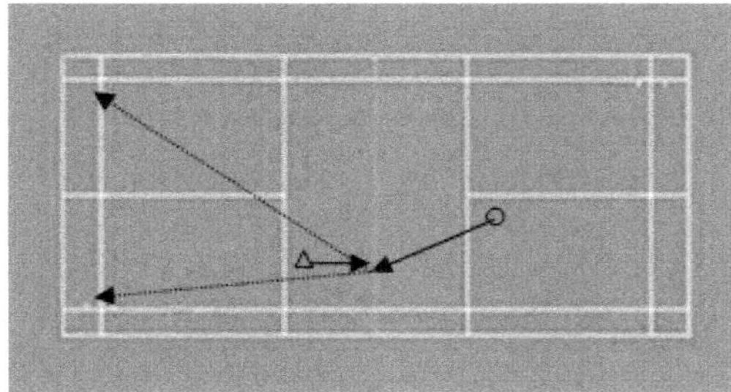
图 4-64

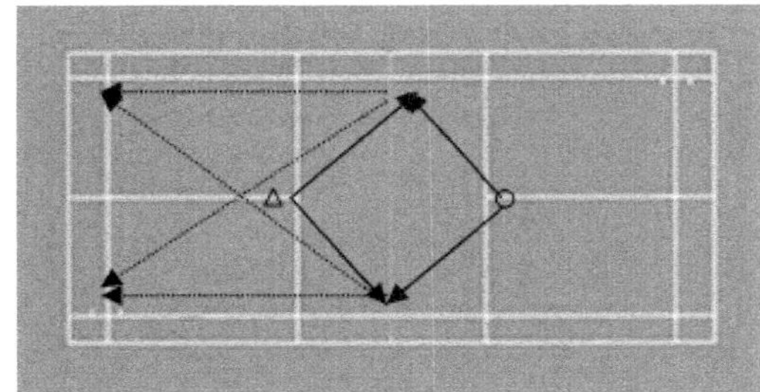
图 4-65

(九)勾球练习法(图 4-66、图 4-67、图 4-68、图 4-69)

勾球练习法与搓球练习法相同,开始采用定点不移动勾球,然后采用定点移动勾球,最后采用不定点移动勾球练习。

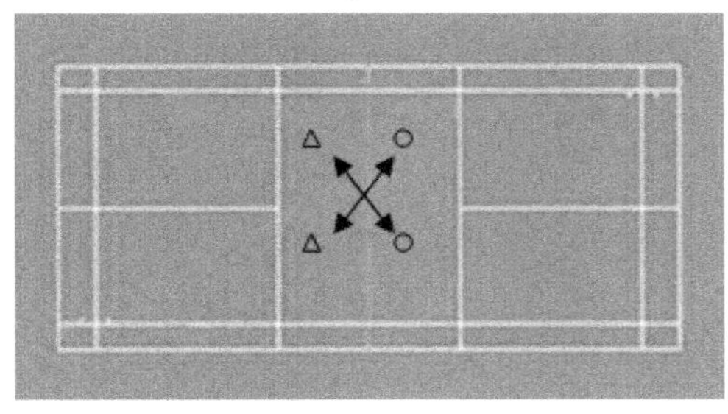
图 4-66

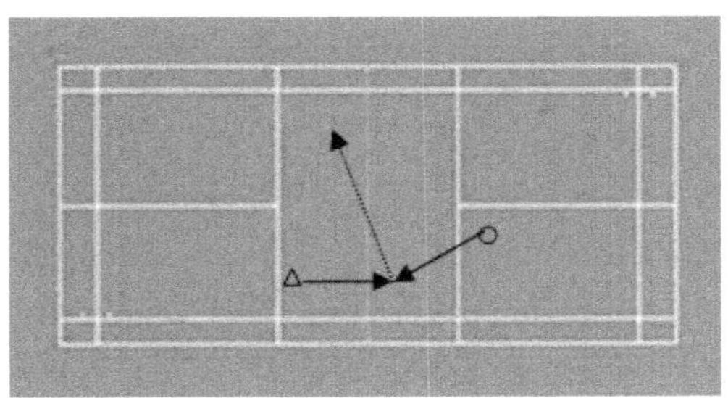
图 4-67

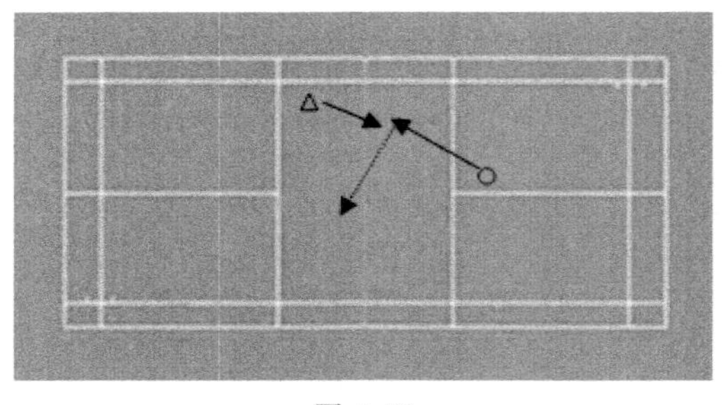

图 4-68

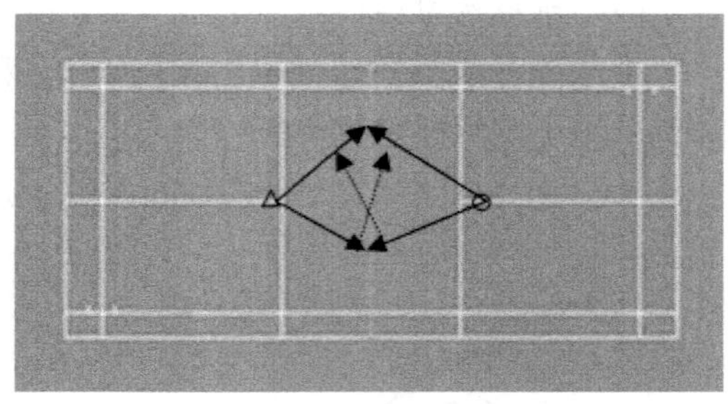

图 4-69

（十）扑、拨球练习法（图 4-70、图 4-71、图 4-72、图 4-73）

扑、拨球练习法与搓球练习法相同，开始采用定点不移动扑、拨球，然后采用定点移动扑、拨球，最后采用不定点移动扑、拨球练习，但扑、拨球的移动均采用蹬跳步而不采用蹬跨步，采用蹬跳步才能在最高点出手扑、拨球，否则，就只能用推球了。

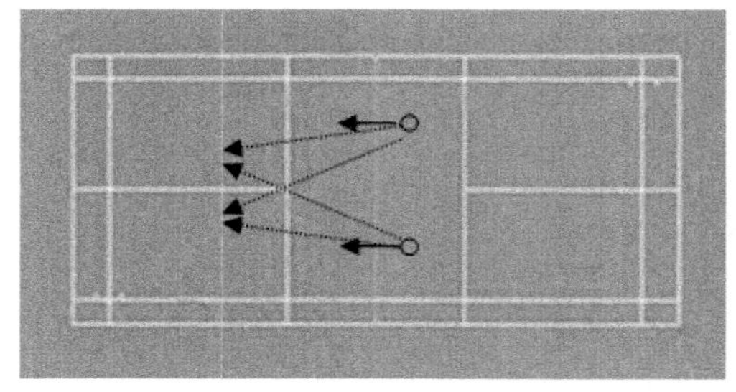

图 4-70

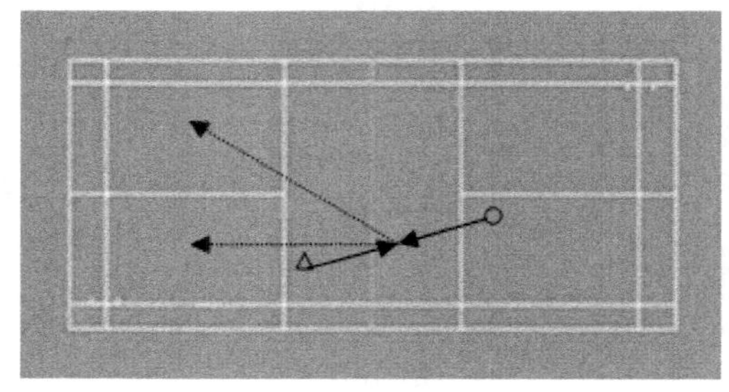

图 4-71

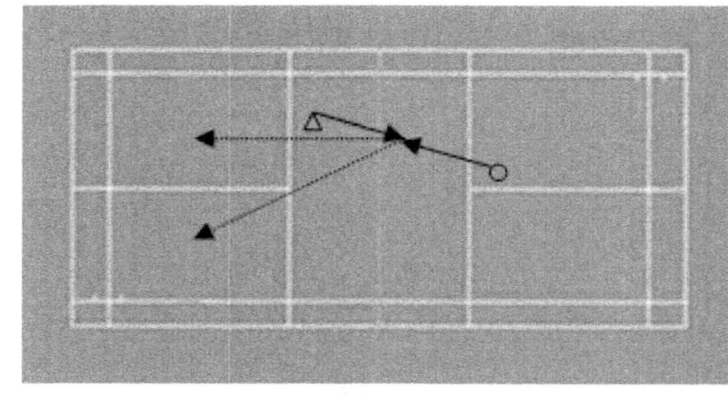

图 4-72

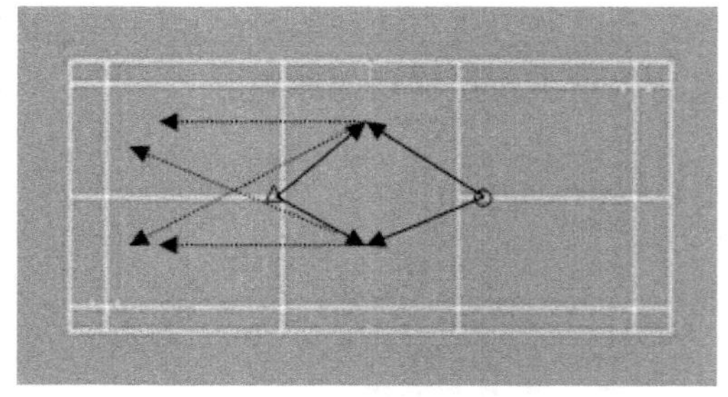

图 4-73

（十一）前场挑球练习法

前场挑球练习法与搓球练习法相同，开始采用定点不移动挑球，然后采用定点移动挑球，最后采用不定点移动挑球练习（图 4-74、图 4-75、图 4-76、图 4-77）。挑球练习法是练习被动时的挑球手法，而搓、推、勾、扑是主动技术，其差别就在于挑球击球点在网的下半部，而搓、推、勾、扑应在上半部或更高处。

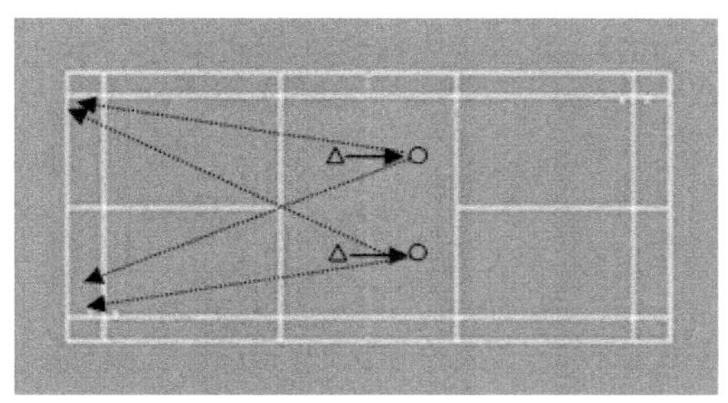
图 4-74

图 4-75

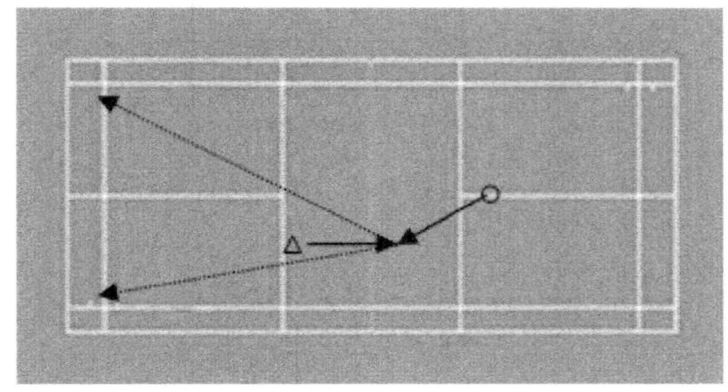
图 4-76

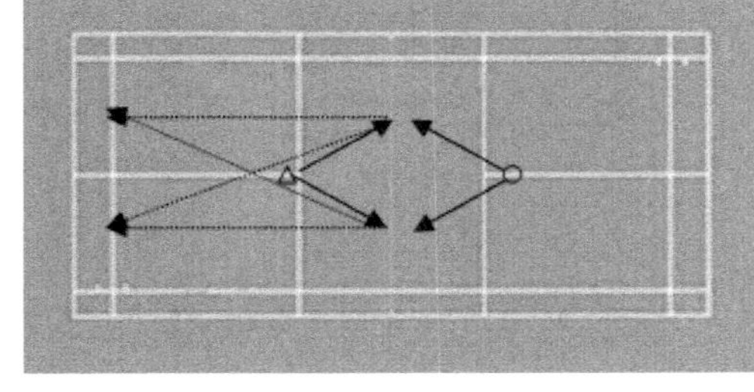
图 4-77

（十二）抽球练习法

1. 固定单边抽球练习法

两人互相采用抽球对抽，一边用正手抽，一边用反手抽，再互换（图 4-78）。

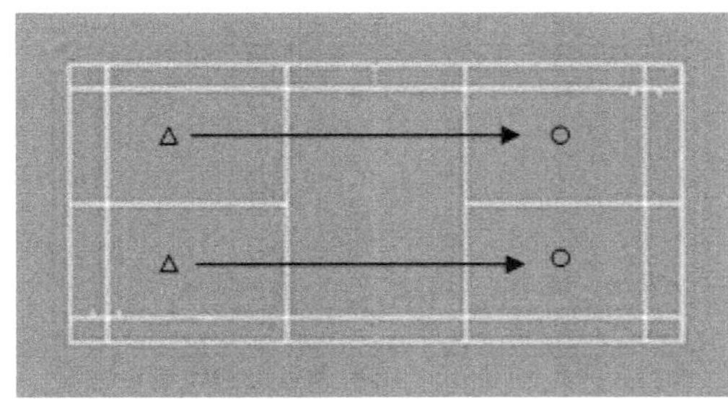
图 4-78

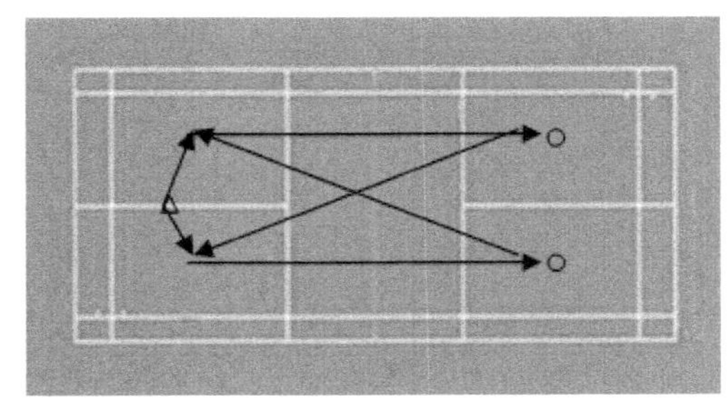
图 4-79

2. 一人固定一人移动抽球练习法（图 4-79）

固定的练习者可站在右或左边向对方两边抽球，移动者一定得把球抽至固定站位的位置上。

3. 不固定的两边抽球练习法（图 4-80）

练习者双方均采用随便抽直线或对角球。

4. 教练采用多球杀球练习法（图 4-81、图 4-82）

教练采用多球杀球，练习者采用两边抽球练习。

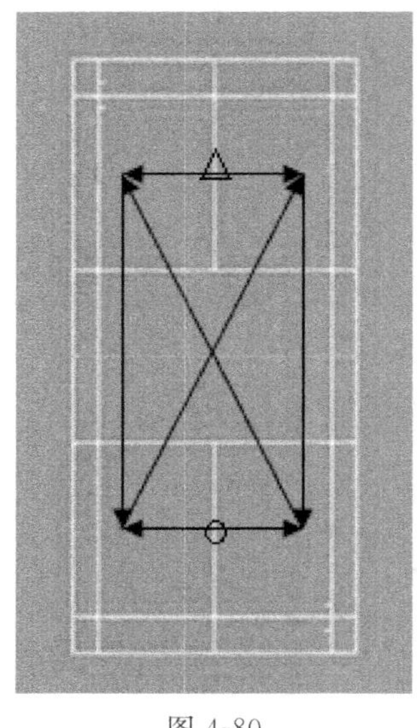

图 4-80

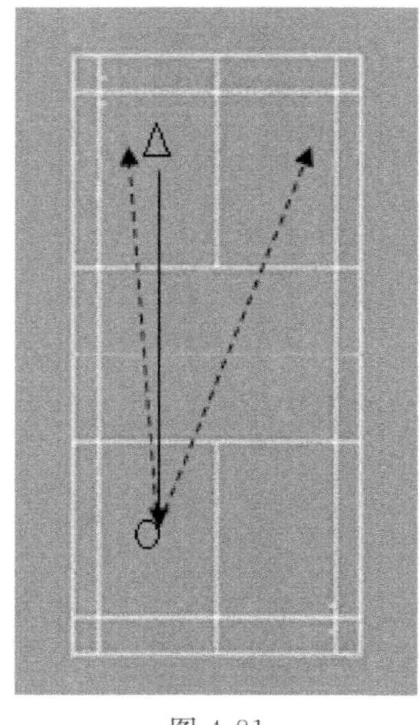

图 4-81

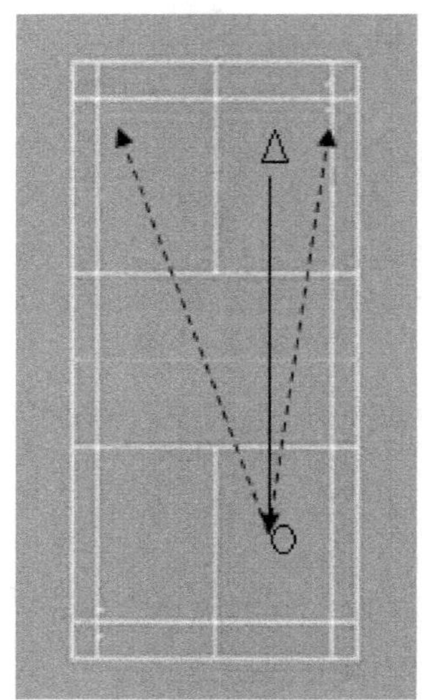

图 4-82

（十三）挡与勾球练习法

1. 固定单边挡与勾球练习法（图 4-83、图 4-84）

教练在场外发多个高球给陪练者，陪练者杀固定球路，如正手杀直线（对角）、头顶杀直线（对角），练习者采用挡直线、勾对角的球路，反复练习。

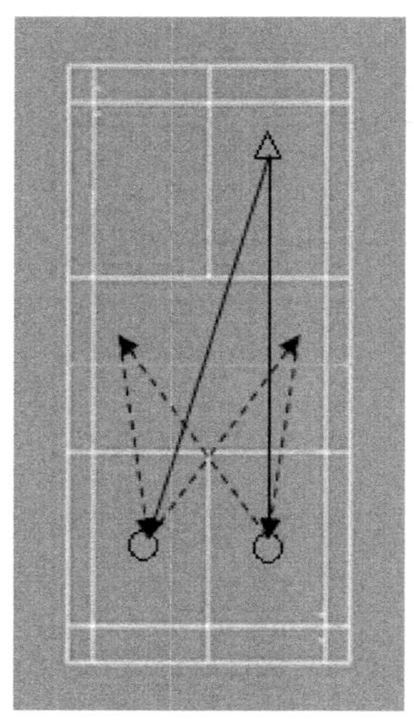

图 4-83

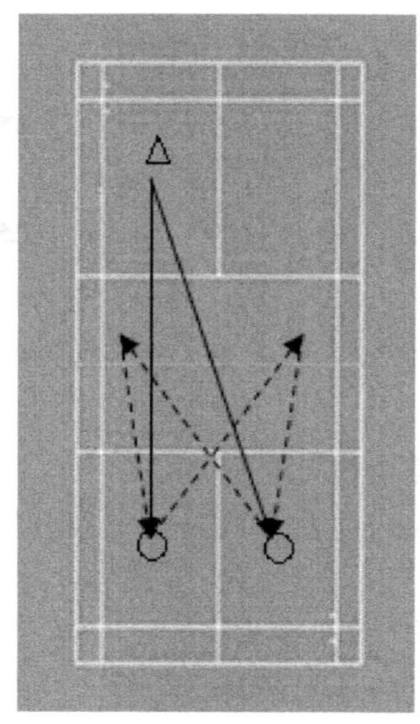

图 4-84

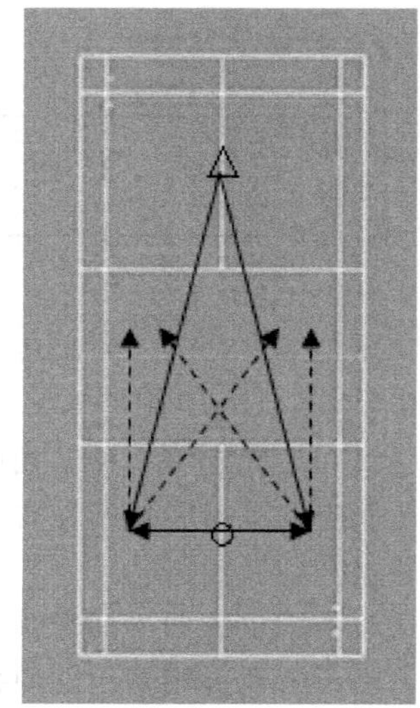

图 4-85

2. 不固定挡与勾球练习法(图 4-85)

进攻者从中路或单边杀两边线，练习者根据来球的质量与难度回击挡直线或勾对角的球路。

(十四)中场挑球练习法

1. 单打中场挑球练习法

先采用固定的杀单边球，让练习者采用挑直线球或对角球到对方两底线，反复练习(图 4-86)。后采用不固定的杀二边线球，让练习者采用挑直线球或对角球到对方的后场两边(图 4-87)。

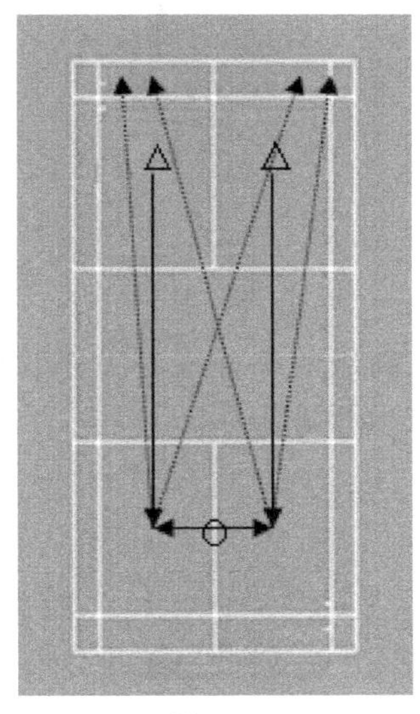
图 4-86

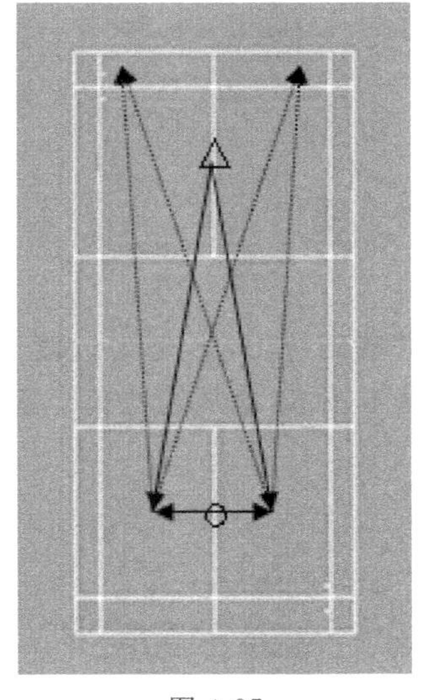
图 4-87

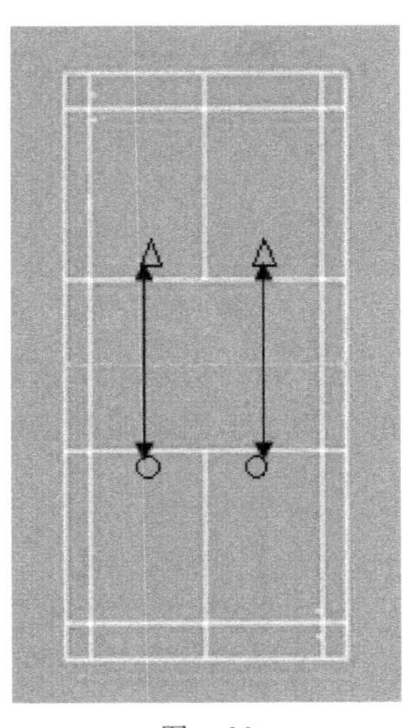
图 4-88

2. 双打中场挑球练习法

这是双打运动员很重要的一项防守技术，能把对方杀过来的球轻而易举地挑至底线二角。可采用一攻一守、二攻一守、三攻一守、三攻二守或多球杀守等多种防守练习法。

(十五)半蹲上手平击球练习法

练习者可一对一采用半蹲上手平击球对打练习(图 4-88)，也可采用一对二平击球对打练习(图 4-89)。掌握了一定能力之后，也可安排接杀，采用半蹲上手平击球练习(图 4-90、图 4-91)。

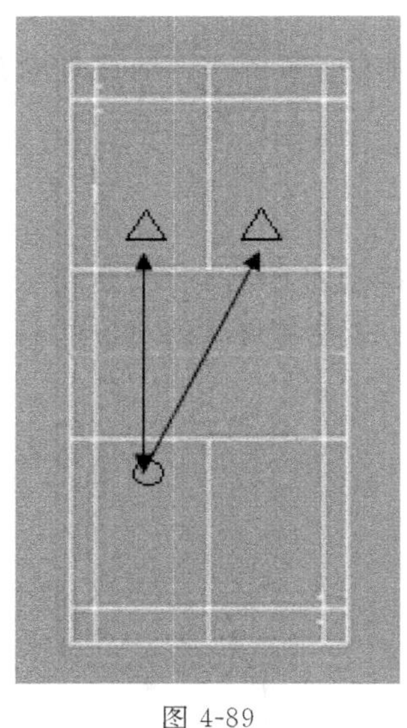
图 4-89

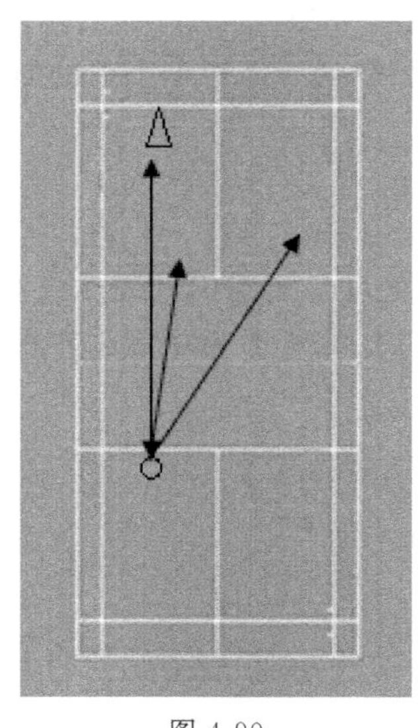
图 4-90

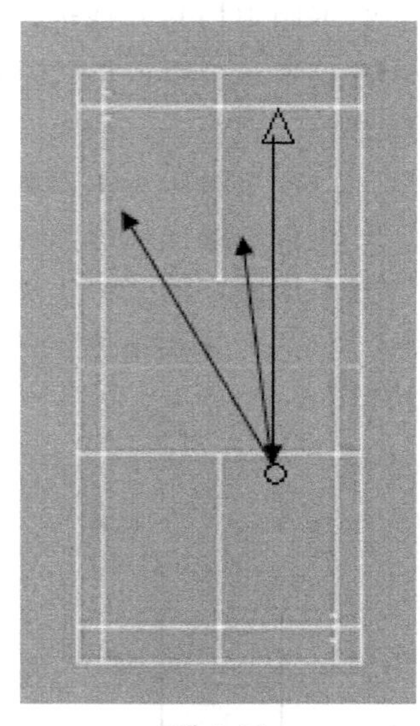
图 4-91

以上谈的均是单个基本技术基础练习法，是为过渡至中、高级的综合练习法打下基础的。为了牢固掌握好正确的基本技术，应从这些单个基本技术开始练习。

第五章　羽毛球运动安全与评价

本章导读

主要介绍羽毛球运动的专项体能以及练习者对自己技术掌握程度的评价。在体育锻炼或日常的生活、工作中，难免会遇到运动损伤或运动性疾病，那它们为何会产生呢？如何进行处理？怎样预防？本章将介绍有关的保健知识和处理方法。

第一节　发展羽毛球运动的专项身体素质的内容与方法

一、体能训练释义

（一）体能及其构成

体能指运动员机体的基本运动能力，是竞技能力的重要构成部分。

运动员体能发展水平是由其身体形态、身体机能及运动素质的发展状况所决定的。

（1）身体形态是指机体内外部的形状。

（2）身体机能是指机体各器官系统的功能。

（3）运动素质是指机体在活动时所表现出来的各种基本运动能力，是体能的外在表现，通常包括力量、耐力、速度、柔韧和灵敏等。

（二）体能训练的意义

（1）体能训练是运动训练的重要内容。在训练过程中，力求运用各种有效的训练手段和方法，改造运动员的身体形态，提高有机体的机能水平，增进健康和发展运动素质。

（2）体能训练分为一般体能训练和专项体能训练，一般体能训练是专项体能训练的基础。

进行一般体能训练时，采用多种多样的非专项身体练习，改造队员身体形态、增进身体健康、提高身体机能并全面发展运动素质。

进行专项体能训练时，则根据专项的需要，采用与专项有密切联系的专门性的身体练习，发展和改善与专项运动成绩有直接关系的专项运动素质和专项所必需的身体形态、机能。

二、体能训练的基本要求

(1)合理地安排一般体能训练和专项体能训练。安排一般体能训练可全面地发展运动员的力量、耐力、速度、灵敏和柔韧等运动素质，提高运动员各个器官系统的机能，并使运动员身体各个部位得到均衡的发展。

在合理安排一般体能训练的同时，必须合理地安排专项体能的训练，任何专项对身体都有着特殊的要求，一般体能训练并不能代替专项体能训练。

(2)体能训练应与技术、战术、心理和智能训练有机结合，选择体能训练手段应力求与专项技术动作形式和生物力学特征相近似。

(3)体能训练在整个训练中所占的比重，以及一般体能训练和专项体能训练的比例的确定，要因时、因人而异。

(4)体能训练的主要内容是运动素质训练。训练中应根据各运动素质训练的可能性，抓住有利时机，使其在敏感期得到较大的提高。

(5)在体能训练中应采用有效的训练手段和方法，培养运动员对训练的兴趣，使运动员减少对训练的枯燥感和无味感。

三、身体训练与专项训练的关系

(一)全面身体训练与专项身体训练的关系

全面身体训练是指以力量、速度、耐力、柔韧、灵敏等五大素质为主要内容的训练，专项身体训练是根据本项目对某一素质提出的更高的要求进行的训练。

全面身体训练与专项身体训练既有联系，又有区别。全面身体训练不等于专项身体训练，也不能代替专项身体训练。但是，全面身体训练是专项身体训练的基础，专项身体素质水平的提高是建立在全面身体训练的基础之上的。

教练员们常常把全面身体训练与专项身体训练结合起来，使它们互相适应，协调发展。在训练中，要注意将全面身体训练与专项身体训练结合起来，注意由一般身体素质训练逐渐过渡到专项身体素质训练，因此要打好全面身体素质的基础。全面身体素质薄弱，将会严重阻碍专项素质的提高。

(二)身体训练与各素质之间的关系

全面身体训练与各素质之间不是孤立的，它们互相联系、互相促进。各素质训练对人体各器官、系统的机能产生的影响有特殊性又有共性。我们了解这种影响，对于科学地安排各种素质训练有重要意义。

(1)力量与速度素质的关系:发展力量素质时,由于对中枢神经兴奋和抑制过程产生很大的强度,而提高神经过程的强度,对发展速度也有很重要的影响,因此,要很好地提高速度,就必须提高力量。

(2)速度与耐力素质的关系:发展力量和速度素质,能提高神经过程的强度和转换速度,这对于用中等强度和节奏进行耐力训练很有帮助。

➢ 力量还是肌肉耐力中的一个因素,力量也有助于灵敏度的提高。

➢ 适宜的力量可以控制体重抵抗地心引力,更快地操纵身体或身体某一部分。

➢ 力量又是速度的一个因素,因为促使和保持人体运动达到高速度,需要有大的力量。

➢ 发展速度素质时,若进行力量训练并适当进行耐力练习,则速度素质发展得更快。

➢ 发展耐力时如果注意速度、力量的训练,耐力素质的发展也能加快。

(3)速度与灵敏素质的关系:由于速度素质的发展,促进了有机体对各种刺激的快速反应,因而其对提高灵敏有重要作用。

四、力量素质及其训练

(一)力量素质释义

1. 力量素质的定义

力量素质是指在肌肉紧张或收缩时所表现出来的一种能力。力量素质在体育运动中是首要素质,它与速度、灵敏等素质有着密切的联系。据调查,凡是步法移动快、摆臂挥拍快、击球有力、弹性好及灵敏性好的运动员,他们的力量素质都是很好的。

2. 力量素质的作用与意义

(1)发展力量素质对人体的形态结构、能量代谢、神经系统调节能力的改善以及植物性机能的改善,都有良好的影响。

(2)因力量训练对肌肉的刺激,促使肌肉组织内物质含量增加,营养供给充足,新陈代谢旺盛,肌纤维变粗。

(3)力量素质的发展,使肌肉中蛋白质含量有明显提高,肌肉收缩的力量增大。此外,肌肉中肌红蛋白的含量增加,肌肉内氧的贮存量增大,可以使缺氧情况不至于过分严重。

(4)力量素质的发展还能够使神经细胞的兴奋强度增加和集中,灵活性提高,使支配肌肉的神经中枢机能得到改善。这一改善,促使肌肉运动单位发生最大的紧张性变化和动员更多的运动单位同时进行活动。这是发展肌肉最大力量的重要因素。

(5)力量素质的发展,也提高了心血管系统的机能水平。

(6)力量训练包括一般力量训练和专项力量训练。

(二)上肢力量训练的内容和方法

上肢力量练习简单地说是为了提高挥拍击球的力量和挥拍击球的速度，使出手击球凶狠，给对方以威胁。上肢力量练习主要练习四个部位，即肩部、大臂、小臂、手腕。

1.一般力量练习方法

用哑铃进行力量训练，是发展力量素质的一种有效的方法，可采用不同的重量和不同的练习次数。哑铃重量有3千克、5千克、7千克。次数有10次×3组、15次×3组、20次×3组、30次×3组等。这里列举的次数和组数仅是参考数，可视实际情况进行增减。

➢ 哑铃推举练习。

➢ 哑铃前臂上屈练习。

➢ 哑铃侧平举练习。

➢ 哑铃体前平举练习。

➢ 哑铃两臂上下摆动练习。

➢ 哑铃臂屈伸练习。

➢ 哑铃扩胸练习。

➢ 哑铃腕力练习。

➢ 手腕屈伸练习；划“8”字练习；前臂挥动“8”字练习。

以上内容可以采用两种方法进行：一种是每一内容重复3组，依次完成9个内容；另一种是每一内容练一组，9个内容依次完成为一个循环，循环3次。

(1)哑铃静力性训练。静力性练习需要憋气，这里介绍一些练习内容：侧平举静力性练习30秒；体前平举静力性练习30秒；腕力静力性练习30秒。

(2)拉橡皮带力量练习：前臂屈伸练习；臂屈伸练习；手腕屈伸练习；抽击动作快速挥臂练习。

(3)杠铃练习(10～15千克杠铃)：握举(10～15)次×3组；提铃练习(10～15)次×3组；臂屈伸练习(10～15)次×3组；前后分腿跳挺举练习(10～15)次×3组。

(4)背卧撑练习。

(5)俯卧撑练习。

(6)引体向上练习。

(7)以砖代替哑铃的力量练习。因地制宜地用砖块代替哑铃进行力量训练，也能取得良好的效果。握砖对指力的锻炼比哑铃还好。

2.专项力量练习方法

➢ 挥羽毛球拍：按照羽毛球各种击球动作，做快速挥拍和用力挥拍。

➢ 挥网球拍：模仿羽毛球各种击球动作，做快速挥拍和用力挥拍。

➢ 羽毛球掷远。

- 掷垒球练习。
- 绕腕练习:手持哑铃于体前或体侧做绕“8”字练习。
- 转臂练习:手持哑铃于体侧做旋内、旋外练习。

(三)下肢力量训练的内容和方法

羽毛球运动员的负担量主要是在下肢。因此,下肢素质是训练的重点部分。加强下肢力量练习能够给步法的快速移动打下良好的基础。下肢力量练习主要在四个部位,即骨盆部(盆带肌)、大腿、小腿及足部(踝关节)。

1.下肢一般力量练习方法

- 全蹲起立(10～20)次×3组。
- 半蹲走路。
- 跨弓箭步走。
- 全蹲向前、后、左、右跳。
- 并腿(腿部稍直)向前、向后、向左、向右跳。
- 纵跳摸高。
- 单足轮换向前跳。
- 单足前后左右跳。
- 左、右分腿跳和前、后分腿跳。
- 提踵练习。
- 单腿蹬上高凳或台阶等。
- 双脚跳越障碍物。
- 沙坑弹跳练习。
- 跳绳练习(单足轮换跳、双足跳、双飞跳等)。
- 沙衣弹跳练习:可采用跳绳练习的内容,由于穿沙衣增加了训练负荷,下肢负担相应增加,因此应注意以重心较高的姿势练习为主,以免膝关节负担过重。

2.下肢专项力量练习方法

(1)半蹲、深蹲向前、后、左、右蹬跨步。

- 向前蹬跨模仿上网步法。
- 向左右蹬跨模仿接杀球步法和向两侧起跳步法。
- 向后蹬跨模仿后场两底线被动步法(底线平抽球步法)。

(2)两脚交替前、后、左、右跳。开始先由右脚向前跳,右脚落地后立即向后蹬,左脚接着向后跳,左脚落地后立即向右侧蹬,右脚紧接着向右侧跳,右脚落地后立即再向左侧蹬,左脚接着向左侧跳,如此反复。

(3)双脚十字蹬跳。双脚并拢,按着十字方向做前、后、左、右蹬跳。

(4)两边跳。模仿两边起跳突击步法向两侧做大幅度跳跃。

(5)沙坑练习。以上所介绍的各种练习方法都可以在沙坑中进行练习,加强难度和强度。

(6)负重练习。以上所介绍的各种练习方法都可以身穿沙衣、腿绑沙袋进行练习。

(四)弹跳力练习

羽毛球运动员进行弹跳力练习是为了争得空中的高点击球,高点击球是为了争取时间加快进攻的速度。此外,加强弹跳力练习可以增强场上步法前、后、左、右蹬跳和蹬跨的力量。

1.一般弹跳力练习方法

➢ 原地半蹲或深蹲连续向上跳。

➢ 单脚连续向上跳。

➢ 收腹跳。双脚原地向上跳,跳起后,双膝向上抬并收腹,使双膝触胸。

➢ 原地或行进起跳摸高。

➢ 跳绳的各种动作练习。

➢ 利用多级台阶,单脚或双脚连续向上跳做跳台阶练习。

➢ 负重练习(以上所介绍的各种练习方法可身穿沙衣、腿绑沙袋进行练习)。

2.专项弹跳力练习方法

➢ 两脚交替前、后、左、右蹬跳。

➢ 双脚十字蹬跳。

➢ 两边跳。模仿起跳突击步法的动作。

➢ 向后侧两边跳。按着后退步法的动作要领后退,最后一步做起跳动做练习。

➢ 双摇跳绳练习。

➢ 负重和沙坑练习(以上介绍的练习方法可身穿沙衣、腿绑沙袋进行练习,在沙坑中练习也是好方法)。

(五)腹背肌及其他力量练习

腹背肌力量练习对羽毛球运动员来说是不可忽视的。在运动中各种步法的转体、各种扣杀动作及上网救球动作,都是需要强大的腹、背肌力量。腹、背肌力量的一般训练和专项训练方法基本相同。

1.发展胫骨肌、脚掌肌、股四头肌、大腿屈肌和大腿伸肌的练习

➢ 坐在凳子上,脚背上绑上哑铃或沙袋等重物,双脚踏在一块高于地面5厘米的板上,练习时将脚尖伸直碰着地面,然后脚腕屈起,如此反复练习。

➢ 坐在凳子上,脚背上绑上哑铃或沙袋,双腿上举由弯曲到伸直,或两腿轮换伸直上举。

➢ 直立,双手扶一牢固物,脚腕绑上哑铃或沙袋,一只腿后屈呈90度,反复练习一定次数,换另一只脚。

➢ 直立，两手叉腰，脚背上绑上哑铃或沙袋，大腿上抬，带动小腿向前踢伸。

➢ 直立，两手叉腰，脚背上绑上哑铃或沙袋，大腿带动小腿做侧向交叉摆腿动作。

完成以上练习内容时，应注意合理的呼吸节奏，用力时吸气，放松时呼气。

2. 发展躯干力量的练习

这些练习内容都是持哑铃进行的。哑铃的持法是两臂弯曲，两肘上举，两手在头后，掌心相对，哑铃触及肩胛上缘。

➢ 俯卧在跳箱上，脚后跟勾住肋木架，手持哑铃做屈体后仰练习。

➢ 仰卧在跳箱上，脚腕勾住肋木架，手持哑铃做仰卧起坐练习。

➢ 仰卧在垫上，手持哑铃做仰卧起坐练习。

➢ 侧卧在垫上，脚腕勾住肋木架，做体侧起练习。

3. 力量训练游戏

➢ 推车子：练习者的两腿被同伴抬起当做车子的扶把，以两手支撑身体行走。

➢ 大象走：模仿大象四肢着地的动作，以同侧手脚迈一步，异侧手脚迈一步，交替进行。

➢ 狐狸跳：双手支撑，一只脚垫跳前进，另一只脚向上翘起充当狐狸的尾巴。

（六）力量训练的基本要求

1. 注意不同肌群力量的对应发展

根据专项竞技的需要，在主要发展运动员大肌肉群和主要肌肉群力量的同时，也要十分重视小肌肉群、远端肌肉群、深部肌肉群的力量训练。

2. 选择有效的训练手段

应根据完成训练任务的需要，选择有效的训练手段，规范并明确正确的动作要求。如发展股四头肌力量，可选负重半蹲起的练习，应要求运动员在练习时双脚平行或稍内扣站立，以求有效地发展股四头肌的力量。

3. 处理好负荷与恢复的关系

(1)在一个训练阶段中，负荷安排应大中小结合，循序渐进地提高负荷量度。

(2)在小周期训练中，应使各种不同性质的力量训练交替进行。如在每周星期一、三、五可安排以发展爆发力或最大力量为主的训练。

(3)在每组重复练习中，注意组间的休息。一般来讲，训练水平低的运动员组间休息时间要长些。

(4)力量训练后，要特别注意使肌肉放松。肌肉在力量训练后会产生酸胀感，肌肉酸胀是肌纤维增粗现象的反映，也是力量增长的必然。但应采取积极措施消除肌肉的酸胀感，以利于减少能量消耗，并更好地保持肌肉弹性。

4.注意激发练习的兴趣

肌肉工作力量的大小与中枢神经系统发射的神经冲动的强度有着密切的关系。神经冲动的强度越大，肌纤维参与工作的数量越多，冲动越集中，运动单位工作的同步化程度也就越高，表现出的力量也就越大。因此，在运动训练中有意识地提高运动员练习的兴趣与积极性，以求提高力量训练的效果。进行爆发力训练对神经系统兴奋性要求更高。

五、速度素质及其训练

(一)速度素质释义

1.速度素质的定义

速度素质是指人体快速运动的能力。它是人对各种刺激信号产生迅速而准确的反应，以最短的时间完成各种动作的能力。这种能力表现为在最短时间内完成复杂运动动作的能力，以及最短的时间实现动作重复交替通过某一距离的能力。

2.速度素质的分类

速度素质包括反应速度、动作速度和移动速度。

(1)反应速度是指人体对各种信号刺激(声、光、触等)快速应答的能力。

(2)动作速度是指人体或人体某一部分快速完成某一个动作的能力。

(3)动作速度是技术动作不可缺少的要素，表现为人体完成某一技术动作时的挥摆速度、击打速度、蹬伸速度等，此外，还包含在连续完成单个动作时在单位时间里重复次数的多少(即动作频率)。

(4)移动速度是指人体在特定方向上位移的速度，以单位时间内机体移动的距离为评定指标。

3.速度素质的作用与意义

(1)发展速度素质可以有效地提高大脑皮层神经过程的灵活性，同时能迅速转换，因而使各肌肉群的收缩和放松速度加快。

(2)速度训练时，人体常处于无氧或缺氧条件下，能量大部分依靠肌肉中无氧代谢供给。经过训练，人体对缺氧会产生很大的忍耐力，无氧代谢的能力也大大加强。

(3)训练课中，速度训练最好安排在课的开始阶段。这时身体尚未产生疲劳现象，速度训练会达到最好的效果。如果把速度训练安排在课的后阶段，由于肌体产生了一定程度或相当程度的疲劳，速度可能下降，形成慢的速度定型，就不可能取得速度训练好的效果。

(4)速度和运用速度的能力几乎是所有球类项目都必不可少的，其对于羽毛球运动来说也尤为重要。快速本身就在很大程度上能决定比赛双方的主动权。

(5)速度训练包括一般速度训练和专项速度训练。

一般速度训练有反应速度、直线速度、反复速度和越障碍速度。

专项速度训练是将羽毛球步法中的某些基本动作，通过专门速度训练加以提高。在速度训练中，不要忘记手部的速度训练，它也包含一般速度与专项速度两种训练。

(6)近几年来快速进攻的打法已成为世界各国研究和训练的重点。

快速的主要目的，是要抢时间争取主动。要想争得主动、适应快速打法的要求就得提高速度素质。因此，在训练中要重视速度素质的训练。

(二)一般速度训练的内容和方法

1.行进练习

(1)采用各种节拍，以各种不同的方法进行的走步：如脚尖走，脚跟走，脚掌侧面走，交叉步走，高抬膝走步，弓箭步走步，并步走步，结合两臂、两腿和躯干进行各种动作的走步。

(2)各种不同节拍的跑：如交叉步脚尖跑、高抬膝跑、直腿向前踢跑、直腿和屈腿向后踢跑。

2.反应速度训练

(1)听口令转身起动跑：运动员背向起跑线，可以站着、坐着，也可以蹲着，听到起跑口令后立即转身冲跑。

(2)看动作起跑：不发起跑口令，以手势代替。运动员看到起跑手势后立即起动冲跑。

(3)听哨音变速跑：在操场上进行慢跑，听到发出冲跑哨音后立即冲跑，直到发出慢跑哨音后再减慢速度。

(4)听哨音变方向跑：方法同上一练习，听到哨音后立刻改变方向冲跑。

3.各种距离的直线冲跑

30 米、60 米、100 米，最长 200 米的直线冲跑。

4.各种距离的往返冲跑

10～15 米、15～20 米的往返冲跑。这个练习要求跑到终点时，立即转身，不要降低速度。为了保持速度不减低，距离不宜过长，往返次数不宜过多。

5.越障碍速度训练

(1)迂回障碍跑：尽最快速度迂回绕过 30 米距离中若干个障碍——球筒。

(2)跨跳障碍跑：以最快速度跨跃冲跑过 30 米以内若干个一定高度的障碍物。障碍物可因地制宜，如栏架、凳子、跳绳等。

6.速度训练游戏

(1)抛球互接：在地上画两个圆圈，圆圈直径 1.5 米，彼此相距 3～5 米，圈内各站一人为一组，手持一只小球。

听到教练员发出“一、二、三”的口令后，两名运动员各把自己的小球向上空抛去，同时从自己的圆圈跑到对方的圆圈内，接住下落的球。交换跑 3 次而没有让球落在地上的一组运动员为优胜。

(2)松棒互接：两名运动员间隔 5～6 米相对站立，各自用手扶着一根木棒。

教练员发出“一、二、三”的口令后，两名运动员各把扶住木棒的手松开，向对方的木棒快速跑去，在木棒还没有倒地之前扶住它。交换跑 3 次，以没有让木棒倒下去的一组运动员为优胜。

(3)曲折小路跑：在地上画两条完全相同的曲折小路，宽 30 厘米，长 20～30 米，运动员沿着小路跑，最先跑到终点而没有一次踏出小路者为优胜。

(4)绕人轮跑：把参加训练的运动员分成两组，每组 5～6 人。在地上画 10～12 条平行线，线之间相距 2 米。

两组学生排成两路纵队，每人间隔 3 米，各站在后 5～6 条线上。站在最后的运动员，手持一小球。教练员发出“跑”的口令后，这名运动员拿着球依次绕过队友跑到队前无人站的一条线上，立即把球抛给本队的最后一名运动员，依次进行。哪一组先完成传球动作，并且在跑的过程中没有触及本队队友，即算获胜。

(5)接力赛跑

速度练习的游戏远不止这些，教练员在训练实践中还可以创造更多生动活泼的练习方法。

(三)专项速度训练的内容和方法

1. 向前冲跑和后退跑

从起跑点向终点全速冲跑，从终点返回用后退跑。反复练习。向前、向后快速移动是一个羽毛球运动员必须具备的基本技能。这个练习的距离有 15 米、20 米、25 米等。

2. 左、右侧并步跑

身体侧对终点，右脚在前，左脚在后，并步跑动时左脚不得超过右脚。从终点返回时，左脚在前，以同样的方式并步冲跑。这个练习可以用两种姿势进行，一种是以腿部较直的姿势跑；另一种是以半蹲的姿势跑。要求尽各人最快的速度。

3. 向前和向后垫步跑

这个练习的脚部姿势与羽毛球步法更为接近，练习熟练后可以直接用于步法中。不论向前还是向后垫步，均为右脚在前，左脚在后，垫步冲跑中左脚不得越过右脚，身体侧倾的角度比上一练习要小些。

4. 30 米、60 米、100 米、200 米、300 米、400 米冲跑

这几种距离的冲刺练习，对于已经有相当训练基础的运动员来说，强度都是比较大的。在进行练习时，应注意掌握好负荷量。

5. 四角拿球回中心练习

在羽毛球场半个场地的四角放若干球(数量依据运动量大小而定)，在场地中心画一

个圈，运动员从圈内向每一个角跑去，以跨步姿势拿一只球放到圈内，如此依次到各角拿球，直到全部拿完放到圈内为止。

速度耐力是羽毛球运动员十分需要的身体素质。但训练后氧债和血乳酸的堆积较多，因此一定要在练习后做充分的放松整理运动，以加快恢复。

(四)手部速度训练的内容和方法

1. 小皮球或小沙袋投掷练习

练习前教练员先做示范和讲解，练习时暂不要强调投掷的距离，而应要求动作放松协调。特别要注意前臂挥动至上方时，要自然迅速地加快挥臂速度。力求动作正确。反复练习，(10～15)次×3组、20次×4组。

2. 小竹棒投掷练习

在上一练习的基础上，手执小竹棒(长30～40厘米)做投掷动作，不要将竹棒抛出。这时可以听到竹棒划破空气的“嗖嗖”声，而且挥臂速度越快，声音越清脆。反复练习，10次×4组、20次×4组、30次×4组。

3. 挥拍练习

按上述动作挥动羽毛球拍，20～30秒为一组。

4. 网球拍划“8”字练习

手执网球拍快速横划“8”字，20～30秒为一组。为了加快速度，握拍可以稍前一些。

5. 哑铃练习

手执轻哑铃(1～3千克)挥臂练习，20～30秒一组。

(五)速度训练的基本要求

1. 反应速度训练

(1)反应速度由神经反射通路的传导速度所决定，基本属于纯生理过程，不受其他因素影响。纯生理过程的提高是相当困难的，很大程度上取决于遗传因素，通过训练可使运动员潜在的反应速度能力表现出来并稳定下来。

(2)要求运动员注意力集中。在训练中运动员注意力集中与不集中大不一样，运动员注意力集中，可使神经系统处于适宜的兴奋状态，使肌肉处于紧张待发状态，此时，肌肉的反应速度比处于松弛状态时可提高60%左右。当然，这种紧张待发状态必须有时间的限制，一般地说，适宜时间为1.5秒左右，最多不能超过8秒。把注意力集中在完成的动作上效果较好，可缩短潜伏时间。

(3)反应速度的快慢在很大程度上取决于运动员对信号应答反应的动作熟练程度。动作熟练，信号一出现，就会立刻做出相应的反应动作。在进行反应速度的训练时，还要经常改变刺激因素的强度和信号发出的时间。

2. 动作速度训练

(1)提高动作速度应与掌握和保持正确的技术动作紧密地结合在一起。

(2)专门性的动作速度训练与专项比赛动作要求相一致,采用专门性练习时,都应对动作速度提出严格的要求。

(3)在以反复做某一个规定动作为手段来发展运动员的动作速度时,应合理地变换练习的速度。将最高速度与变换速度的练习结合起来,把相对固定的(有规格的)速度练习与变化的(无规格的)速度练习结合起来,并且要避免动作速度稳定在同一个水平上,力争让运动员超过平时的最高速度。

(4)动作速度训练中,练习的持续时间一般不宜过长,这是因为动作速度训练强度较大,要求运动员的兴奋性要高,一般讲不应超过20秒。

(5)练习与练习之间的间歇是由练习的强度所决定的,练习强度大,需要的间歇时间就应长些。但也不要忘记,间歇时间过长会使运动员神经兴奋性下降,不利于用"剩余兴奋"去指挥后边的练习,因此间歇练习也不宜过长,如持续时间5秒、强度达到95%以上的练习,间歇时间以30～90秒为宜。

(6)速度素质训练应在运动员兴奋性高、情绪饱满、运动欲望强的情况下进行,一般应安排在训练课的前半部分。

六、耐力素质及其训练

(一)耐力素质释义

1.耐力素质的定义

耐力素质是对抗疲劳与疲劳后快速复原的能力,也是坚持剧烈活动的能力。羽毛球项目的竞赛要持续较长的时间,运动员要在竞赛全过程保持特定的运动强度或动作质量,就必须具备良好的耐力素质和能与在持续运动过程中不断积累和加深的疲劳做斗争的能力。

2.耐力素质的作用与意义

(1)发展耐力素质,大脑皮层会建立一种最适宜节律的兴奋和抑制相交替的动力定型。大脑皮层的均衡性得到明显的改善,中枢神经系统传往肌肉的兴奋冲动就会更加准确,而且神经中枢还可以调整各运动机能单位轮流参加活动。所以,肌肉活动时的收缩与放松有很好的节奏,表现出高度的协调性。

(2)发展耐力素质,会使植物性机能活动提高,特别表现为呼吸、血液循环机能的改善。心脏血管、呼吸器官机能的提高,是耐力素质得到发展的重要标志之一。

(3)发展耐力素质,肌肉的碱储备增多,呼吸中枢兴奋性提高。

(4)耐力素质的发展使体温的调节能力改善。由于长时间的肌肉活动,体内产生了大量的热,导致体温升高。如体外环境温度高,而体内散热能力差,那么体温升高到一定程度后,工作能力将迅速下降。因此体温调节能力改善,一般耐力也就得到相应的改善。

(5)耐力,尤其是速度耐力,对羽毛球运动起着极其重要的作用。羽毛球比赛不仅需

要速度，而且需要耐力，哪怕是轻度的疲劳也将对比赛产生不良的影响。因为疲劳产生后，力量、神经肌肉的协调作用、运动速度及灵敏度都会降低。耐力还被视为衡量身体健康程度的重要标准。

（二）一般耐力训练的内容和方法

（1）中距离跑：400 米、800 米。

（2）中长距离跑：1200 米、1500 米、2000 米、3000 米。

（3）计时越野跑：2～5 分钟、10～15 分钟、15～20 分钟。耐力跑时，教练员要掌握适当的运动量，要指导他们学会跑步动作和呼吸的节奏配合，学会深呼吸。

（4）力量耐力练习：这一练习可以参考力量练习的内容，在减轻重量和增加重复次数后，即可达到力量耐力效果。

（三）专项耐力训练的内容和方法

（1）速度耐力练习：200 米×3 组、300 米×3 组、400 米×2 组。

（2）参考专项速度训练的内容和专项灵敏训练的内容，适当增加反复次数。

（3）综合性步法练习：参考步法训练的内容。

（4）多球耐力练习：参考多球训练的内容，采用规定时间或规定球数进行练习。

（5）超量实战比赛练习：规定比赛时间，或增加比赛局数。

（6）跳绳练习：10～20 分钟。双摇跳绳，120～135 次/分，跳两组。

（四）耐力训练的基本要求

1. 重视运动员呼吸能力的培养

耐力训练中要十分注意呼吸问题。机体是通过提高呼吸频率和加深呼吸深度来吸取坚持长时间工作必需的氧气的。一般来讲，没有参加过训练的人在长时间工作过程中，主要以加大呼吸的频率来供给机体氧气的需要，而高水平运动员则主要以加大呼吸的深度来改善对体内氧气的供给。

2. 加强意志品质的培养

运动员的意志品质在耐力训练中所起的作用是很重要的，意志坚强者比意志薄弱者耐力表现好得多，在耐力素质训练中必须注意对运动员意志品质的培养。温度过高、气压过低，对一个人的耐力也会产生较大的影响，抵抗这些不利因素也需要运动员有坚强的意志品质。

七、柔韧素质及其训练

（一）柔韧素质释义

1. 柔韧素质定义

柔韧素质是指人体关节在不同方向上的运动能力以及肌肉、韧带等软组织的伸展能力。柔韧素质通过关节运动的幅度，也就是按一定的运动轴产生转动的活动范围而表现出来。

2.柔韧素质的作用与意义

(1)柔韧素质的好坏不仅取决于结构方面的变化，而且也取决于神经系统支配骨骼肌的机能状态。柔韧素质发展了，特别是中枢神经系统调节对抗肌之间的协调性的改善，使得肌肉紧张和放松的调节能力大大提高，肌肉运动更加协调。运动中，肌肉活动的协调性改善，尤其是对抗之间的协调能力的改善，加大了动作幅度，这对羽毛球技术有重要意义。因为肌肉的伸展度对力量的发挥有重要影响，这在速度力量上表现得更为明显。所以，柔韧性的提高有助于加大力量。

(2)羽毛球运动是上肢、下肢、躯干的全身性的协调运动，每一个技术动作的完成都需要协调和柔韧。柔韧性和协调性的好坏，直接影响着动作力量的大小、速度的快慢和动作的准确性。缺乏柔韧性是经常产生不正确动作的原因之一，特别是肩关节与髋关节的柔韧性，对手部技术和步法的幅度影响较大。

(3)柔韧性提高了，肌肉活动的协调性加强，既有助于较快地掌握新动作的要领和迅速提高运动技术水平，又可以防止伤害事故。

(二)柔韧训练的内容和方法

1.柔韧操

➢ 两足左右开立与肩同宽，两臂斜上举，两臂距离稍宽于肩。上身前屈，双手先在左膝后面拍掌，再在右膝后面拍掌，然后还原。

➢ 两足左右开立与肩同宽，两臂在胸前平屈，掌心向下。上体向左转，两臂同时向两侧伸开，然后再向右侧做同样动作。

➢ 两足左右开立与肩同宽，两臂上伸。上体左侧屈，两手触肩，反复向两侧做。

➢ 直立姿势，上体前屈，两臂后振，然后恢复预备姿势，反复练习。

➢ 两足左右开立比肩稍宽，两臂自然下垂。上体前屈，左手指尖触右脚尖，右手指尖触左脚尖。

➢ 两足左右开立与肩同宽，两手触肩。上体向左侧屈，右臂向上伸直；向右侧屈时，左臂向上伸直。

➢ 两足左右开立与肩同宽，两手扶后脑，上体做旋转动作，先向右转，后向左转。反复向左、右两侧练习。

➢ 两足左右开立与肩同宽，两臂侧平举，跳跃两次。然后两足并拢，再跳跃两次，同时双手在头顶上拍两下。25～30 秒内跳跃 50～60 次。

➢ 脚跟并拢，足尖分开，两手扶脑后。上体向左屈，再加强上体向左屈的动作，同时两臂向上伸直。向右侧做同样动作。

➢ 两足并立，两臂上举，掌心向前。上体前屈，指尖触地面一拍，同时掌心碰地面一拍。还原重做。

2. 木棒操

➢ 两手握住木棒举在头上。上体前屈，使木棒几乎触及地面。站直后把木棒水平抛向头上，然后用两手接住。反复练习3～4次。

➢ 两手把木棒搭在肩后，先使两块肩胛骨尽量靠拢，然后把木棒经过头顶移向前方。弯曲左腿，用右脚掌踩木棒，然后再把木棒搭回肩后，同时两腿还原。反复做。

➢ 垂直地把木棒的一端立在左手的两个手指上。一方面保持木棒直立不让它倒下，一方面竭力坐下再站起来。

➢ 两足左右开立与肩同宽，两臂侧平举，右手持木棒(纵向)的一端。松开右手，上体迅速向右转，两脚不得移动，用左手抓住空中的木棒。左、右手轮流做。

➢ 两臂前平举，两手握住横木棒。放开两手使木棒落下，上体迅速前屈，在木棒落地之前抓住它。反复练习。抓木棒时要一次比一次地接近地面。

➢ 木棒垂直立于地面，下蹲的同时两手侧平举，站起，在木棒还未倒下之前抓住它。反复练习。

➢ 两脚并拢，两手在身前握住木棒。右腿穿过右臂，再穿过木棒。上体用力前屈，左手握木棒由身前越过头顶，向背后移动，两手不得放开。木棒沿着背部继续向下移动，一直到左腿。右脚落地，左脚由前至后地跨过木棒，这时木棒就移到了前面，握在翻转的两只手里。然后按相反的程序恢复到原来的姿势。

➢ 双手握棒至头顶，然后直臂后翻，再恢复到预备姿势。

3. 上肢柔韧性练习

采用站、坐、仰卧不同姿势，依次轮流做肩、肘、腕关节的各种柔韧动作。

(1)肩部柔韧练习

➢ 面对肋木架，双手握肋木，做前、后、左、右拉肩压肩。

➢ 上臂屈伸。

➢ 上臂外展、内收。

➢ 上臂外旋、内旋。

➢ 上臂向前、向后绕环。

(2)肘部柔韧性练习

➢ 前臂屈伸。

➢ 前臂外展、内收。

➢ 前臂外旋、内旋。

➢ 前臂以肘为轴转绕。

(3)腕部柔韧练习

➢ 手腕屈伸。

➢ 手腕外展、内收。

➢ 手腕顺时针、逆时针转动。

4. 下肢柔韧性练习

(1)向前下和向后摆腿。做这个动作时,可以用手扶着固定物体,使腿部的摆动幅度加大。10 次×2 组,左右腿轮换做。

(2)大腿后摆和上体后仰。这个动作可以原地做,也可以在行进中完成。练习时,动作要放松,呼吸要自然,手脚动作要协调。熟练后还可以加起跳动作。这与羽毛球后场腾空的"满弓"姿势颇为相似。

(3)大腿内收、外展摆动练习。

(4)劈叉。进行这一练习时,柔韧性差的可以用手撑地,有保护地慢慢下降,不能过于急躁地猛烈下压,以免拉伤。

(5)坐在垫上,两腿向两侧分开,身体向前、向左、向右压。也可以一只腿在前伸直,一只腿在后屈膝,如同跨栏动作一样,身体向前压。

(6)两腿屈膝跪在垫上,并左右分开,臀部下降坐到垫上压髋关节。

5. 腰腹柔韧性练习

(1)仰卧起坐。10 次×3 组。

(2)两头起,双手拍脚尖。10 次×3 组。

(3)收腹,左手碰右脚尖,右手碰左脚尖。10 次×3 组。

(4)俯卧后仰练习。练习者俯卧在垫上,下肢由同伴压住,上身向后仰,后仰得越高越好。10 次×3 组。

(5)向左侧起,向右侧起。动作方法如练习(4),只不过练习者是侧身躺在垫上。10 次×3组。

(6)双手反握肋木,身体垂直,收腹向上举腿。5 次×3 组。

(三)柔韧性训练的基本要求

1. 发展柔韧素质与力量素质相结合

发展柔韧素质与力量素质相结合,不仅可以避免或消除两者之间不良转移,而且有助于两种素质的协调发展。柔韧性训练后要十分注意放松练习,以使肌肉柔而不软、韧而不僵。

2. 注意柔韧性训练与温度和时间的关系

外界温度过高或过低,将会影响肌肉的状态和肌肉的伸展能力。只要做好准备活动,一天之内任何时候都可以进行柔韧性练习。

3. 柔韧性训练应经常保持

柔韧性发展快、易见效,可是消失也快,停止训练时间稍长一些,其就会消失,因此,柔韧性训练要经常保持。如果处于专门提高关节活动幅度阶段,应该每天都要安排发展柔韧性的练习,在保持阶段,一周安排可不超过 3～4 次,训练量也可减少。

4. 采用多种手段发展柔韧性

不能把拉伸练习作为柔韧性训练的唯一手段，在很多情况下持续慢跑结合一些动力性柔韧性练习是运动员柔韧性训练很好的方法。

八、灵敏素质及其训练

（一）灵敏素质释义

1. 灵敏素质的定义

灵敏素质是指在各种突然变换的条件下，运动员能够迅速、准确、协调地改变身体运动的空间位置和运动方向，以适应变化着的外部环境的能力。

2. 灵敏素质的作用与意义

（1）灵敏素质是一种综合性素质，是运动技能和各种素质在运动活动过程中的综合表现。

（2）灵敏素质只有在运动技能熟练后才能表现出来。因为运动技能掌握得越多，运动活动中就显得越灵敏。这是通过大量训练使大脑皮质的灵活性和可塑性提高的结果。

（3）灵敏素质的发展与各种分析机能的改善有密切关系。灵敏素质好，在动作过程中能够表现出在空间和时间上的准确定向、定时能力，使动作准确、变换迅速。

（4）灵敏素质的发展，还需要提高速度素质，还需有力量和柔韧性的保证，这样才有可能表现出良好的灵敏素质。

（5）灵敏素质对羽毛球技术水平的提高有至关重要的影响。由于羽毛球运动员必须在 35 平方米的场地上做各种急起、急停，前、后、左、右移动，转向，回动，跳跃等动作，因而需要很好的灵敏素质。

（二）一般灵敏训练的内容和方法

一般灵敏训练多采用游戏或类似游戏的内容，锻炼了多种活动能力，而且训练的效果也好。

1. 小球练习

以下列 5 个、8 个或 10 个练习组成一组进行比赛，看谁做得快。

（1）把球向上抛起，下蹲用手指触地后，站起用右手接住球（左、右手轮做）。

（2）右手持球，抬起右腿，右手将球从抬起的右膝下向左上方抛起，用左手接住（然后左手做）。

（3）两臂侧平举，右手把球轻轻抛过头顶给左手，再用左手照样把球抛回给右手。

（4）左臂向前平举，用右手把球从左臂下面向上抛起，再用右手接住球。照此，用左手做。

（5）用右手把球向上抛起，原地跳起向左转身 360°，然后接住球（左手做，向右转身）。

（6）一只脚站立，一只手把球从背后经肩膀上方抛向身前，然后接住球。站着的一只

脚不能移动。接球后数完“一、二、三”，才能把提起的脚放下（左、右脚轮做）。

(7)两手捧球，翘起脚尖以脚跟着地，上体前屈以球触地，然后站立。数“一、二、三”后，脚尖才能放下。

(8)两脚左右分开，上体前屈，一手持球经胯下把球从背后抛向身前，赶紧站直把球接住。

(9)在地上画一圆圈(直径 4 步)。用一只手边拍球边跑，沿着圆周跑 3 圈。跑的时候双脚要踏在线上，不准丢失球。

(10)在地上画 1 米长的直线，两端各放一块小石子。练习者持球站在线的中间，把球向上抛起后，拾起地上的两块石子，然后再接住球。

2. 小足球练习

(1)带球沿着曲径跑。在地上画两条相距 30～40 厘米的蛇形曲线，长 20～30 米。用脚踢小足球，沿着曲折小径前进。

(2)带球绕越障碍跑。在 20～30 米直线上，放 5～6 块木块或其他较固定的障碍物，用脚盘带小足球越过每一障碍物。

(3)踢球过人。在 1 米长的直线两边，各站一名队员(相距 3 米)。一方力争将球踢过直线并使对手防守不到球；另一方则力争挡住对方踢过来的球。

(4)截击足球。练习时围成一圈，一名队员站在圈内，其他队员将足球互相传递的时候，圈内队员设法截击，成功后另换一名队员入圈。

(5)排球击人。练习时围成直径约 9～10 米的一个圆圈，一名队员站在圈内，其他队员选择有利时机用排球袭击圈内队员的下肢，击中后换人入圈。

3. 应变能力练习

(1)过人练习。在地上画一条 6～10 米的横线，两端做好明显标志，线两边各站一人。一方进攻，一方防守。进攻者设法越过横线而不被对方触着身体；防守者则不让对方越过横线，以伸开的两臂阻拦对方。双方移动仅在 6～10 米的横线内。这个游戏也可以变换成“过五关”，即进攻者要越过五条横线上的防卫者。

(2)半场篮球比赛。

4. 跳绳练习

力量训练列举的跳绳练习，在灵活性训练中，对提高小腿和踝关节的灵活性也十分有益。其要求是动作的跳动要轻快、敏捷，频率要适当加快，练习时间可以稍短一些。

(三)专项灵敏训练的内容和方法

1. 髋部灵活性练习

羽毛球步法中，有许多髋部迅速转向的动作。髋部的转动能加大移动的距离和速度，因此髋部灵活性是一项重要的训练内容。

(1)左脚为轴，右脚向前向后移动。

(2)在上一动作基础上,向前转体时两脚向前跳,向后转体时两脚向后跳。

(3)两脚左右开立,原地向上起跳后转体180度,连续跳10~15次。

(4)原地转髋跳(360度)。当髋部向右转时,右腿向外旋,左腿内旋,两脚的脚尖方向一致。髋部向左转时,两度脚完成向左的动作。面向前,转髋时保持平衡。

(5)高抬腿交叉转髋。髋部向左转动,右腿抬起向左前方迈出,右脚落地时,髋部立即向右转,抬起左腿向右前方迈出。如此反复练习。

(6)前、后交叉步(侧向)移动跑练习。

2. 小腿、踝部灵活性练习

(1)快速提踵练习。10~20秒内用最快速度完成。

(2)单足轮换高频率踏跳。10~20秒内用最快速度完成。

(3)半蹲,以最快速度向两侧做并步移动。也可以在短距离内变换方向。

(4)高频率前、后分腿和左、右分腿跳。

3. 手部灵活性练习

(1)手持小竹棍,用最快速度做鞭击动作。

(2)手持篮球,站在距离墙壁20厘米的地方,用手腕和手对墙拍击球。

(3)把一只放在地上的篮球拍起来。

(4)球拍操。手持球拍做一些肩、肘、腕部的练习。这种球拍操,对于发展手臂及手腕的灵活性、协调性都很有好处。徒手做球拍操同样可以达到一定的效果。练习时,双手持拍同时进行对称练习。

➢ 双臂各在一侧向前、向后做大绕环。完成这个动作有两种方法:一种是以肘为轴,以腕部控制做大绕环;另一种是以肩为轴,以前臂控制做大绕环。

➢ 两臂同时在体前从身体的一侧绕向另一侧划"8"字。"8"字的挥动方向可有两种。

➢ 模仿挥拍击球动作。左、右手轮流进行。

➢ 两臂同时在体侧做交叉大绕环。由于两臂做不同方向的挥动(一臂向前,另一臂向后),锻炼灵活性和协调性的效果更佳。

➢ 舞花。这一练习类似武术运动中双刀的"劈刀花",两臂在体侧交叉划"8"字。

➢ 手腕划"8"字。有两种方法:一种是两手持拍于身体两侧,手腕转动划"8"字;另一种是两手持拍于体前,手腕翻动绕"8"字。球拍挥动至腕上方时肘部下沉,球拍挥动至腕下部时肘抬起。

➢ 双臂同向绕身体划"8"字。双臂同向绕身体划"8"字时,可以在一侧绕两圈,再转向另一侧绕一圈,然后调换到另一侧绕两圈。

(四)灵敏训练的基本要求

1. 灵敏素质要从少儿开始训练

灵敏素质的生理学基础是在中枢神经系统指挥下,将身体各种能力,包括力量、速度、协调、柔韧等综合地表现出来。神经系统是人体发育最早和最快的系统，儿童具有较优越的发展神经系统的条件。如7～12岁的孩子具有良好的反应能力、6～12岁孩子节奏感较好、7～11岁的孩子具有良好的空间定向能力等，这些都为发展灵敏素质提供了良好的条件。女子进入青春期，由于体重增加，内分泌系统也发生了变化，就会影响到灵敏素质的训练与表现。

2. 灵敏训练的安排

灵敏素质训练一般安排在训练课的前半部分，在运动员体力充沛、精神饱满时进行。

在进行灵敏素质训练时，教练员应采用各种手段，消除运动员的恐惧心理或紧张状态，以保证训练取得良好的效果。

第二节　羽毛球运动健身效果的评价

一、羽毛球项目业余运动员级别的划分

（一）业余运动健将

凡符合下列条件之一者，可申请授予业余运动健将称号。

1. 在中国羽毛球协会主办或批准的全国业余选手赛（六省、区、市）赛事中：

（1）获得团体前3名的主力队员（上场次数达到60%，其中获胜场数达到50%者）。

（2）获得单打、双打、混双前3名的运动员。

2. 在中国羽毛球协会举办或组队参加的国际性业余羽毛球球赛（4个国家以上）中：

（1）获得团体前2名的主力队员（上场次数达到60%，其中获胜场数达到50%者）。

（2）获得单打、双打、混双前3名的运动员。

（二）业余一级运动员

1. 由中国羽毛球协会主办或正式批准的全国业余选手比赛（6省、市或城市以上）中：

（1）获得团体4～6名的主力队员（上场次数达到60%，其中获胜场数达到50%者）。

（2）获得单打、双打、混双4～6名的运动员。

2. 在省、自治区、直辖市；省直辖市体委、羽毛球协会；行业体协正式批准的省级业余选手赛、行业性比赛（6个地区、县或6个参赛队以上）中：

（1）获得团体前2名的主力队员（上场次数达到60%，其中获胜场数达到50%者）。

（2）获得单打、双打、混双前3名的运动员。

（三）业余二级运动员

凡符合下列条件之一者，可申请授予业余二级运动员称号。

1. 在省、自治区、直辖市体委、羽毛球协会、全国行业体协主办或批准的省级业余选

手赛、行业性比赛(6个地市、县或6个参赛队以上)中：

(1)获得团体3～6名的主力队员(上场次数达到60%,其中获胜场次达到50%者)。

(2)获得单打、双打、混双4～6名的运动员。

2.在省直辖市、地(市)、县体委、羽毛球协会、全国行业体协(行业系统工会)主办或批准的省级业余选手赛、行业性比赛(6个参赛队以上)中：

(1)获得团体前3名的主力队员(上场次数达到60%,其中获胜场次达到50%者)。

(2)获得单打、双打、混双前3名的运动员。

(四)业余三级运动员

凡符合下列条件之一者,可申请授予业余三级运动员称号。

1.在省直辖市、地(市)、县体委、羽毛球协会、全国行业体协(行业系统工会)主办或批准的省级业余选手赛、行业性比赛(6个参赛队以上)中：

(1)获得团体4～6名的主力队员(上场次数达到60%,其中获胜场次达到50%者)。

(2)获得单打、双打、混双4～6名的运动员。

2.在省直辖市、地(市)、县体委、羽毛球协会、全国行业体协(行业系统工会)主办或批准的省级业余选手赛、行业性比赛(不少于4个参赛队或不少于16名运动员)中：

(1)获得团体前3名的主力队员(上场次数达到60%,其中获胜场次达到50%者)。

(2)获得单打、双打、混双前3名的运动员。

(五)少年级运动员

凡年龄在12岁以下,符合下列条件之一者,可申请授予少年级运动员称号。

1.代表地(专区、直辖市的区)参加省、区、市以上所举办的业余选手赛的运动员。

2.在不少于24名少年运动员参加的业余选手比赛中,获得各单项前4名的运动员。

二、羽毛球项目专业运动员级别的划分

(一)国际运动健将

凡符合下列成绩标准之一者,可以申请授予国际运动健将称号。

1.在汤姆斯杯、尤伯杯、苏迪曼杯、世界锦标赛中：

(1)获得团体冠军的运动员(个别成绩很差者除外)。

(2)获得团体第2、3名的运动员(上场率达到50%,取胜占上场次数的60%者)。

2.在奥运会、世界锦标赛和世界杯赛中,获得单打、双打、混双前8名的运动员(包括并列第3、5名)。

(二)运动健将

凡符合下列成绩标准之一者,可以申请授予运动健将称号。

(1)在汤姆斯杯、尤伯杯、苏迪曼杯赛中,获得团体前3名队中除授予国际级运动健将外的其他运动员和第4～6名的主力队员(上场率达到50%,取胜占上场次数的60%

者，以下同）。

（2）在奥运会、世界锦标赛和世界杯赛中，获得单打、双打、混双第 9～16 名的运动员。

（3）在亚运会、亚洲锦标赛中获团体赛前 3 名的主力队员，获单打、双打、混双前 6 名的运动员。

（4）在国际羽联系列大奖赛中，获得单打、双打、混双前 3 名的运动员。

（5）在 10 个以上国家参加的国际锦标赛或国际邀请赛中，获得团体第 2 名的主力队员和单打、双打、混双前 3 名的运动员。

（6）在世界青年锦标赛中，获得单打、双打、混双前 2 名的运动员。

（7）在全国比赛中，获得团体甲级队前 3 名的主力队员和获得单打、双打、混双前 6 名的运动员。

（8）在全国青少年比赛中，获得甲组单打、双打和混双第 1 名的运动员。

（9）在一个年度的正式比赛中，战胜国际级或国家级运动健将中的 3 名选手的运动员。

（三）一级运动员

凡符合下列成绩标准之一者，可以申请授予一级运动员称号。

（1）在 10 个以上国家参加的国际锦标赛或国际邀请赛和国际羽联系列大奖赛中，获得单打、双打、混双第 4～8 名的运动员。

（2）凡全国甲级队前 3 名除授予运动健将外的其他运动员和第 4～8 名的主力队员；在全国比赛中获得单打、双打、混双第 6～16 名的运动员。

（3）在世界青年锦标赛中，获得单打、双打、混双第 3～8 名（并列第 5 名）的运动员。

（4）在省、自治区、直辖市或全国各系统比赛中，获得单打、双打、混双前 6 名，团体赛前 2 名的主力队员。

（5）在全国青少年比赛中，获得甲组单打、双打和混双第 2～4 名，乙组各单项前 2 名的运动员。

（6）在全国业余体校比赛中，获得甲组各单项冠军的运动员。

（四）二级运动员

凡符合下列成绩标准之一者，可以申请授予二级运动员称号。

（1）凡在全国青少年比赛中，获得甲组单打、双打和混双第 5～8 名，乙组各单项第 3～6名的运动员。

（2）在全国业余体校比赛中，获得甲组各单项第 2～6 名，乙组前 2 名的运动员。

（3）在省辖市（专区、直辖市的区）或相当于省辖市的比赛以及各自治区、直辖市系统举办的比赛中，获得单打、双打、混双前 6 名，团体赛前 2 名的主力队员；

（4）在省、自治区、直辖市举办的青少年比赛中，获得单打、双打、混双前 3 名，团体冠军的主力队员，少年比赛各单项冠军的运动员。

（五）三级运动员

凡符合下列成绩标准之一者，可以申请授予三级运动员称号。

(1)在一般市辖区或地、县举行的正式比赛中，获得各单项第 6 名，团体第 2 名的主力队员。

(2)在省辖市（专区、直辖市的区）或相当于省辖市的少年比赛中获得各单项前 8 名，团体前 3 名的主力队员。

(3)在不少于 16 名运动员参加的正式比赛中，获得各单项前 2 名的运动员。

（六）少年级运动员

凡符合下成绩标准之一者，可以申请授予少年级运动员称号。

(1)代表地、市（专区、直辖市的区）参加省、区、市以上举办的各种少年比赛的运动员。

(2)在县或相当于县的少年比赛中获得各单项前 8 名、团体前 3 名的主力队员。

(3)在不少于 16 名少年运动员参加的正式比赛中，获得各单项前 3 名的运动员。

第三节　羽毛球运动专项素质指标测试方法与标准

身体素质能力的训练在羽毛球选手的培养过程中占据重要的位置。选手在系统的、多年的训练过程中对其身体素质能力进行控制，就需要相应建立一套客观的、量化的评价标准，将选手身体素质能力的发展控制在一定的水平上。根据国家体育总局制定的《羽毛球教学训练大纲》的要求，并根据羽毛球运动的专项特点对选手身体素质的需求，运用一些专门的、有针对性的内容与方法，对选手在从事羽毛球运动时所需要的专门力量、速度、灵敏、耐力和柔韧性等素质进行评价。

所谓专门的运动素质指各项素质都具有羽毛球运动的特点，如力量素质反映在上肢手法的击球力量和下肢步法的蹬跳步等技术动作的威力上；速度、柔韧性素质体现在上、下肢在场上的快速挥臂和迅速移动能力，以及进行运动时肌肉关节的伸展幅度和协调上；耐力素质则体现在选手在场上快慢间歇，长时间、大强度的对抗竞争中。羽毛球选手的身体素质评价体系应围绕上述特点进行。本文所示评价参考标准均出自原国家体委《羽毛球教学训练大纲》，仅供参考。各层次选手在实际训练中要根据自身实际情况，酌情参考运用。

一、评价羽毛球运动员爆发力素质的内容与方法

(一)羽毛球掷远

1.测试方法

选手左脚在前，右脚在后(左手持拍者相反)，站在规定的起始位置上，用持拍手握持羽毛球，屈膝伸臂，以近似鞭打的动作全力向前方抛掷羽毛球。抛掷距离越远，成绩越好。选手可掷3次，或是5次，取舍其中成绩最远的一次，测量起始线至球托着地点后沿之间的垂直距离。

2.评价参考标准

优秀：女子青少年为9.10～9.35米，男子青少年为9.96～10.20米。

良好：女子青少年为8.59～8.97米，男子青少年为9.48～9.84米。

合格：女子青少年为8.34～8.47米，男子青少年为9.24～9.36米。

(二)双杠双臂屈撑

双杠双臂屈撑用来测量选手肩背和大臂部位的肌肉力量。

测试方法：选手双手支撑于双杠上，双臂进行屈撑运动。标准是：屈臂时大臂与小臂间角度必须近似90度，大臂与肩部几乎平行，计算一次。选手不计时连续运动，以一次性运动次数多者为优秀。

(三)握力

1.测试方法

采用握力器，来测量选手持拍手臂部、手腕和手指部位的肌肉力量。具体方法是选手以持拍手全力握捏握力器，根据握力大小以千克计算，一次性握力千克数多者为优秀。

2.评价参考标准(握力器显示千克数)

优秀：女子青少年为39～41千克，男子青少年为60～64千克。

良好：女子青少年为35～38千克，男子青少年为53～59千克。

合格：女子青少年为33～34千克，男子青少年为50～51千克。

(四)立定跳远

立定跳远主要测试下肢爆发力。

1.测试方法

选手两脚自然开立，站在起跳线后，屈膝、摆臂、蹬地全力向前方纵跳，落地时以双足着地为准。测量起跳线与双脚着地点后沿之间的短线距离，距离越远者越好。每人跳两次，取成绩好的一次。

2.测试参考标准

优秀：女子青少年为2.33～2.38米，男子青少年为2.85～2.94米。

良好：女子青少年为2.22～2.30米，男子青少年为2.68～2.84米。

合格：女子青少年为2.17～2.20米，男子青少年为2.59～2.63米。

（五）纵跳

纵跳主要测试下肢爆发力量。

1.测试方法

选手两脚自然开立，屈膝、摆臂、蹬地全力向上方纵跳，然后双足着地。测量从地面至起跳脚尖之间的距离高度，以距离高度高者为优秀。

2.测试参考标准

优秀：女子青少年为54～57厘米，男子青少年为74～78厘米。

良好：女子青少年为48～52厘米，男子青少年为66～72厘米。

合格：女子青少年为46～47厘米，男子青少年为62～64厘米。

二、评论羽毛球选手速度素质的内容与方法

（一）50米冲刺跑

1.测试方法

选手于起始线做起跑准备，听到口令后迅速起跑并全力加速向终点方向跑。计时员看见或听见信号时开表计时，当选手胸部至终点时停表，计算时间，以时间短者成绩为优秀。

2.测试参考标准

优秀：女子青少年为7秒3至7秒5，男子青少年为6秒4至6秒6。

良好：女子青少年为7秒4至7秒8，男子青少年为6秒6至6秒9。

合格：女子青少年为7秒9，男子青少年为7秒0。

（二）100米跑

1.测试方法

选手于起始线做起跑准备，听到口令后迅速起跑并全力加速向终点方向跑。计时员看见或听见信号时开表计时，当选手胸部至终点时停表，计算时间，以时间短者成绩为优秀。

2.测试参考标准

优秀：女子青少年为14秒2至14秒5，男子青少年为12秒至12秒3。

良好：女子青少年为14秒7至15秒2，男子青少年为12秒5至12秒9。

合格：女子青少年为15秒3至15秒5，男子青少年为13秒1至13秒2。

（三）5次直线进退跑

1.测试方法

选手站在双打后发球线后面，听到口令后（同时开表），采用上网步法直线上网。当前脚踏至或者超过前发球线后，再用后退步法直线后退至双打后发球线以外。当脚踏至

或者超过双打后发球线时，为完成一次进退跑。依次反复进行往返跑动5次。第5次完成后停表，计算时间，以时间最短者为优秀。

2.评价参考标准

优秀：女子青少年为13秒4至13秒6，男子青少年为13秒4至13秒6。

良好：女子青少年为13秒7至14秒3，男子青少年为13秒7至14秒3。

合格：女子青少年为14秒6至14秒9，男子青少年为14秒6至14秒9。

（四）5次左右两侧往返跑

1.测试方法

选手站在中线处，听到口令后（同时开表），采用向右侧移动的步法至单打边线处，用持拍手触摸单打边线后，面向球网，迅速返回中线处。再采用左侧移动步法移至左侧的单打边线处，用持拍手触及单打边线后又迅速返回中线处，为完成一次左右两侧往返跑。以此再开始下一轮的左右移动跑，如此反复进行5次，当第5次完成时停表，计算时间，以时间最短者为优秀。

2.评价参考标准（秒）

优秀：女子青少年为13秒5至14秒9，男子青少年为13秒5至13秒9。

良好：女子青少年为15秒1至16秒0，男子青少年为14秒1至15秒2。

合格：女子青少年为16秒3至16秒7，男子青少年为15秒3至15秒7。

三、评价羽毛球选手耐力素质的内容与方法

（一）400米、1500米或3000米跑

1.测试方法

选手位于起始线做起跑准备，听到口令后迅速起跑并加速全力向终点方向奔跑。计时员看见或听见信号后开表计时，当选手胸部冲过终点线时停表，计算时间，以时间最短者成绩最好。

2.评价参考标准

（1）400米跑评价参考标准

优秀：女子青少年为1分06秒至1分08秒，男子青少年为55秒至55秒6。

良好：女子青少年为1分09秒至1分12秒，男子青少年为56秒4至58秒8。

合格：女子青少年为1分13秒至1分14秒，男子青少年为58秒8至1分。

（2）1500米跑评价参考标准（分）

优秀：女子青少年为4分56秒至5分07秒，男子青少年为4分22秒至4分32秒。

良好：女子青少年为5分12秒至5分28秒，男子青少年为4分36秒至4分51秒。

合格：女子青少年为5分34秒至5分39秒，男子青少年为5分28秒至5分30秒。

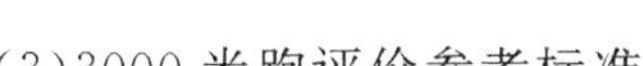

(3)3000米跑评价参考标准

优秀:女子青少年为11分13秒至11分35秒,男子青少年为9分41秒至10分02秒。

良好:女子青少年为11分46秒至12分19秒,男子青少年为10分12秒至10分43秒。

合格:女子青少年为12分30秒至12分41秒,男子青少年为10分53秒至11分03秒。

(二)10次低重心场地四角跑

1.测试方法

选手站在羽毛球场地中心位置,听到口令后(同时开表),用低重心上网步法向左右前场方向快速移动,当手触摸边线与前发球线交接点后,迅速后退回场地中心位置,再从中心位置用低重心上网步法向左右后场方向快速移动,用手触摸边线与双打后发球交接点后,又再次退回中心位置。以此方法连续进行10次低重心场地四角跑,当最后一次(第10次)手触摸交接点后停表,计算时间,以时间短者为优秀。

2.评价参考标准

优秀:女子青少年为16秒0至15秒1,男子青少年为17秒5至18秒。

良好:女子青少年为20秒2至20秒6,男子青少年为18秒2至18秒9。

合格:女子青少年为20秒8至21秒4,男子青少年为21秒6至21秒8。

(三)1分钟快速仰卧起坐

1.测试方法

该项目能测量选手腹肌的力量耐力。选手仰卧在垫子上做好准备,听到口令后,开始开表计时和计次数。选手在1分钟内全力快速仰卧起,每一次坐起动作上体与下肢的角度必须超过90度,才能算完成一次,以此计算选手的卧起次数,1分钟到达后停止运动,单位时间里次数多者为优秀。

2.评价参考标准

优秀:女子青少年为77～73次,男子青少年为77～74次。

良好:女子青少年为71～66次,男子青少年为72～67次。

合格:女子青少年为64～62次,男子青少年为65～63次。

四、评价羽毛球选手灵敏素质的内容与方法

(一)1分钟单摇跳绳或双摇跳绳

1.测试方法

选手每跳跃一次摇绳一圈为单摇,每跳跃一次摇绳两圈为双摇,分别计算1分钟内最多跳绳次数。测试过程中连续记录成功过绳次数。如出现绳绊脚现象,除不计失误数

外，应继续进行后面成功的计数，直至1分钟为止。无论单摇或双摇，都以成功次数最多者为优秀。

2. 一分钟单摇跳绳评价参考标准

优秀：女子青少年为178～174次，男子青少年为182～178次。

良好：女子青少年为172～160次，男子青少年为176～170次。

合格：女子青少年为155～150次，男子青少年为165～160次。

3. 一分钟双摇跳绳评价参考标准

优秀：女子青少年为140～135次，男子青少年为146～140次。

良好：女子青少年为133～126次，男子青少年为136～127次。

合格：女子青少年为124～122次，男子青少年为124～120次。

（二）20秒1米十字跳

1. 测试方法

用粉笔在地上画1米长宽的正方形十字。测试选手双脚与肩同宽，自然站立准备。当听到口令后（同时开表），双脚快速以向前、向后、向左、向右的顺序沿画线跳跃，以单位时间内完成跳跃次数最多者为优秀。

2. 评价参考标准

优秀：女子青少年为63～59次，男子青少年为53～51次。

良好：女子青少年为57～50次，男子青少年为50～46次。

合格：女子青少年为48～46次，男子青少年为45～44次。

五、评价羽毛球选手柔韧协调素质的内容与方法

（一）劈叉

1. 测试方法

选手正面将两腿前后分开做正向劈叉动作，或是将腿左右分开做侧向劈叉动作，这是测试选手下肢关节韧带的指标，以劈叉幅度最大者为优秀。

2. 评价参考标准

优秀：女子青少年为男子青少年：劈叉双腿与地面齐平。

良好：女子青少年为男子青少年：劈叉双腿与地面相差10厘米。

合格：女子青少年为男子青少年：劈叉双腿与地面相差15～20厘米。

（二）躯干前屈后伸

1. 测试方法

选手两脚与肩同宽自然站立，快速后仰俯背做躯干前屈后伸动作。前屈时以手触摸前脚尖，后伸时用手触摸脚后跟部。以单位时间内（30秒或是1分钟）屈伸次数最多、幅度最大者为优秀。该方法主要用以测试躯干的柔韧协调素质。

2.评价参考标准(略)

(三)蹬跨、跳跃幅度

1.测试方法

选手向前做一步蹬跨步,再向后做一伸展跳跃步,以动作幅度大、距离远者为优秀。

2.评价参考标准(略)

(四)肩绕环

1.测试方法

选择一条长度为80厘米的绳子,选手双手握住绳子两端,举至头顶位置,直臂后翻绕肩,再向前绕肩回至原位。测量两手间握绳的距离,以距离短者为优秀。

2.评价参考标准

优秀:女子青少年为男子青少年:两手间握绳距离在80厘米以上。

良好:女子青少年为男子青少年:两手间握绳距离在90厘米以上。

合格:女子青少年为男子青少年:两手间握绳距离在1米以上。

长期的羽毛球运动实践证明,经常系统地进行上述各种羽毛球运动身体素质训练,一方面可以有效地提高羽毛球运动的专项身体素质,从而全面提高羽毛球技战术水平;另一方面还可以增强人体的正常机体素质,提高人体的抗疲劳能力。

成长中的少年儿童,进行正确的身体素质训练,能使其内脏器官和身体形态得到协调发展,有利于身体正常的生长发育。而对于成年人来说,身体素质能力增强,既能降低运动中各种伤病的发生概率,又能改善人体的机能水平,使人获得良好的体质,提高学习和工作的效率。

优秀羽毛球选手在运动中各项体能素质间是有关联和相互影响的。因此,对选手的身体素质要求是必须全面发展。如果其中有项目发展不均衡,则会影响或限制选手专业技战术的提高。

第四节　羽毛球运动中常见运动损伤的预防与处理

一、运动损伤

人体在体育运动过程中所发生的损伤,称为运动损伤。运动损伤的分类方法很多,如按组织损伤后皮肤、黏膜是否完整,可分为开放性损伤和闭合性损伤;按损伤的病程可分为急性损伤和慢性损伤;按运动能力丧失程度可分为轻伤、中等伤或重伤。

(一)运动损伤的原因

导致运动损伤的原因很多,主要包括以下几个方面。

1.思想麻痹大意

在参加体育活动时,没有做好充分的思想准备,不知道许多运动损伤通过积极的预防完全能避免,运动前不执行安全措施,盲目或冒失地进行体育锻炼而导致伤害事故的发生。

2.缺乏合理的准备活动

准备活动的作用在于使肌肉、内脏器官和神经系统处于良好的兴奋状态,可有效地防止运动损伤。如果运动前没有做准备活动、准备活动不充分或准备活动内容与正式活动内容衔接不当、准备活动与正式活动间隔时间过长,都容易导致损伤,尤其是在寒冷气候中更要做好充分的准备活动。

3.技术上的错误

违反了人体结构功能的特点及运动时的力学原理而造成损伤,盲目做某个自己尚未掌握的动作或错误动作。

4.局部运动负荷量过大

长期局部负荷过大,超出了人体组织的承受能力,将引起人体组织结构过度摩擦、挤压、牵扯,引起微细损伤积累而导致慢性损伤,如网球肘等。

5.身体功能和心理处于不良状态

在睡眠或休息不好、患病或伤病初愈,肌肉力量、动作的准确性和身体的协调性显著下降,注意力减退,反应较迟钝等疲劳症状出现时,参加剧烈运动或练习较难动作时就可能发生损伤。

6.动作粗野或违反规则

在比赛中不遵守比赛规则、动作粗野、故意犯规等,是在篮球、足球运动中常发生损伤的原因之一。

7.场地设备的缺点

运动场地狭窄,地面不平坦,器械安置不当或不坚固,锻炼者拥挤或多种项目在一起运动,容易相互冲撞致伤。空气污浊、噪声、光线暗淡、气温过高或过低,以及运动服装不符合要求等原因,都可直接或间接造成伤害事故。

(二)运动损伤的预防

体育锻炼对身体的影响分有益、无益或有害等3种结果。只有掌握科学锻炼身体的方法,才能真正产生有益的结果。在体育锻炼过程中,预防是主动的,通过提高预防意识、加强预防措施,才能把运动损伤事故消灭在萌芽状态。具体主要包括以下几个方面:

(1)树立安全观念,克服麻痹思想,发扬互相帮助、互相保护的精神。

(2)针对个体特点,合理安排运动量,防止过度疲劳或局部负担过重。

(3)做好准备活动,并保持准备活动与正式运动的内容相一致。

(4)加强保护与帮助及自我保护能力的培养;禁止患病带伤参加剧烈的运动与比赛。

(5)注意环境和场地设备卫生。

二、软组织损伤的处理

软组织损伤是运动损伤中最常见的一种，根据损伤组织是否有创口与外界相通，可以分为闭合性软组织损伤和开放性软组织损伤两大类。

(一)闭合性软组织损伤的处理

闭合性软组织损伤是指关节韧带、肌肉、肌腱、滑囊等软组织的损伤，由于这些损伤无裂口与外界相通，故称为闭合性软组织损伤。其在体育运动中较为多见，如挫伤、肌肉及肌肉筋膜拉伤、关节囊和韧带扭伤以及肌腱腱鞘和滑囊损伤等。根据其发病的缓急，分为急性和慢性损伤两类。

1. 急性损伤

急性损伤是因遭受一次较大外力作用所致。发病急，病程短，临床症状和体征都较明显。若处理不当，可转变为陈旧性损伤。

(1)临床表现

热：由于炎性反应；疼：伤后淋巴管发生损伤性阻塞，渗出液不能由淋巴管及时运走，局部肿胀又产生了压迫和牵扯性刺激，使疼痛加剧；功能障碍：由于组织损伤、疼痛和肌肉痉挛，出现运动功能障碍。

(2)病理过程

组织损伤及出血：当人体某部受到较大外力作用后，局部组织细胞受损，发生组织撕裂或断裂，组织内的小血管破裂出血，产生血肿。

反应性炎症及肿胀：出血停止后，由于坏死组织被蛋白溶解酶分解，其分解产物使局部小血管扩张、充血，血管壁的通透性增高，使血液中的液体、蛋白质和白细胞透过血管壁而形成渗出液，因而局部除血肿外，还有水肿。

肉芽组织激活约在伤后 4～6 小时，血肿和渗出液开始凝结，形成凝块。

24 小时左右，创口周围开始形成主要由新生的毛细血管和成纤维细胞组成的肉芽组织，逐渐伸入凝块并开始将其吸收。同时，渗出的白细胞逐渐将坏死组织清除，邻近的健康细胞发生分裂，产生新的细胞和组织以代替那些缺损的细胞和组织，使受损的组织得以修复。

(3)处理原则和处理方法

➢ 早期(24～48 小时内)

此期病理变化的主要特点是组织撕裂或断裂，出现血肿和水肿，发生创伤性炎症。损伤局部表现为红、肿、热、痛和功能障碍。因此，该期的处理原则是止血、制动、镇痛、防肿和减轻炎症。处理方法是伤后立即冷敷、加压包扎并抬高伤肢，局部休息。24～48 小时后，拆除包扎固定，根据伤情再做进一步处理。若损伤较轻，也可外敷新伤药，能起到止痛、减轻炎症的效果。此外，疼痛较重者，可内服镇静剂、止痛剂；局部红肿显著，可服跌打丸、七厘散、云南白药等。

➢ 中期(24～48 小时后)

此期病理变化和修复过程的基本特点是肉芽组织形成,凝块正在被吸收,坏死组织逐渐被清除,损伤组织正在修复。处理原则是改善伤部的血液和淋巴循环,提高组织的新陈代谢,加速淤血和渗出液的吸收以及坏死组织的清除,促进再生修复,防止或减少粘连形成。处理方法有理疗,按摩,针灸,药物痛点注射,外贴活血膏或外敷活血、生新的中草药等。最好能采用几种方法进行综合治疗,其中热疗、按摩在此期治疗中极为重要。此外,随着伤情好转,在不引起或加重疼痛的原则下,尽早进行伤肢的功能锻炼,以促进愈合和功能恢复。

➢ 后期(一般在 3 周以后)

损伤组织已基本修复,但可能有粘连或瘢痕形成。损伤局部肿胀和压痛已消失,但功能尚未完全恢复,锻炼时仍感到微痛、酸胀或无力,个别严重者出现伤部僵硬或功能受限等。因此,该期的处理原则是恢复和增强肌肉、关节功能,若有粘连或瘢痕,应尽量设法分离或软化。处理方法以按摩、理疗和功能锻炼为主,并配合中药熏洗和保护支持带的应用等。

2. 慢性损伤

慢性损伤可由急性损伤因处理不当或运动过早转变而来,或因长期局部负荷过度,引起组织劳损,由微细损伤逐渐积累所致。慢性损伤的处理原则是改善伤部的血液循环和新陈代谢,合理安排局部负担量。处理方法与急性损伤中、后期基本相同,其中以按摩和痛点注射可的松类药物的治疗效果较好。

(二)开放性软组织损伤的处理

伤处皮肤或黏膜的完整性遭到破坏,伤口与外界相通。如擦伤、裂伤、刺伤、开放性骨折。

➢ 擦伤就是皮肤受到外力急剧摩擦所引起的表面被擦破出血或有组织液渗出。

➢ 撕裂伤是由钝器打击所引起的皮肤或软组织裂开的损伤。

➢ 刺伤和切割伤是由细长尖锐物刺入体内所致。处理方法:止血—处理伤口—预防感染。

➢ 小面积擦伤,可用生理盐水或冷开水冲洗伤口,并经双氧水消毒后,以红汞或甲紫和抗生素涂抹,无须包扎。

➢ 脸部擦伤则不宜搽抹甲紫。

➢ 刺伤一般先将污物碎片取出,再处理伤口,伤口消毒后,撒消炎粉,用消毒纱布或凡士林油纱布敷盖,用绷带包扎。若伤口较脏时,可用抗生素治疗与肌注破伤风抗毒血清。

三、常见的运动损伤

(一)关节、韧带扭伤

1.肩关节扭伤

(1)原因与症状:一般因肩关节用力过猛以及反复劳损所致,也有的因技术错误,违反解剖学原理而造成损伤。如投掷、排球扣球、大力发球时常出现这类损伤。其症状有压痛、疼痛,急性期有肿胀,慢性期三角肌可能出现萎缩,肩关节活动受限。

(2)处理:单纯韧带扭伤,可采用冷敷,加压包扎。24 小时后采用理疗、按摩和针灸治疗。出现韧带断裂时,应立即送医院缝合和固定处理。当肩关节肿胀和疼痛减轻后,可适当进行功能性锻炼,但不宜过早活动,以防转入慢性病症。

2.髌骨劳损

(1)原因与症状:髌骨具有保护股骨关节面、维护关节外形、传递股四头肌力量的作用,是维护膝关节正常功能的主要结构。髌骨劳损是膝关节长期负担过重或反复损伤累积而成的,也可一次直接外力撞击致伤。如篮球滑步急停、跳高和跳远时踏跳不合理或摔倒受击,都可导致这种损伤。

(2)处理:采用中药外敷、针灸、按摩等。平时加强膝关节肌群力量练习,如采用高位静力半蹲,每次保持 3～5 分钟即可。病情好转时,可逐渐增加时间,每日进行 1～2 次。

3.踝关节损伤

(1)原因与症状:运动中跳起落地时失去平衡,使踝关节过度内翻或外翻致伤。在准备活动不充分、场地不平坦的情况下,更易造成这类损伤。主要症状为伤处疼痛、肿胀,韧带损伤处有明显压痛,皮下淤血。

(2)处理:受伤后,应立即冷敷,用绷带固定包扎,并抬高伤肢。24 小时后,根据伤情采取综合治疗,如外敷伤药、理疗、按摩等,必要时使用封闭疗法,待病情好转后进行功能性练习。对严重患者,可用石膏固定。

4.急性腰伤

(1)原因与症状:运动时,身体重心不稳定或肌肉收缩不协调,引起腰部扭伤。多数因腰部受力过重,或脊柱运动时超过了正常生理范围而产生。例如:举重上挺时,过分挺胸塌腰;跳水时,下肢后摆过大,都有可能造成腰部扭伤。损伤后,当场疼痛,有时听到瞬间“格格”响声,有时出现腰部肌肉痉挛和运动受限。

(2)处理:腰部急性扭伤后,让患者平卧,一般不应立即搬动。如果疼痛剧烈,则用担架抬送医院诊治。处理后,应卧硬板床或腰后垫一枕头,使肌肉韧带处于放松状态,也可针灸、外敷伤药或按摩。

(二)关节脱位

1.原因与症状:因受外力作用,使关节面失去正常的连接关系,叫关节脱位,又称脱臼。关节脱位可分为完全脱位和半脱位(或称错位)两种。严重的关节脱位,伴有关节囊撕裂,甚至损伤神经。运动中发生的关节脱位,大都是间接外力撞击所致,如摔倒时用手撑地,引起肘关节或肩关节脱位。

关节脱位后,常出现畸形,与健肢对比不对称,因软组织损伤而产生炎症反应,局部疼痛、压痛和关节肿胀,并失去正常活动能力,甚至发生肌肉痉挛等现象。

2. 处理:用长度和宽度相称的夹板固定伤肢。如果没有夹板,可将伤肢固定在自己的躯干或健肢上,防止震动,随后及时送医院治疗。必须指出,如果没有把握做整复处理时,切不可随意做整复手术,以免增加伤害。

(三)脑震荡

1. 原因与症状:脑震荡是指头部受到外力打击后,使大脑管理平衡的膜半规管、椭圆囊、球囊等感受器官功能失调,以致引起意识和功能的一时性障碍。在体育锻炼时,两人头部相撞,或撞击硬物,或从高处跌下时头部撞地,都可造成脑震荡。致伤时,神志昏迷、脉搏徐缓、肌肉松弛,瞳孔稍大但能对称,神经反射减弱或消失;清醒后,患者常有头痛、头晕、恶心、呕吐感等。

2. 处理:立即让患者平卧,头部冷敷。若有昏迷,立即指压人中、内关、合谷穴;若呼吸发生障碍,应立即进行人工呼吸。上述处理后,出现反复昏迷或耳鼻口出血,两瞳孔放大且有不对称时,表明病情严重,应立即送往医院治疗。在运送途中,要让患者平卧,头部固定,避免颠簸。脑震荡一般都可自愈,无须住院治疗,但要注意休息和必要的药物治疗,保持情绪稳定,减少脑力劳动。

在恢复过程中,可定期做脑震荡痊愈平衡试验,以检查病况进展。其方法是:闭目、单腿站立、两臂平举,如果能保持平衡,表明脑震荡已基本治愈。这时,可适当参加体育锻炼,但要避免滚翻和旋转性动作。

(四)骨折

1. 原因与症状:运动中,身体某部位受到直接或间接的暴力撞击时,造成骨折。例如在踢足球时,小腿被踢,造成胫骨骨折;摔倒时手臂直接撑地引起尺骨或桡骨骨折;跪倒时可造成髌骨骨折等。骨折是比较严重的损伤,但发生率很低。骨折发生后,患处立即出现肿胀和皮下淤血,有剧烈疼痛,肢体失去正常功能,肌肉产生痉挛,有时骨折部位发生变形,移动时可听到骨摩擦声。骨折严重时,伴有出血和神经损伤、发烧、口渴直至休克等全身性症状。

2. 处理:若出现休克时,应先进行处理,即点按人中穴,并进行人工呼吸或心脏胸外按压;若伴有伤口出血,应同时实施止血和包扎。骨折后暂勿移动患肢,应用夹板或其他代用品固定伤肢,及时护送至医院检查和治疗。

总之,以上运动损伤的急救,一是要了解损伤情况,二是要迅速止血、止痛,三是要对损伤部位遮盖、固定和包扎。

四、常见运动性疾病的预防与处理

运动性疾病是指因运动负荷安排不当、体育卫生知识缺乏、自我保健意识不强等多因素造成的体内功能紊乱所出现的疾病或症状。常见的有过度紧张、昏厥、低血糖症、运动中腹痛、运动性贫血、肌肉痉挛、运动性中暑、运动后肌肉酸痛等。

（一）过度紧张

过度紧张是在训练或比赛时，运动负荷超过机体承受能力而引起的生理紊乱或病理状态，常在一次训练或比赛后即刻或短时间内发病。

1. 病因

➢ 多见于锻炼较少、训练水平低、缺乏比赛经验或因病长期停训者，突然进行剧烈运动或比赛，过分疲劳而发病；此外，高水平运动员受到强烈的精神刺激时也会发生。

➢ 饭后不久剧烈运动引起。

2. 临床表现

常在剧烈运动后不久出现恶心、呕吐、头痛、头晕、面色苍白、呼吸困难、咳嗽、心律不齐、血压下降、心前区和右季肋部痛，甚至意识丧失等一系列症状。

3. 处理

➢ 轻者：平卧、保暖，吃易消化食物，一般 1～2 天病情好转。

➢ 昏迷者：针刺内关、足三里、百会、人中、合谷、涌泉等穴。

➢ 呼吸或心跳停止者：进行人工呼吸或胸外心脏按压。

4. 预防

➢ 遵守科学训练和比赛的原则。

➢ 水平低、身体素质差、体弱或有病者，应量力而行、循序渐进，注意控制运动强度，加强医务监督，并注意休息。

➢ 饭后应休息 2～3 小时后才能进行剧烈运动。

（二）昏厥

昏厥是由于脑部暂时性供血不足或血液中化学物质变化所导致的意识短暂紊乱或丧失。

1. 病因与发病机理

➢ 血管扩张性昏厥：情绪过于激动、受惊、惊怖、悲伤或看到出血导致神经反射性血管扩张，血压下降，一过性脑缺血。

➢ 直立位低血压性昏厥：久蹲、长期卧床后突然改为站位，肌肉泵和血管调节功能失调致使回心血量减少，血压下降，一过性脑缺血。

➢ 重力性休克：疾跑后突然站立不动致使下肢血管失去肌肉收缩对其节律性挤压作用，加上血液本身的重力，大量血液积聚在下肢，使回心血量下降，心输出量下降，脑供血不足，进而导致重力性休克。

➢ 胸膜腔内压和肺内压增高：吸气后憋气导致胸膜腔内压和肺内压上升，回心血量下降，心输出量下降，脑缺血。

➢ 其他：低血糖、心肌缺血、中暑等，也可引起昏厥。

2.临床表现

➢ 昏厥前：全身软弱无力、头晕、耳鸣、眼前发黑、面色苍白、出冷汗。

➢ 昏倒后：意识丧失、手足发凉、脉率上升或正常、血压下降或正常、呼吸加快或减弱（一般昏倒数秒，长者3～4小时）。

➢ 清醒后：有头痛、头晕、乏力，可有恶心、呕吐。

3.处理

➢ 使患者处于仰卧位，或下肢抬高位，并注意保暖。

➢ 松开衣扣、腰带，向心性按摩下肢。

➢ 嗅闻氨水或点掐（针刺）人中、百会、涌泉等穴位使其苏醒。

➢ 若有呕吐，将头部转向一侧，防止舌头或呕吐物堵塞呼吸道。

➢ 对呼吸停止者进行人工呼吸，对心跳停止者做胸外心脏按压术。

4.预防

➢ 坚持体育锻炼，提高心脏功能。

➢ 久蹲后要慢慢站起，疾跑后应继续慢跑一段，并深呼吸，然后逐渐停下来。

➢ 饥饿或空腹时不宜参加运动。

➢ 长距离运动要及时补充糖、盐、水。

➢ 剧烈运动后应休息半小时后淋浴。

➢ 若有昏厥先兆，应立即平卧。

（三）低血糖症

正常人每100毫升血液中的葡萄糖含量为80～120毫克。当每100毫升血液中的葡萄糖含量低于55毫克时，就会出现一系列症状，这称为低血糖症；当低于10毫克时，就会出现深度昏迷，这称为低血糖性休克。本病多发生于长跑、超长跑，自行车，长距离滑冰、滑雪等项目的比赛过程中或结束后不久。

1.病因与发病机理

➢ 长时间进行剧烈运动使体内血糖大量消耗和减少。

➢ 运动前或运动时饥饿，体内肝糖原储备不足，又不能及时补充血糖。

➢ 赛前补充糖过多、精神过于紧张、赛后强烈的失望情绪或患病等都是造成运动性低血糖的重要原因。

2.临床表现

➢ 轻度者有强烈的饥饿感、疲乏无力、心慌、头晕、出冷汗。

➢ 较重者神志模糊、言语不清、烦躁不安或精神错乱、四肢发抖、步态不稳，甚至昏倒。

3. 处理

➢ 让患者平卧、保暖，神志清醒者可饮糖水或进食少量流质食物，一般经短时间处理后症状就能消失。

➢ 昏迷者可注射50%葡萄糖40～100毫升，同时针刺（或指掐）人中、涌泉、合谷等穴位，并迅速请医生来处理。

4. 预防

平时缺乏锻炼、空腹饥饿或患病未愈者，不要参加长时间的剧烈运动。参加长距离（10000米跑、马拉松等）跑的训练者，途中应有含糖饮料的供给。

（四）运动中腹痛

运动中腹痛是指由于体育运动而引起或诱发的腹部疼痛，多发生在运动中或运动结束后不久。好发项目有中长跑、马拉松、竞走、自行车、篮球等。腹痛的部位多在心窝部、右上腹，其次是左上腹和脐周围，一般男运动员多发于女运动员。

1. 病因与发病机理

（1）肝脾淤血

准备活动不充分，或开始运动时强度过大，引起肝脾淤血。

（2）胃肠痉挛或功能紊乱

➢ 运动时，由于胃肠缺血、缺氧，引起胃肠道痉挛或蠕动功能紊乱。

➢ 饭后过早运动、运动前过饱、喝水过多或空腹运动。

➢ 运动前吃难以消化的食物。

（3）呼吸肌痉挛

➢ 运动中呼吸缺乏节奏，引起呼吸肌疲劳和痉挛。

➢ 准备活动不充分，使呼吸系统功能不能满足运动的需要。

（4）内脏器官病变

运动时可因病变部位受到牵扯（刺激）而产生疼痛。

2. 临床表现

➢ 运动中腹痛的程度与运动负荷和运动强度密切相关。

➢ 腹痛的部位常与病变脏器位置有关：肝胆疾患或前淤血，多在右上腹痛；胃十二指肠溃疡、胃炎，多为中上腹痛；脾淤血多在左上腹痛；肠痉挛、蛔虫病多在腹中部痛；阑尾炎在右下腹痛；宿便多在左下腹痛；呼吸肌痉挛多在胸肋部和下胸部锐痛。

➢ 腹痛的性质和程度与腹痛原因有关：直接由运动引起的腹痛多为胀痛或钝痛。其他疾患引起的腹痛多为锐痛、阵发性绞痛、钻痛。

3.处理

➢ 减慢跑速、加深呼吸，调整呼吸与运动节奏，用手按压疼痛部位，或弯腰慢跑一段距离，一般腹痛可减轻或消失。

➢ 经上述处理无效者，应停止运动，认真检查，对症处理。

➢ 点掐或针刺足三里、内关、大肠俞。

➢ 腹肌痉挛者须按摩腹部。

➢ 若处理无效，症状较重者应送医院处理。

4.预防

➢ 科学训练，循序渐进增加运动负荷。

➢ 合理安排膳食，饭后应休息 1.5～2.5 小时才能参加剧烈运动。

➢ 运动前做好充分的准备活动。

➢ 运动中应注意呼吸的节奏。

➢ 患病者参加运动应加强保健指导与医务监督。

（五）运动性贫血

运动性贫血是指直接由运动训练造成的贫血。我国成年健康男性每 100 毫升血液中含血红蛋白量为 12.5～16 克，女性为 11.5～15 克，若低于这一生理数值，则被视为贫血。

1.病因与发病机理

（1）溶血和红细胞破坏增加。剧烈运动使体温升高、血酸度增加、儿茶酚胺分泌增多等，可引起红细胞的滤过性和变形性改变，使红细胞的脆性增加；此外，剧烈运动使肌肉收缩和血流加快，血管受挤压，红细胞与血管壁之间撞击摩擦加剧，红细胞破坏增加。

（2）血红蛋白的合成减少。剧烈运动使能量大量损耗，蛋白质的需要量增加，如果蛋白质的摄入量不足，将会影响血红蛋白的合成，而出现贫血。此外剧烈运动易使铁丢失，而影响血红蛋白的合成，造成贫血。铁丢失的途径主要有：①运动时大量排汗使铁丢失；②女运动员月经期铁丢失；③耐力性运动项目中出现运动性血尿，铁丢失；④胃肠道铁丢失。

2.临床表现

（1）轻度一般症状不明显。

（2）中度和重度的主要症状为：

➢ 头晕、眼花、头痛、乏力、疲倦、记忆力下降、食欲下降等。

➢ 运动中或运动后出现心悸、气促、心跳加快，运动成绩逐渐下降。

➢ 体检时，发现皮肤、黏膜、指甲等苍白，安静时心率加快，心尖可听到收缩期吹风样杂音，血红蛋白量低于正常值。

3.鉴别诊断

运动性贫血与运动负荷有密切关系。若为运动性贫血，只需降低运动负荷一段时间

(1个月),并合理提供营养,红细胞数和血红蛋白值就会明显上升。而其他原因引起的贫血则不然。

4.处理

➢ 适当减少运动负荷,症状严重者应停训。

➢ 补充蛋白质、铁质和维生素(叶酸和维生素 B_{12})含量丰富的食物。

➢ 服用抗贫血药物:硫酸亚铁片、血宝、力勃隆等或中药。

5.预防

➢ 合理安排运动负荷、运动强度,要循序渐进,区别对待。

➢ 运动员要保证充足的蛋白质和铁的摄入。

➢ 定期检查血液红细胞、血红蛋白含量,及时发现及时处理。

(六)肌肉痉挛

肌肉痉挛(俗称抽筋),是指肌肉不自主地强直性收缩。运动中以小腿腓肠肌最易发生肌肉痉挛,其次是足底的屈拇肌和屈指肌。肌肉痉挛多发生于游泳、足球、举重、长跑等项目中。

1.病因与发病机理

➢ 在寒冷的环境中运动,准备活动不充分,身体受到寒冷刺激,通过神经系统传至肌肉,使肌肉兴奋性增高,造成肌肉强直性收缩而引起肌肉痉挛。

➢ 运动时大量排汗造成体内电解质平衡紊乱,引起肌肉兴奋性增高而发生肌肉痉挛。

➢ 在紧张激烈的训练和比赛中,由于肌肉快速地连续收缩,致使肌肉收缩与放松不能协调交替发生痉挛。

➢ 运动性肌肉损伤(指反复运动所致的肌纤维损伤)后,钙离子进入肌肉膜内,肌细胞内钙离子增高,使肌纤维收缩丧失控制(钙离子是肌肉收缩的起动因子),产生无效性收缩,从而引起局部肌肉痉挛。

➢ 其他:致痛物质、缺血等。

2.临床表现

痉挛的肌肉僵硬、疼痛,所涉及的关节屈伸功能暂时受限,一时不易缓解。痉挛缓解后,局部仍有酸痛不适感。

3.处理

➢ 解除肌肉痉挛的有效方法是被动伸展痉挛的肌肉。

➢ 小腿腓肠肌痉挛时,伤员采取坐位用双手紧紧握住抽筋腿的前脚掌,蹬脚跟,伸直膝关节,并慢慢用力牵引使小腿后方的肌肉拉长(重复牵引2～3次),后用双手在小腿肌肉部进行按摩、揉、捏等。

➢ 牵引时切忌用力过猛,以免造成肌肉拉伤。

➢ 针刺或点按穴位(承山、委中、阿是穴等)。

4.预防

➢ 加强体育锻炼,提高机体对寒冷适应能力。

➢ 运动前要做充分的准备活动。

➢ 运动前对易痉挛的肌肉进行按摩。

➢ 夏季运动要注意补充水盐,冬季运动要注意保暖。

➢ 游泳下水前应先用冷水淋湿全身以适应冷水刺激,水温低时,在水中游泳时间不宜太长,更不能在水中停止运动和停留太长时间。

(七)运动性中暑

中暑是指由高温环境引起的体温调节中枢功能障碍,汗腺功能衰竭和(或)水、电解质丢失过量。中暑可分为热射病、日射病、热痉挛三种类型。这里只介绍热射病。

1.病因及发病机理

当周围环境温度超过皮肤温度(32~34℃),并且空气湿度过高,通风不良,使机体虽然大量排汗但不足以散热,造成热量在体内积累,导致体温明显升高(41~42℃);或因体温调节功能失调,导致汗腺功能失调而致闭汗,使体温升高。

2.临床表现

中暑按病情轻重可分为以下三种:

➢ 先兆中暑。患者大量出汗、口渴、头昏、眼花、耳鸣、胸闷、心悸、恶心、四肢无力、注意力不集中,称为先兆中暑。

➢ 轻度中暑。除有先兆表现外,体温升至38℃以上,面部潮红、皮肤灼热、面色苍白、呕吐、皮肤湿冷、血压下降、脉搏细弱及有早期循环衰竭的表现,称为轻度中暑。

➢ 重度中暑。除有轻度中暑症状的表现外,还伴随昏迷、痉挛或高热,称为重度中暑。

3.处理

➢ 离开高热环境,迅速降温(可用冷水或酒精降温)。

➢ 清醒者可口服清凉饮料或含盐(0.3%)低糖饮料。

➢ 严重者应用降温药,昏迷者应指掐或针刺急救穴位,并立即送医院做进一步处理。

4.预防

➢ 避免长时间在高热环境运动。

➢ 烈日下要戴帽,衣服颜色要浅并通风透气。

➢ 室内运动时,要注意通风,并且活动人数不要太多。

➢ 夏天运动要注意补水、补盐。

(八)运动后肌肉酸痛

在一次活动量较大的锻炼以后,或是隔了较长时间未锻炼,刚开始锻炼之后,常常会

出现运动后肌肉酸痛，这种酸痛不是发生在运动中或运动后即刻，而是发生在运动结束后1～2天之后，因此也称为肌肉延迟性疼痛。

1.原因与发病机理

➢ 肌肉对负重负荷及收缩放松活动未完全适应，引起局部肌纤维及结缔组织的细微损伤，以及部分肌纤维产生痉挛所致。

➢ 代谢产物积聚过多(如乳酸)，以致肌纤维的化学成分有变化，神经末梢受刺激引起酸痛感。

2.预防与消除办法

(1)预防肌肉酸痛

➢ 根据不同体质、不同健康状况科学地安排运动负荷。

➢ 锻炼时，尽量避免长时间集中练习身体某一部位，以免局部肌肉负担过重。

➢ 准备活动中，注意对即将练习的负荷重的局部肌肉活动得更充分些，这对损伤有预防作用。

➢ 整理活动除进行一般性放松练习外，还应着重进行肌肉的伸展牵拉练习，这种伸展性练习有助于预防局部肌纤维痉挛，从而避免酸痛的发生。

(2)缓解和消除肌肉酸痛

➢ 热敷。可对酸痛的局部肌肉进行热敷，促进血液循环及代谢过程，有助于损伤组织的修复及痉挛的缓解。

➢ 伸展练习。可对酸痛局部进行静力牵拉练习，保持伸展状态2分钟，然后休息1分钟，重复进行。每天做几次这种伸展练习，有助缓解痉挛，但做时注意不可用力过猛，以免牵拉时再使肌纤维损伤。

➢ 按摩。按摩有使肌肉放松、促进肌肉血液循环的作用，有助于损伤的修复及痉挛的解除。

➢ 口服维生素C。维生素C有促进结缔组织中胶原合成的作用，有助于加速受损伤结缔组织的修复，从而减轻和缓解酸痛。

➢ 针灸、电疗等手段对缓解酸痛也有一定作用。

第六章　羽毛球运动竞赛组织与规则

本章导读

羽毛球运动竞赛的组织与编排是一项仔细、复杂、技术性强、工作量大的微观管理工作。本章的羽毛球运动竞赛组织管理工作主要从竞赛前的准备工作、竞赛中的日常工作及赛后工作三方面进行描述，并简介俱乐部的管理及小型比赛的组织策划。羽毛球运动竞赛方法及编排主要介绍了单循环、单淘汰及混合制，以及适合学校开展的“三对三制”羽毛球运动竞赛规则及技战术。

第一节　羽毛球运动竞赛的组织与管理

一、羽毛球运动竞赛前的准备工作

（一）竞赛规程的制定

每次比赛的竞赛规程由竞赛主办单位根据自身的比赛宗旨以及综合因素制定，但不能违背羽毛球竞赛规则和我国羽毛球协会制定的羽毛球竞赛章程。竞赛规程是比赛的法规，竞赛工作的依据，它的修改和解释权都属于规程的制定者。羽毛球竞赛规程的主要条款和制定该条款内容需考虑的问题大致如下：

1. 比赛名称：能基本反映该次比赛的性质，比赛的参赛地区（国际、全国、省市或系统）、对象（年龄）、项目（团体、单项），举办的年份或届数等。杯赛的冠名能反映出该次比赛的主办者或赞助者。

2. 比赛的主办单位：主办者、承办单位、协办单位、资助单位。

3. 比赛日期和地点：年、月、日，比赛的城市和比赛场地。

4. 竞赛项目：可以根据比赛的要求设立团体或单项，并说明年龄组等。

5. 参加单位：规定参赛的范围或列出具体的邀请单位。

6. 报名办法：报名条件、人数、日期及上交地址、联系人电话。

7. 竞赛办法：团体赛制、单项赛制。

8. 各项目的录取名次。

9. 弃权处理：时间限定、处罚办法等。

10. 奖励办法。

11. 比赛用球的品牌型号。

12. 裁判长和裁判员。

13. 经费：注册费、报名费、保险费、交通费、食宿费等。

14. 竞赛补充通知规定。

(二)裁判员的队伍的组成

1. 裁判长

每次比赛设裁判长 1 名，副裁判长至少 1 名，如果比赛的场地数较多时可以设两三名副裁判长。

2. 裁判员的人数

主要针对裁判员与司线裁判员合为一组的方式，采用此方法时，裁判总人数的计算方法是：(每场采用几人裁判制＋若干名轮休裁判员)×比赛的场地数＝裁判总人数。

(1)几人制裁判：每场比赛至少有 1 名裁判员和 1 名发球裁判员，司线裁判员的人数可以根据比赛的级别或在一次比赛时的预赛阶段或决赛阶段考虑，轮休的裁判员人数则要考虑每节比赛在一个场地的比赛场数，以不使一名裁判员在一节时间里的工作员过大(一般 3～4 场为宜)和连场裁判。

(2)裁判的工作量计算方法：每场采用几名裁判员×比赛场数/场地＝×人次。

例如：某次比赛采用 5 人制，在一节时间里一个场地安排 6 场比赛，那么一个场地的裁判工作量就是：5(5 人制)×6 场比赛/场地＝30 人次。

(3)比赛的场地数：在本次比赛中一节时间里同时要使用最多的场地数。

综合以上几个方面因素，一次比赛所需的裁判员总人数就可算出。

例如：每场比赛采用 5 人制(裁判员 1 名、发球裁判员 1 名、司线裁判员 2 名、记分员 1 名)，每组每场的轮休裁判员 2 名，本次比赛最多时使用 8 片场地，则：

[5(5 人制)＋2(轮休裁判员)]×8(场地数)＝56 人，即总共需要 56 名裁判员。

(三)比赛开始前的工作

1. 裁判长于比赛开始前最先到比赛场地，检查场地、器材是否全部准备就绪；测试球速决定本节比赛用球的速度；检查所有与竞赛有关人员是否全部到位。

2. 编排记录组也应提前到场地，准备好记分表、名牌等。

3. 裁判员与司线裁判员至少在赛前 30 分钟报到，裁判长召集裁判员商议，布置裁判员的裁判工作。

4. 首场裁判员到记录台领取记分表、运动员的名牌，发球裁判员领取比赛用球。

二、羽毛球运动竞赛中的日常工作

1. 广播员广播请场上练习的运动员退出场地，第一场的裁判员召集本场比赛运动员在进场处列队集合，等候进场。

2. 广播员在得到裁判长的示意后宣布比赛开始，裁判员、运动员入场，此时播放音乐，裁判员带领运动员随着音乐节奏入场。

如果同时使用一片以上场地比赛，则从第二场比赛开始运动员入场时就不宜播放音乐，以免影响其他场地的比赛。

3. 裁判员进场按顺序做好比赛前的一切准备工作后，宣布比赛开始。

4. 每场比赛结束裁判员宣布比赛结果，与双方运动员一一握手后，再下裁判椅，带领发球裁判员与司线裁判员一起列队退出场地，裁判员应立即将填写完整的记分表请裁判长审核后交记录台。

5. 下一场比赛的开始：如果本次比赛场次采用的是调度制，则广播员根据编排记录组调度员的安排，广播某场地下一场比赛的运动员和担任该场比赛裁判员的名单，裁判员与发球裁判员一起列队入场，而运动员则自己到场地向裁判员报到。如果本次比赛场序的编排采用的是固定场地，则裁判员和运动员都是自行进场，不需广播，只是在运动员未到场地报到时，再广播催促。

6. 在整个比赛过程中，所有各有关人员(特别是裁判员、竞赛组、医生和场地器材组)都应在自己的岗位上，如需离开一定要向裁判长说明去向，并请别人代理自己的工作，否则一旦有事，不能及时处理解决，将会使比赛停顿或陷入混乱。

三、羽毛球运动竞赛的后续工作

1. 成绩登记和成绩公布：记录组应将已赛完的成绩立即登记并在成绩公布栏上公布，打印奖状，颁发奖品，做好成绩册。

2. 清理场地，回收各类器材及用品。

3. 裁判组进行工作小结。

四、大学生体育俱乐部的组织与管理

学校体育俱乐部是指有着共同兴趣、爱好的大学生，利用课余时间，以体育活动为主要内容，自由选择体育活动项目，以学生练习为主、老师指导为辅，成员承担一定权利和义务，实行民主管理的一个基层社会组织。俱乐部的成员是为了锻炼身体的和对体育运动的兴趣、爱好而参加活动的，没有锻炼时间和项目限制。

（一）学校体育俱乐部的特征

1. 参与者的自愿性：体育俱乐部是学生自愿加入的群众性体育组织，在这个群体里，人人都有自己的地位，享受平等的权利。

2. 活动过程的主动性：体育俱乐部是学生根据自己的兴趣、爱好和个人需要，有选择地参加各项活动，它完全建立在学生自觉自愿的基础上，是广大学生主动参与活动的结果。

3. 组织形式的灵活性：体育俱乐部组织开展活动，既有像行政部门一样的管理机制，需要各系部、学生体协等方方面面的配合，也有以各项体育俱乐部为群体，自筹自办、自我管理的组织形式，具有实施灵活的特点。

4. 活动内容的丰富性：体育俱乐部开展活动，其宗旨是满足广大学生对体育活动多方面的需要，增强体质，丰富校园文化生活。因此，根据学生的兴趣和要求，开设了运动项目不同的各种专项俱乐部，活动内容十分丰富，让学生有多项选择余地。

5. 活动目的的多样性：学生参加体育俱乐部的目的、动机是多种多样的。如：在紧张的学习之余以达到调节精神、缓解紧张情绪、消除疲劳之目的；也有为了增强体质，提高身体对疾病的抵抗能力；还有具有一定的体育特长，其目的是提高运动技术水平。

（二）学校体育俱乐部的分类及管理

1. 业余体育俱乐部（课外体育俱乐部活动模式）

学生以共同兴趣为主自发组织，或在校方指导下全校统一组织，免费或活动经费以自筹为主，成立的各单项体育俱乐部。各单项俱乐部是不同层次爱好者的主要活动场所，教师仅起辅导作用，从而实现课内、课外体育教育的有机结合，更好地实践健康第一的教育指导思想，并经常进行丰富多彩的各类竞赛活动，激发学生参加体育锻炼的积极性，培养锻炼的能力，为终身体育打下基础。这是目前在高校中逐渐被认同和推广的一种模式（图 6-1）。

2. 体育教学俱乐部（课内体育俱乐部教学模式）

俱乐部教学模式是指：根据高校人才培养的目标，结合大学生对体育的需求，以培养和建立学生终身体育意识为目标，掌握 1～2 项长期从事锻炼身体的技能和方法，充分发挥个人的体育才能、兴趣和爱好，为终身健康奠定基础的一种以俱乐部形式组织进行的体育课教学。

3. 校内职业体育俱乐部

学校与企业合作，以股份制和企业赞助的形式共同建立职业体育俱乐部，为高水平运动队的发展寻求空间，促进高水平体育人才培养机制的完善。

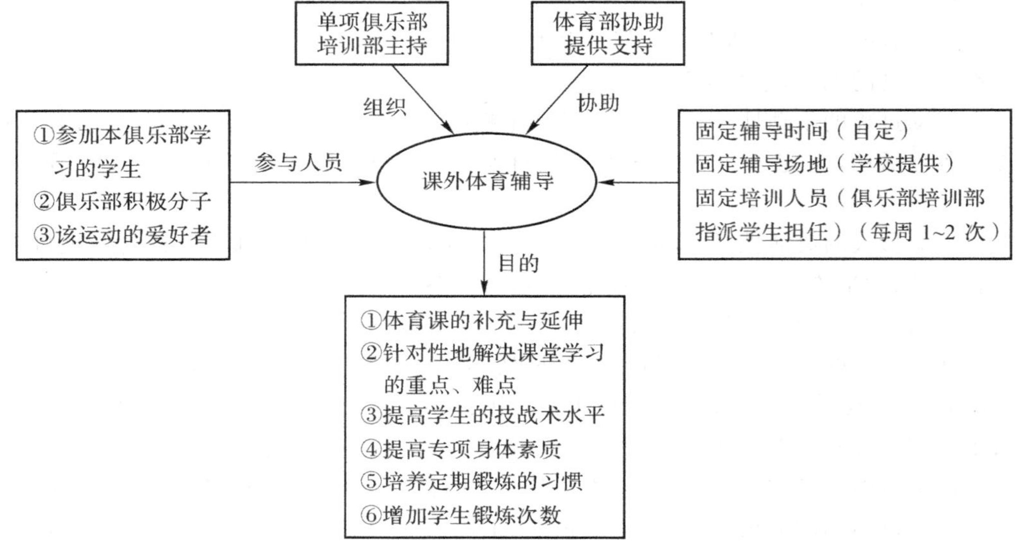

图 6-1　学校课外体育俱乐部活动模式

（三）学校体育俱乐部的组织及活动内容

在学校体育俱乐部中，学生可以参加体育锻炼、体育表演、体育比赛、体育宣传等活动，还可以结合学校的实际情况进行各种体育知识专题讲座、体育知识竞赛等，以达到锻炼身体、发展个性的目的，学校体育俱乐部是培养学生创造性人格、促进创造力提高的舞台，能够提高学生的管理能力、组织能力、协调能力和创造能力。每个单项体育俱乐部都由学生自己管理和组织，体育俱乐部既能够吸引众多学生参加体育活动，又能够丰富校园文化生活。

（四）学校羽毛球俱乐部的性质

学校羽毛球俱乐部一般以学校体育教师为俱乐部的指导教师，也可以根据俱乐部的需要聘请校外人员为俱乐部的指导教师。由指导教师负责组织、指导和俱乐部成员自学、交流相结合的活动方式，开展与羽毛球相关的各类活动、培训及竞赛等。

（五）学校羽毛球俱乐部的功能

1.提供羽毛球爱好者学习与交流的平台。为喜欢羽毛球、了解羽毛球、提高羽毛球水平、与其他羽毛球爱好者交流经验、分享运动快乐的人提供交流的平台。

2.进一步推广和普及羽毛球运动。羽毛球运动是一项非常有价值的运动，它是智力、体力、心理相结合的，具有多重锻炼效果的运动。学校羽毛球俱乐部成立的目的是宣传和推广羽毛球运动，使更多的人了解和参与羽毛球运动。

3.趣味与健身。羽毛球运动兼有娱乐与健身的双重功能。所以经常参与羽毛球运动，会给你更爽朗的精神和更健康的身体。

4. 磨炼意志、增强自信心。羽毛球运动将学生身体活动与心理活动、意志和行为相结合进行教育，使学生在克服困难、挫折的过程中体会成功的喜悦，磨炼自己的意志。

（六）学校羽毛球俱乐部运行机制

1. 俱乐部由体育教学部羽毛球课程教师作为活动指导老师。

2. 俱乐部设立执行主席一名，负责俱乐部的全面工作，妥善协调处理俱乐部与学校以及其他高校俱乐部的关系。

3. 执行主席可根据俱乐部实际情况按需设立技术部、宣传部、培训部、竞赛部、代表队等组织机构，协调俱乐部各项活动的开展。羽毛球俱乐部组织架构如图 6-2 所示。

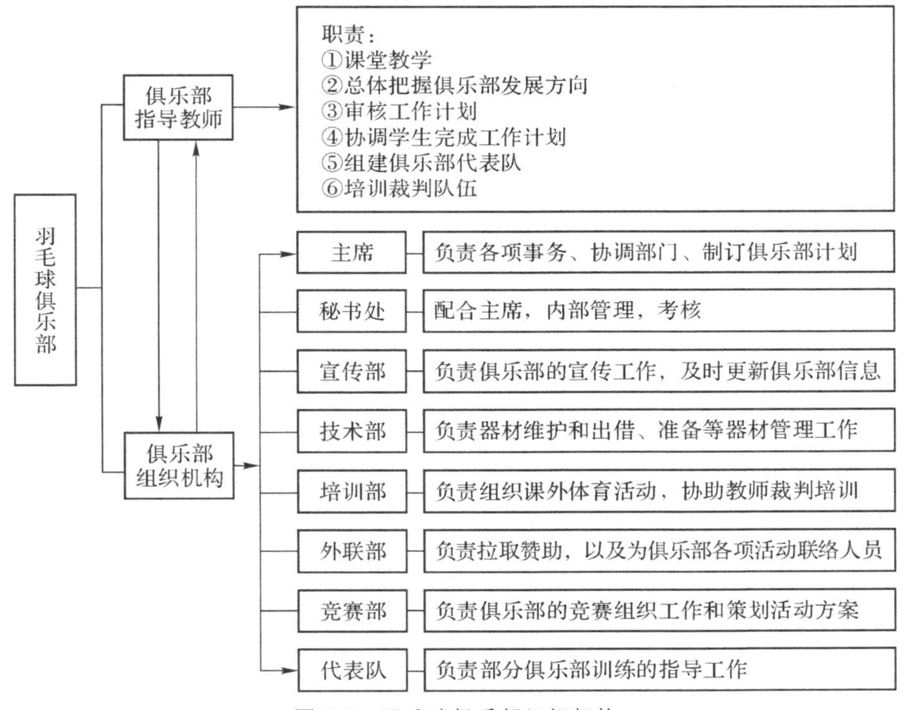

图 6-2　羽毛球俱乐部组织架构

（七）高校羽毛球俱乐部活动策划（以一学期的活动方案为例）

1. 开学招新工作。

- 宣传单的设计（宣传部）。
- 宣传单内容的书写（各部门简介及招收人员的要求）。
- 招新宣传（俱乐部人员轮流值班，具体由秘书处安排）。
- 面试（各部门要明确自己的招收标准，并将该标准写入招新策划中上交给主席）。

➢ 干事培训内容包括俱乐部章程介绍(秘书处)、羽毛球项目概况(主席)、羽毛球基本知识及技术(培训部)、礼仪培训(外联部)、比赛规则介绍(竞赛部)、新闻稿写作(宣传部)。以上为对全体人员的培训,各部门要根据自己的工作内容对自己的干事进行针对性的培训。

➢ 试用期为一个月,试用期期间各部门的部长、副部长要对自己干事的每一项工作打分,并总结上报至秘书处,淘汰部门的最后一名。试用期期间,观察干事特长,可进行适当的部门调整。

2. 羽毛球宣传周(每学期举行一次)。

➢ 羽毛球历史介绍,器材展示(秘书处、器材部)。

➢ 羽毛球讲座(暨高校羽毛球交流活动)(宣传部、培训部)。

➢ 校羽毛球锦标赛(竞赛部、培训部、器材部、秘书处、宣传部)。

➢ 杭州市高校羽毛球交流赛(竞赛部、器材部、秘书处、宣传部、外联部)。

➢ 宣传周闭幕晚会(全体人员)。

3. 会员羽毛球课程(培训部)。

4. 会员羽毛球知识、裁判培训(竞赛部、培训部、秘书处)。

5. 运动安全知识讲座(培训部、宣传部)。

6. 校羽毛球“三对三”大赛(器材部、竞赛部、培训部、秘书处)。

7. 志愿者活动(外联部)。

8. 俱乐部春、秋游。

五、小型羽毛球赛事的组织

随着羽毛球运动在群众中的普及和推广,小型的羽毛球赛事的举办也随之增加。在校园内组织小型羽毛球赛事,主要从赛前筹备、赛中管理及赛后处理三方面入手。

(一)赛前筹备工作

1. 确定比赛名称、项目、制定规程。

2. 制作宣传海报,安排宣传人员。

3. 活动经费预算,购买奖状、奖品。

4. 联系赞助商提供资金支持。

5. 准备场地、相关器材。

6. 确定裁判组人员,计分组人员,落实具体工作。

7. 报名表的制作、收集、汇总。

8. 竞赛编排。

9. 制作秩序册。

10. 制作成绩公告栏。

11. 召开领队、教练员会议。

(二)赛中管理工作

1. 裁判人员分工,每节比赛开赛前集中开会。

2. 分派场地、领取比赛相关器材及表格。

3. 每节首场比赛进行入场式。

4. 比赛过程中保持比赛有序、安全进行。

5. 及时在成绩公告栏公布比赛成绩。

(三)赛后处理工作

1. 打印奖状,颁发奖品。

2. 成绩汇总,制作成绩册。

3. 集体合影,整理收集相关文字、影像资料。

4. 安排好相关人员对场地进行清扫整理。

5. 撰写新闻稿。

第二节　羽毛球运动竞赛常用规则

一、定义、比赛场地及设施

(一)定义

1. 运动员:参加羽毛球比赛的人。

2. 一场比赛:由双方各一名或两名运动员进行的比赛,是羽毛球比赛决定胜负的基本单位。

3. 单打:双方各一名运动员进行的比赛。

4. 双打:双方各两名运动员进行的比赛。

5. 发球方:有发球权的一方。

6. 接发球方:发球方的对方。

7. 回合:自球被发出至死球前的一次或多次连续对击。

8. 一击:运动员试图击球的一次挥拍动作。

(二)比赛场地

1. 场地应是一个长方形,用宽 40 毫米的线画出(图 6-3)。

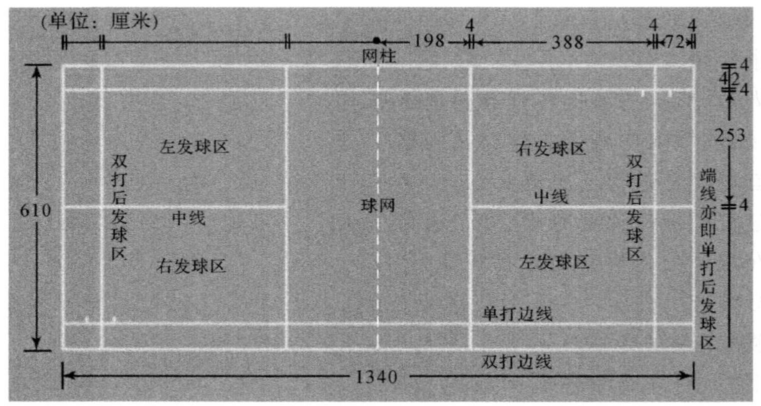

图 6-3　比赛场地

2.线的颜色应是白色、黄色或其他容易辨别的颜色。

3.所有的线都是它所界定区域的组成部分。

4.从场地地面起，网柱高 1.55 米。当球网被拉紧时网柱应与地面保持垂直。

5.不论是单打还是双打比赛，网柱都应放置在双打边线上。网柱及其支撑物不得延伸进入除边线外的场地内。

6.球网应由深色优质的细绳编织成，网孔为均匀分布的方形，边长 15～20 毫米。

7.球网上下宽 760 毫米，全场至少 6.10 米。

8.球网的上沿是用宽 75 毫米的白带对折成的夹层，用绳索或钢丝从中穿过。夹层的上沿，必须紧贴绳索或钢丝。

9.绳索或钢丝应牢固的拉紧，并与网柱顶取平。

10.从场地地面起至球网中央顶部应高 1.524 米，双打边线处网高 1.55 米。

11.球网两端与网柱之间不应有空隙。

注：

- 双打场地对角线长 14.723 米，单打场地对角线为 14.366 米。
- 以上所示的场地图适用于单、双打比赛。

（三）比赛设施

1.羽毛球

(1)球可由天然材料、人造材料或其他混合制成。无论是何种材料制成的球，飞行性能与由天然羽毛和薄皮包裹软木球托制成的球的性能相似。

(2)天然材料制成的球。

- 球应有 16 根羽毛固定在球托上。
- 每根羽毛从球托面至羽毛尖的长度，统一为 62～70 毫米。

➢ 羽毛顶端围成圆形，直径为 58～68 毫米。

➢ 羽毛应用线或其他适宜材料扎牢。

➢ 球托底部为球形，直径为 25～28 毫米。

➢ 球重 4.74～5.50 克。

(3)非天然材料制成的球。

➢ 球裙由合成材料制成的仿真羽毛代替天然羽毛。

➢ 球托底部为球形，直径为 25～28 毫米。

➢ 球的尺寸和重量同上，但因合成材料与天然羽毛在比重、性能上的差异，允许有不超过 10％的误差。

➢ 在因海拔或气候等条件不宜使用标准球的地方，只要球的一般式样、速度和飞行性能不变，经有关会员协会批准，可以变通以上规定。

2. 球速的检验

➢ 验球时，运动员应在端线外用低手向前上方全力击球。球的飞行方向应与边线平行。

➢ 符合标准球速的球，应落在场内距离对方端线外沿 530～990 毫米的区内(图 6-4)。

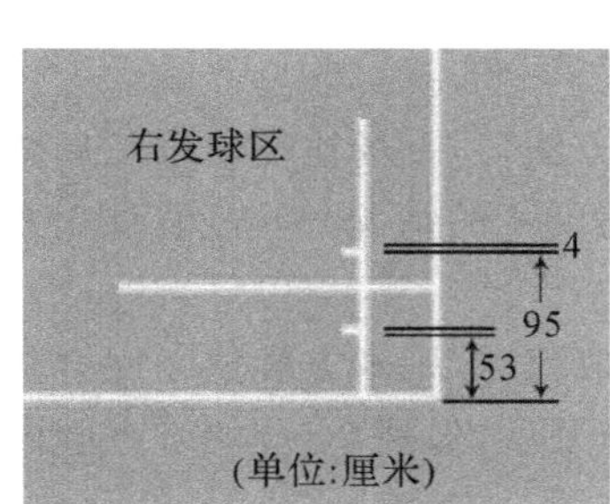

图 6-4　球速的检验

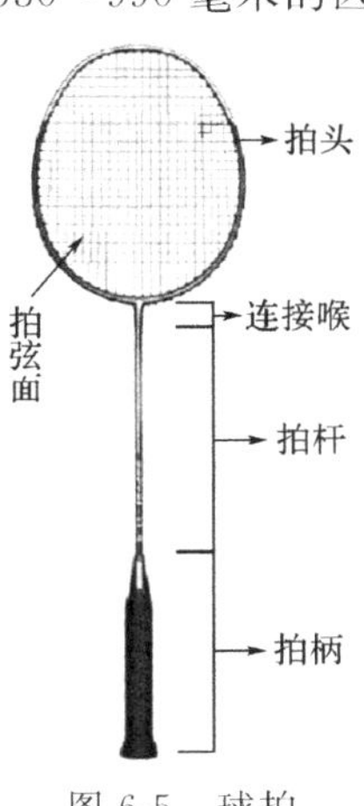

图 6-5　球拍

3. 羽毛球拍

(1)球拍的构成。

➢ 球拍长不超过 680 毫米，宽不超过 230 毫米，由拍柄、拍弦面、拍头、拍杆、连接喉部分构成(图 6-5)。

➢ 拍柄是击球者通常握拍的部分。

➢ 拍弦面是击球者通常用于击球的部分。

➢ 拍头界定了拍弦面的范围。

➢ 拍杆通过连接喉，连接拍柄与拍头。

➢ 连接喉(如有)连接拍杆与拍头。

(2)拍弦面。

➢ 拍弦面应是平的,用拍弦穿过拍头十字交叉或以其他形式编织而成。编织的式样应保持一致,尤其是拍面中央的编织密度,不得小于其他部分。

➢ 拍弦面长不超过 280 毫米,宽不超过 220 毫米。拍弦可延伸进连接喉区域。

➢ 伸入拍弦区域的宽不得超过 35 毫米。

➢ 包括这个区域在内的拍弦面总长不得超过 330 毫米。

(3)球拍。

➢ 球拍不允许附加物和突出部分,除非是为了防止磨损、断裂、振动或调整重心的附加物,或预防球拍脱手而将拍柄系在手上的绳索,但其尺寸和位置必须合理。

➢ 球拍不允许有附加任何可能从根本上改变球拍形式的装置。

二、羽毛球比赛基本规则

(一)挑边

1.比赛开始前应挑边,赢方将在以下做出选择:

➢ 先发球或先接发球。

➢ 在一个半场区或另一个半场区比赛。

2.输的一方,在余下的一项中选择。

(二)计分方法

1.除非另有规定("礼让比赛"和"其他计分方法"),一场比赛应以三局两胜定胜负。

2.每场比赛采取三局两胜制,除出现本条规则 4 的情况外,先得 21 分的一方赢得当局比赛。

3.对方"违例"或球触及对方场区内的地面成死球,则本方胜这一回合并得 1 分。

4.20 分平后,领先 2 分的一方胜该局;29 分平后,先到 30 分的一方胜该局。

5.一局的胜方在下一局首先发球。

(三)交换场区

1.以下情况运动员应交换场。

➢ 第一局结束。

➢ 第二局结束(如果有第三局)。

➢ 在第三局比赛中,一方先得 11 分时。

2.如果运动员未按规定交换场区,一经发现,在死球时立即交换。已得比分有效。

(四)发球

1.合法发球。

➢ 一旦发球员和接球员做好准备,任何一方都不得延误发球开始。发球员球拍的拍

头做完后摆，任何迟滞都是延误发球开始。

➢ 发球员和接发球员，应站在斜对角的发球区内，脚不得触及发球区和接发球区的界线。

➢ 从发球开始至发球结束前，发球员和接球员的两脚都必须有一部分与场地的地面接触，不得移动。

➢ 发球员的球拍，首先应击中球托。

➢ 发球员的球拍击中球的瞬间，整个球应低于发球队员的腰部。腰指的是发球员最低肋骨下缘的水平切线。

➢ 发球员的球拍击中球的瞬间，球拍杆应指向下方。

➢ 发球开始后，发球员必须连续向前挥动球拍，直至将球发出。

➢ 发出的球向上飞行过网，如果未被拦截，球应落在规定的接发球区内(即落在线上或界内)。

➢ 发球员发球时应击中球。

2. 一旦运动员站好位置准备发球，发球员的球拍头第一次向前挥动，即为发球开始。

3. 一旦发球开始，发球员的球拍击中球或未能击中球，均为发球结束。

4. 发球员应在接发球员准备好后才能发球，如果接、发球员已试图接、发球，即被视为已做好准备。

5. 双打比赛发球时，发球员或接发球员的同伴应在各自的场区内，其站位不限，但不得阻挡对方发球员或接发球员的视线。

(五)发球区错误

1. 以下情况为发球区错误：

➢ 发球或接发球顺序错误。

➢ 在错误的发球区发球或接发球。

2. 如果发现发球区错误，应在死球时予以纠正，已得比分有效。

(六)违例

以下情况均属违例：

1. 不合法发球。

2. 发球时，出现以下情况：

➢ 球挂在网上或停在网顶。

➢ 球过网后挂在网上。

➢ 接发球员的同伴接到球或被球触及。

3. 比赛进行中，出现以下情况：

➢ 落在场地界线外(即未落在界线上或界线内)。

➢ 从网孔或网下穿过。

- 未从网上方越过。
- 触及天花板或四周墙壁。
- 触及运动员的身体或衣服。
- 触及场地外其他物体或人。
- 被击时停滞在球拍上，紧接着被拖带抛出。
- 被同一运动员两次挥拍连续两次击中。
- 被同方两名运动员连续击中。
- 触及运动员球拍，而未飞向对方场区。

4. 比赛进行中，运动员出现以下情况：

- 球拍、身体或衣服触及球网或球网的支撑物。
- 球拍或身体从网上侵入对方场区（球拍与球的最初接触点在击球者网的这一方，而后球拍随球过网的情况除外）。
- 球拍或身体，从网下侵入对方场区，导致妨碍对方或分散对方的注意力。
- 妨碍对方，即阻挡对方紧靠球网的合法击球。
- 故意分散对方注意力的任何举动，如喊叫、故作姿态等。

（七）重发球

1. 由裁判员或运动员（未设裁判员时）宣报“重发球”，用以中断比赛。

2. 以下情况为“重发球”：

- 发球员在接发球员未做好准备时发球。
- 在发球过程中，发球员和接发球员都被判违例。
- 发球被回击后，球停在网顶或球过网后挂在网上。
- 比赛进行中，球托与球的其他部分完全分离。
- 裁判员认为比赛被干扰或教练干扰了对方运动员的比赛。
- 司线员未能看清，裁判员也不能做出裁决时。
- 遇到不可预见的意外情况。

3. “重发球”时，该次发球无效，原发球员重新发球。

（八）死球

1. 球撞网或网柱后，开始向击球者网这方地面落下。

2. 球触及地面。

3. 宣报了“违例”或“重发球”。

（九）比赛连续性、行为不端及处罚

1. 除本条规则 2 和 3 允许的情况外，比赛自第一次发球开始至该场比赛结束应是连续的。

2. 间歇：

- 每局比赛，当一方先得 11 分时，允许有不超过 60 秒的间歇。

➢ 所有比赛中，每局之间允许有不超过120秒的间歇。

3. 比赛的暂停：

➢ 遇到不是运动员所能控制的情况，裁判员可根据需要暂停比赛。

➢ 遇到特殊情况，裁判长可要求裁判员暂停比赛。

➢ 如果比赛暂停，已得比分有效，续赛时由该比分算起。

4. 延误比赛：

➢ 不允许运动员为恢复体力、喘息或接受指导而延误比赛。

➢ 裁判员是“延误比赛”的唯一裁决者。

5. 指导和离开场地：

➢ 在一场比赛中，死球时允许运动员接受指导。

➢ 在一场比赛中，运动员未经裁判员允许不得离开场地(规定的间歇除外)。

6. 运动员不得有下列行为：

➢ 故意延误或中断比赛。

➢ 故意改变或损坏球，以此影响球的速度或飞行。

➢ 举止无礼。

➢ 规则未述的其他不端行为。

7. 对违犯者的处罚：

➢ 对违犯规则的运动员，裁判员应执行警告。

➢ 对已被警告过的一方判违例，同一方如果违例两次则被视为“屡犯”。

➢ 对严重违犯、屡犯或违犯规则的一方判违例，并报告裁判长。裁判长有权取消其该场比赛资格。

(十)礼让比赛

在礼让比赛中，比赛规则有以下变化：

1. 比赛规则规定的一局分数不变。

2. 比赛规则改为：在第三局或只进行一局的比赛中，当一方得分到达局分的一半时(如不是整数，则按四舍五入计)。

(十一)其他计分方法

1. 可按赛前商定进行：

➢ 一局为21分的比赛。

➢ 一场三局两胜的比赛，即每局15分。

2. 在第1种情况下，比赛规则有以下变化：

交换场区：在只进行一局的比赛中，运动员在一方分数首先到达11分时交换场区。

3. 在第2种情况下，比赛规则有以下变化：

(1)计分方法：

- 除非另有商定，一场比赛应以三局两胜定胜负。
- 除规定的情况之外，先得15分的一方胜一局。
- 如果比分为14：14，先连续得2分的一方胜该局。
- 如果比分为20：20，先获得21分的一方胜该局。

(2)交换场区：在第三局，一方先得8分时，运动员应交换场区。

4.比赛连续性、行为不端及处罚。

间歇：每局比赛，当一方先得8分时，允许有不超过60秒的间歇。

三、羽毛球单打比赛规则

(一)发球区和接发球区

1.一局中，发球员的分数为0或双数时，双方运动员均应在各自的右发球区发球或接发球。

2.一局中，发球员的分数为单数时，双方运动员均应在各自的左发球区发球或接发球。

(二)击球顺序和位置

一回合中，球应由发球员和接发球员交替从各自所在场区一边的任何位置击出，直至成死球为止。

(三)得分和发球

1.发球员胜一回合则得1分。随后，发球员再从另一发球区发球。

2.接发球员胜一回合则得1分。随后，接发球员成为新发球员。

四、羽毛球双打比赛规则

(一)发球区和接发球区

1.一局中，发球方的分数为0或双数时，发球方应从右发球区发球。

2.一局中，发球方的分数为单数时，发球方应从左发球区发球。

3.接发球方上一回合最后一次发球的运动员应在原发球区接发球，其同伴的站位与其相反。

4.接发球员应是站在发球员斜对角发球区的运动员。

5.发球方每得1分后，原发球员则变换发球区再发球。

6.除出现发球区错误外，发球都应从与发球方得分相对应的发球区发出。

(二)击球顺序和位置

每一回合球被回击后，由发球方的任何一人和接发球方的任何一人，交替在各自场区一边的任何位置击球，如此往返直至死球。

（三）得分和发球

1. 发球方胜一回合则得 1 分，随后发球员继续发球。

2. 接发球方胜一回合则得 1 分，随后接发球员成为新发球方。

（四）发球顺序

每局比赛的发球权必须如下传递：

1. 首先是发球员，从右发球区发球。

2. 其次是首先接发球员的同伴，从左发球区发球。

3. 然后是首先发球员的同伴。

4. 接着是首先接球员。

5. 再接着是首先发球员，如此传递。

（五）运动员在比赛中不得有发球、接发球顺序错误或在一局比赛中连续两次接发球

（六）一局胜方的任一运动员可在下一局先发球；一局负方中的任一运动员可先接发球（表 6-1）

表 6-1

过程及解释	比　分		发球区	发球员和接发球员	赢球方
	0∶0	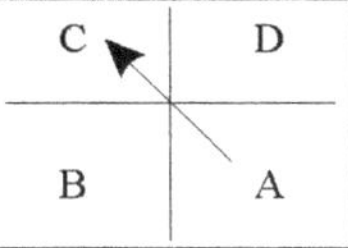 C D / B A（A→C）	从右发球区发球（因发球方的分数为双数）	A 发球，C 接发球（A 和 C 为首先发球员和首先接发球员）	A 和 B
A 和 B 得 1 分。A 和 B 交换发球区，A 从左发球区再次发球。C 和 D 在原发球区接发球	1∶0	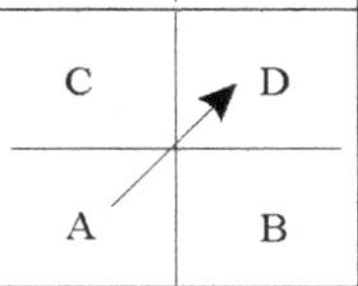 C D / A B（A→D）	从左发球区发球（因发球方的分数为单数）	A 发球，D 接发球	C 和 D
C 和 D 得 1 分，并获得发球权。两人均不改变各自原发球区（即原站位）	1∶1	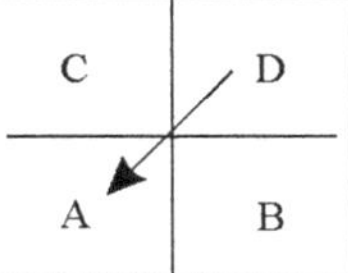 C D / A B（D→A）	从左发球区发球（因发球方的分数为单数）	D 发球，A 接发球	A 和 B
A 和 B 得 1 分，并获得发球权。两人均不改变各自原发球区（即原站位）	2∶1	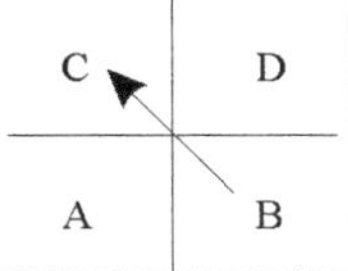 C D / A B（B→C）	从右发球区发球（因发球方的分数为双数）	B 发球，C 接发球	C 和 D
C 和 D 得 1 分，并获得发球权。两人均不改变其各自原发球区（即原站位）	2∶2	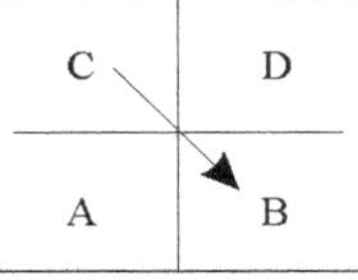 C D / A B（C→B）	从右发球区发球（因发球方的分数为双数）	C 发球，B 接发球	C 和 D

续表

过程及解释	比分		发球区	发球员和接发球员	赢球方
C 和 D 得 1 分。C 和 D 交换发球区，C 从左发球区发球。A 和 B 不改变其各自原发球区	3：2	D C A B	从左发球区发球(因发球方的分数为单数)	C 发球，A 接发球	A 和 B
A 和 B 得 1 分，并获得发球权。两人均不改变各自原发球区（即原站位）	3：3	D C A B	从左发球区发球(因发球方的分数为单数)	A 发球，C 接发球	A 和 B
A 和 B 得 1 分。A 和 B 交换发球区，A 从左发球区再次发球。C 和 D 不改变其各自原发球区	4：3	D C B A	从右发球区发球(因发球方的分数为双数)	A 发球，D 接发球	C 和 D

五、羽毛球双打比赛发球站位图解(图 6-6～图 6-13)

双打比赛中，A 和 B 对 C 和 D。A 和 B 挑边获胜选择了发球，A 发球，C 接发球。A 为首先发球员，而 C 则为首先接发球员。

以上的意思为：

1. 与单打时一样，发球员的发球区以发球方分数的单数或双数来决定。

2. 运动员只有在本方发球得分时才交换发球区。除此以外，运动员继续站在上一回合的各自发球区，以此保证发球员间发球的交替。

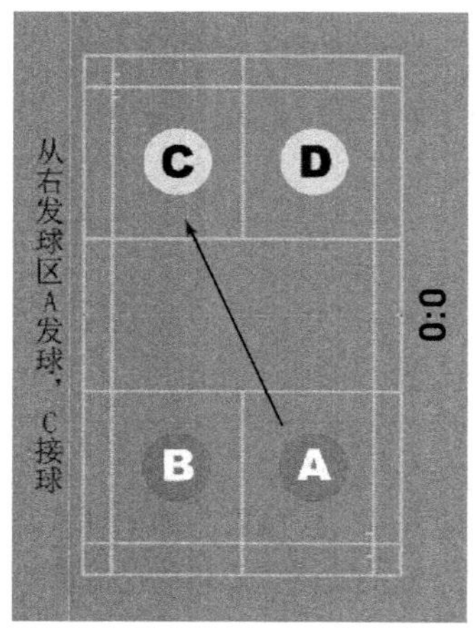

图 6-6　0：0

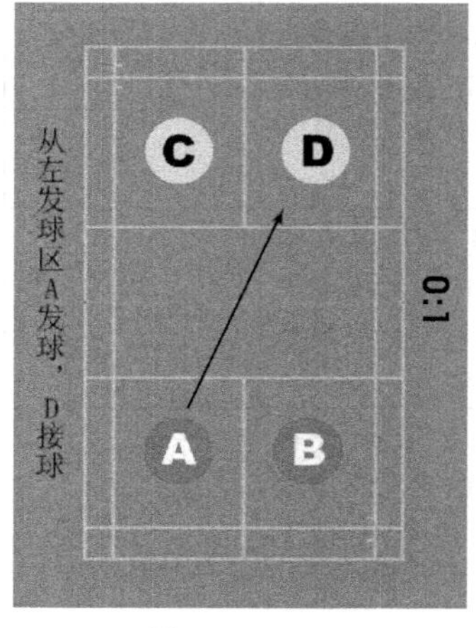

图 6-7　0：1

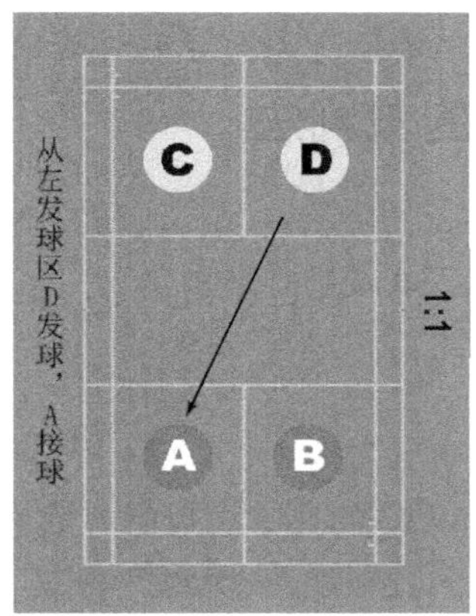

图 6-8　1：1

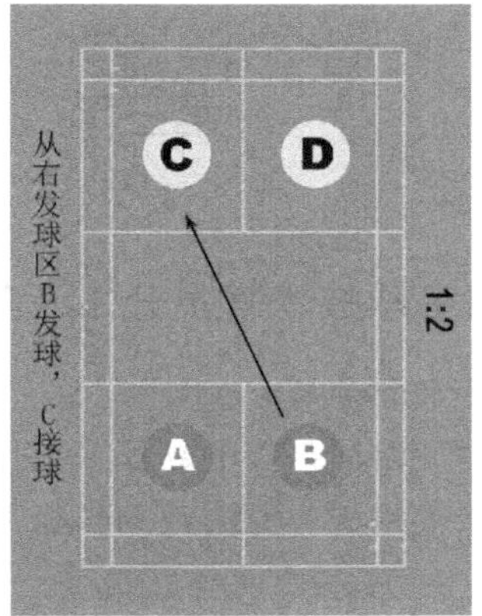

图 6-9　1：2

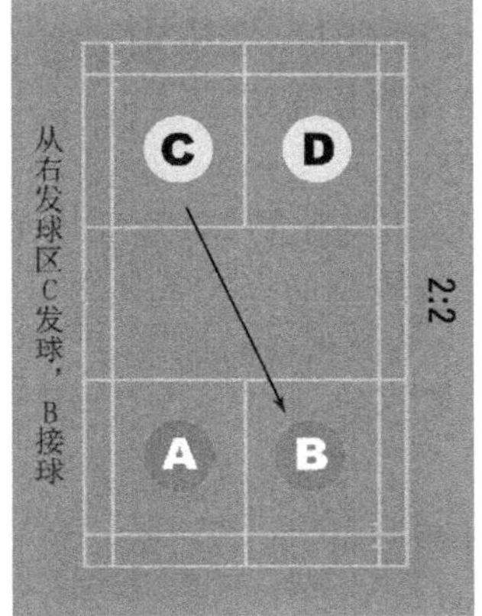

图 6-10　2：2

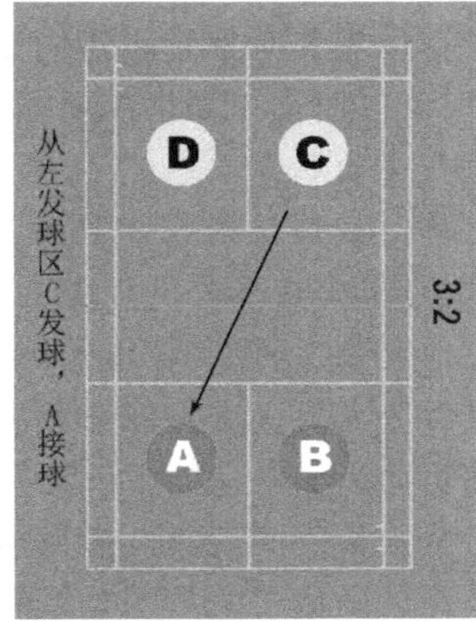

图 6-11　3：2

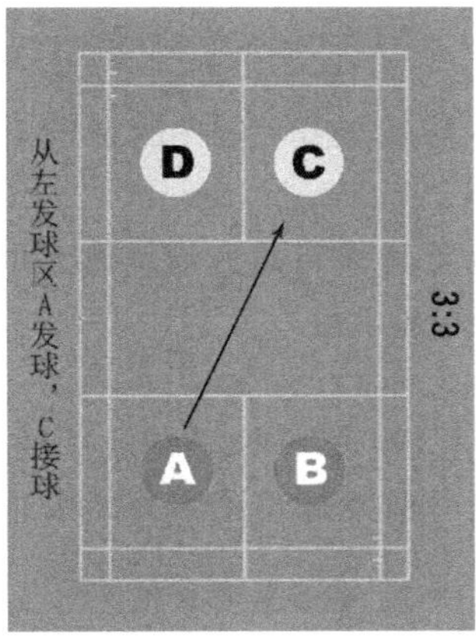

图 6-12　3：3

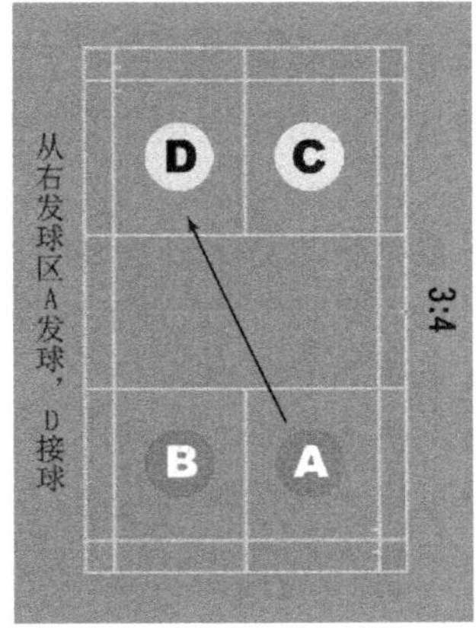

图 6-13　3：4

第三节　羽毛球竞赛的裁判法

一、羽毛球技术官员分工及其职责

（一）技术官员的分工

1.裁判员在裁判长的领导下工作，并向裁判长负责。

2.发球裁判员一般由裁判长指派，但裁判长可予以撤换或经裁判员与裁判长商议后予以撤换。

3.司线员一般由裁判长指派，但裁判长可予以撤换或经裁判员与裁判长商议后予以撤换。

4.技术官员对其所分管职责内事实的宣判是最后的裁决。当裁判员确认司线员明显错判时，应予以纠正。如果需要撤换司线员，应召唤裁判长商定。

（二）裁判员的职责

每场比赛由裁判长指派一名裁判员（亦称主裁判）主持比赛，并管理该场地及其周围，比赛时裁判员坐在场外网柱旁的裁判椅上，执行竞赛规则的有关条款。

1.及时地宣判“违例”或“重发球”，并随时在记分表上做相应的记录。

2.对申诉应在下一次发球前做出裁决。

3.应使运动员和观众能了解比赛的进程。

4.可与裁判长磋商，安排、撤换司线裁判员或发球裁判员。

5.当裁判员确认司线员明显错判时，应予以纠正。

6.当技术官员因视线被挡未能作出裁决时，由裁判员裁决。若裁判员也不能作出裁决时，则判“重发球”。

7.裁判员有权暂停比赛。

8.裁判员应记录与规则中（比赛连续性、行为不端及处罚）有关的情况并向裁判长报告。

9.临场裁判员主持一场比赛，并管理该比赛场地及其紧邻的区域。管理时限从该场比赛裁判员进入场地开始，直至该场比赛结束后离开场地为止。

（三）发球裁判员的职责

发球裁判员通常坐在裁判员对面网柱旁的矮椅上，视线基本与发球员的腰部持平；根据需要也可以坐在裁判员同侧；在视线被挡而不能看清发球员的发球动作时可以挪动身体位置直至能看清发球员的发球动作为止。

1.宣判发球员在发球时的违例。

2.协助裁判员检查场地和器材。

3.协助裁判员管理羽毛球。

4.放置暂停标志。

(四)司线员的职责

司线员专门负责察看球在他所负责的线附近的落点,并以规定的术语"界外"、"界内"以及"视线被挡"三个手势进行宣判。

(五)裁判长的职责

裁判长对组成整个竞赛的每一场比赛负有全责,包括:

1.对规则和竞赛规程的解释做出最后决定。

2.保证比赛公正地进行。

3.保证比赛的顺利进行。

4.全面管理竞赛。

二、裁判人员的工作建议及基本要求

(一)裁判员的工作建议及基本要求

1.比赛开始,裁判员应:

➢ 向裁判长领取记分表。

➢ 确保计分器正常工作。

➢ 确保网柱放置在双打边线上。

➢ 检查网高,并保证球网两端与网柱之间没有空隙。

➢ 确定是否有羽毛球触及障碍物的补充规定。

➢ 确保发球裁判员和司线员明确各自的职责,位置安排正确。

➢ 确保有足够数量并经检测的比赛用球,避免耽误比赛。

➢ 检查运动员服装的颜色、图案、字样和广告是否符合规定,并确保违规情况能得到纠正。有关违规服装规定的任何裁定,都必须在该场比赛前报告裁判长或相应的竞赛负责人,如赛前无法报告,则应在该场比赛结束后立即报告。

➢ 公正执行"挑边",确保赢方和输方进行正确的选择,并记录挑边的结果。

➢ 双打比赛时,记下开局时站在右发球区的运动员姓名,以便随时检查发球时运动员是否站在正确的发球区内。每局开始时都必须做相应的记录。

2.比赛开始,裁判员应按以下形式宣报。介绍运动员时,手相应地指向右边或左边。(W、X、Y、Z表示运动员姓名,A、B、C、D表示国名或地区名)

(1)单打：

➢ 单项赛：女士们，先生们，在我右边X、A，在我左边Y、B，比赛开始，0比0。

➢ 团体赛：女士们，先生们，在我右边A、X，在我左边B、Y。A发球，比赛开始，0比0。

(2)双打：

➢ 单项赛：女士们，先生们，在我右边W、A和X、B，在我左边Y、C和Z、D。X发球，Y接发球，比赛开始，0比0。如果两名配对的双打运动员代表同一个国家或地区，则宣报该两名运动员的姓名后，再报其国名或地区名，如W和X，A。

➢ 团体赛：女士们，先生们，在我右边A，W和X，在我左边B，Y和Z；A、X发球，Y接发球，比赛开始，0比0。

➢ 裁判员宣报"比赛开始"，即为一场比赛的开始。

3.比赛中

(1)裁判员：

➢ 应使用裁判员临场规范用语。

➢ 应记录和报分。报分时，总是先报发球员的分数。

➢ 如果指派了发球裁判员，发球时裁判员主要看接发球员，但必要时，也可宣报"发球违例"。

➢ 应随时注意计分器的显示是否正确。

➢ 需要裁判长帮助时，右手高举过头。

(2)当一方输了一回合而失去发球权时，应宣报"换发球"，随后，先报新发球方的分数，接着报新接球方的分数。必要时，用适当的手势，同时指向新发球员及其正确的发球区。

(3)只有裁判员才可宣报"比赛开始"或"继续比赛"，以表明：一场或一局比赛的开始，或交换场地后一局比赛的继续。比赛中断后恢复比赛。裁判员要求运动员继续比赛。

(4)当违例发生时，裁判员应宣报"违例"。以下情况除外：发球裁判员根据规则宣报发球"违例"时，裁判员应宣报"发球违例"以确认这一裁决，裁判员在判接发球违例时，宣报"接发球违例"。司线员根据比赛规则所述的"违例"，做了宣报或出示了手势。属于规则所述的"违例"，只有在有必要向运动员或观众表明时，才宣报"违例"。

(5)当一局比赛领先方得11分时，该回合一结束，应立即宣报"换发球"(需要时)，随后报分和间歇，不受观众鼓掌、欢呼的影响，马上执行规则有关间歇的规定，间歇时间从此时算起。在间歇期间，发球裁判员要确保场地被擦干净。

(6)在一局比赛领先方得11分的间歇中，40秒时，应重复宣报"×××号场地20秒"。每局交换场区，以及第三局交换场区的间歇中，允许双方各有不超过两人进入场地。当裁判员宣报“×××号场地20秒”时，这些人员应离开场地。间歇后恢复比赛时宣报“继续比赛”，并再次报分。如果运动员不需要规则规定的间歇，可继续比赛。

(7)延长比赛：在每局比赛领先方得20分时，要宣报“局点”或“场点”。在每局比赛中任何一方分数达到29分时，都应宣报“局点”或“场点”。用英文宣报时，“局点”或“场点”总是在发球方分数后，接发球方分数前。

(8)每一局最后一个回合结束，必须立即宣报“×××局比赛结束”，而不受鼓掌、喝彩声等影响。规则允许的间歇时间从此时开始算起。第一局结束后宣报“第一局比赛结束，×××(运动员姓名或团体赛队名)胜×××(比分)”。第二局结束后宣报“第二局比赛结束，×××(运动员姓名或团体赛队名)胜×××(比分)，局数1∶1”；如果胜这一局即胜该场比赛，则宣报“比赛结束，×××(运动员姓名或团体赛队名)胜×××(各局比分)”。

(9)在第一局和第二局、第二局和第三局间的间隙中，100秒时，应重复宣报“×××号场地20秒”。间歇中，允许双方各有不超过两人在运动员交换场区后进入场地。当裁判员宣报“×××号场地20秒”时，这些人应离开场地。

(10)第二局比赛开始时，宣报“第二局比赛开始，0比0”。如果要赛第三局，比赛开始时，宣报“决胜局比赛开始，0比0”。

(11)第三局或只进行第一局的比赛，当领先方得11分时，宣报“换发球”(需要时)，再报分，接着再宣报“间歇，交换场区”。间歇后比赛开始，应宣报“继续比赛”并再次报分。

(12)一场比赛结束后，应立即将记录完整的记分表送交裁判长。

4.球落点的宣判

(1)球落在界线附近或界外无论多远，裁判员都应看司线员。司线员对自己的裁决负全责。

(2)若裁判员确认司线员明显错判，则应宣报“纠正，界内”(如球落在界内)；“纠正，界外”(如球落在界外)。

(3)未设司线员或司线员未能看清时，裁判员应立即宣报“界外”，接着再报比分(球落在界线外)，报分前加报“换发球”(需要时)；“比分”(球落在界线内)，报分前加报“换发球”(需要时)；“重发球”(裁判员也未能看清时)。

5.比赛时应注意处理的情况

(1)运动员将球拍掷入对方场区或从网下滑入对方场区，并因此妨碍或分散对方注意力，应根据规则判违例。

(2)球从临场侵入场区时，以下情况不判“重发球”：如果裁判员认为未引起运动员注意，未妨碍或干扰运动员比赛。

(3)对正在击球的运动员大声喊叫，不应视为分散对方注意力。向对方喊叫“别接”、

"违例"等，则应视为分散对方注意力。

(4)运动员离开场地

➢ 除规则规定的间歇外，运动员未经裁判员同意，不得离开比赛场地。

➢ 应提醒违犯方，离开场地必须经裁判员同意。但允许运动员在对击中到场边更换球拍。比赛中死球时，应谨慎地允许运动员迅速地擦汗或喝水。

➢ 如需擦地板时，在擦地板结束前运动员应在场地内。

(5)延误和中断比赛：不允许运动员故意中断或延误比赛；制止其在场地做不必要的兜圈走动；必要时执行规则的有关规定。

(6)场外指导：

➢ 比赛中应制止场外指导。

➢ 确保比赛中，教练员坐在指定的椅子上，不得站在场边；教练员不得分散运动员的注意力或使比赛中断。

➢ 如果裁判员认为比赛被干扰，或教练员分散了对方运动员的注意力，则判"重发球"，再次出现该情况时，立即召唤裁判长。

➢ 裁判长应警告确保所有教练员及随队官员遵守其行为规范。

(7)换球。

➢ 比赛时，换球应公正。裁判员应对是否换球做出决定。

➢ 球的速度或飞行受到干扰时，应换球。必要时执行有关规定。

➢ 裁判长是决定球速的唯一裁决者。如果比赛双方均要求更换球速，应立即召唤裁判长。必要时，可以试球。

(8)比赛时伤病的处理。

➢ 裁判员应谨慎、灵活地处理比赛时运动员的伤病，迅速、准确地判定伤病的严重程度。必要时召唤裁判长。

➢ 裁判长必须决定是否需要医务人员或其他人员进场。医务人员应对运动员进行检查，并告知伤病的严重程度。如出血，应延缓比赛，直至流血停止或伤口得到妥善处理为止。

➢ 对治疗应实行有效管理，不得因治疗而延误比赛。

➢ 裁判长应告知裁判员，给运动员恢复比赛可能需要的时间。裁判员应监控所用的时间。

➢ 处理时，裁判员应确保不给对方造成不利影响，同时恰当地执行规则。

➢ 由于伤病或其他不可避免的原因，造成比赛中断，应及时询问该运动员："你要弃权吗?"如果回答是肯定的，应宣报"×××(运动员姓名或队名)弃权"，"×××(运动员姓名或队名)胜，×××(比分)。"

6. 比赛暂停

(1)如果比赛暂停，应宣报"比赛暂停"，并记录比分、发球员、接发球员、正确的发球

区和场区。

(2)恢复比赛时,应记录暂停持续的时间,确认运动员的正确站位,并询问:“准备好了吗?”再宣报“继续比赛”和比分。

7.行为不端

(1)记录并向裁判长报告任何不端行为及其处理。

(2)两局间行为不端的处理方法,与一局中的行为不端的处理方法相同。处理决定由裁判员在下一局比赛开始时宣报,先按对临场裁判人员的宣报,然后宣报“换发球”(适用时),再报比分。

(3)当裁判员对违犯规则的违犯方警告时,应召违犯运动员“到这里来”,并宣报“警告,×××(运动员姓名)行为不端”,同时,右手持黄牌举过头顶。

(4)对违犯规则已被裁判员执行过警告的违犯方判违例时,应召违犯运动员“到这里来”,并宣报“违例,×××(运动员姓名)行为不端”,同时,右手持红牌举过头顶。

(5)当裁判员按规则对严重违反或屡犯规则或违反规则的一方判违例,并拟向裁判长建议取消该运动员比赛资格时,应叫该运动员“到这里来”,并宣报“违例,×××(运动员姓名)行为不端”,同时,右手持红牌举过头顶,并召唤裁判长。

(6)裁判长决定取消该方运动员比赛资格时,将黑牌交给裁判员。裁判员应叫该运动员“到这里来”,并宣报“×××(运动员姓名)行为不端,取消比赛资格”,同时,右手持黑牌举过头顶。

(二)发球裁判员的工作建议及基本要求

1.比赛前

➢ 领球、检测球网及网柱。

➢ 协助裁判员召集运动员、司线员入场。协助检查运动员服装等。

2.比赛中

(1)判发球违例是其主要职责。如有违例,则大声宣报“违例”,并用规定手势指明违例类型。

(2)对发球裁判员有以下要求:

➢ 发球裁判员一般坐在主裁判对面网柱旁的矮椅上,但如视线被挡,可自行调整至适当位置。特别是混双,容易视线被挡。

➢ 动作夸张、注意力集中,全神贯注地注视发球员的发球并保持贯彻始终。

➢ 眼明口快,及时准确地宣报“违例”,同时出示相应的规定手势。

➢ 宣报声音洪亮,直至裁判员宣报“发球违例”,使宣判生效。宣报违例时要手势果断、声音响亮,必要时及时举手或站起,以便让主裁判和运动员看见、听见。

➢ 判罚尺度统一,做到前紧后不松。

➢ 注意关键比分时发球员的偷袭发球。

(3)换球:协助管理比赛用球,切忘喧宾夺主,只有裁判员示意换球时方可递球给发球方运动员。比赛用球接近用完时,应在死球时向裁判长示意补充。

(4)保证地板干净:间歇期间要提示司线员擦地板,不必每次擦地板都跟到场内。

(5)放置暂停标志(停赛标):只在第一局结束,和有决胜局的第二局结束后放置。场地没有比赛了就不能放。

(6)与裁判员的交流:局间到裁判员一侧,可以进行简短的交流,但一定要走过去。等裁判员宣报“场地 20 秒”后,撤出暂停标志,回到自己的位置。每次发球后、死球时都要跟裁判员有交流,如眼神交流、点头等。

(7)与裁判员同时开表,如裁判员忘记开表或其他情况出现,这也是依据。

3.赛后

- 捡球(比赛结束后的球要收回)。
- 场地中间放置练习球。
- 协助裁判员带出运动员等。

(三)司线员的工作建议及基本要求

1.司线员一般应坐在他所负责线的延长线的 2.5～3.5 米处,最好面向裁判员。双打端线司线员应坐在边线外的端线与双打后发球之中间的延长线上。

2.司线员对所负责的线负全责。除裁判员判定司线员有明显错判、否决司线员的判决外,如球落在界外,无论多远,均应立即大声、清晰地宣报“界外”,使运动员和观众都能听清,同时,掌心向前两臂侧平举做“界外”手势,使裁判员能看清。如球落在界内或线上,不宣报,只用右手指向界内。

4.如未能看清,立即举起双手盖住双眼,向裁判示意。

5.球落地前不要宣报或做手势。

6.只负责宣报球的落点,不得干预裁判员的裁决,例如球触及运动员或球拍。

7.注意力高度集中,抢时间、抢角度准确判断球的任何部分的最初落点。

8.保持与裁判员的沟通配合,做到手势快出慢收,稍作停顿。对视是很关键的。

9.边线、端线交接处附近的落地球,司线员无需配合,各负其责(如有一司线员出示“界外”手势,即为界外球)。

10.避免与运动员发生冲突。

三、裁判人员临场用语和手势

(一)临场裁判员的规范用语

裁判员应使用规范用语控制一场比赛。

1.宣报及介绍

(1)女士们、先生们:

➢ 在我右边×××(运动员姓名)×××(国名),在我左边×××(运动员姓名)×××(国名)。

➢ 在我右边×××(双打运动员姓名)×××(国名),在我左边×××(双打运动员姓名)×××(国名)。

➢ 在我右边×××(国名/队名)×××(运动员姓名),在我左边×××(国名/队名)×××(运动员姓名)。

➢ 在我右边×××(国名/队名)×××(双打运动员姓名),在我左边×××(国名/队名)×××(双打运动员姓名)。

(2)×××(运动员姓名)发球。

(3)×××(国名/队名)发球。

(4)×××(运动员姓名)发球,×××(运动员姓名)接发球。

(5)×××(运动员姓名)发球给×××(运动员姓名)。

2.比赛开始及报分

(1)0比0。

(2)比赛开始或继续比赛。

(3)换发球。

(4)间歇。

(5)×××号场地20秒。

(6)局点,××比××。例:局点,或20比19局点,29比28。

(7)场点,××比××。例:场点,或20比19场点,29比28。

(8)局点,××比××。例:局点,29比29。

(9)场点,××比××。例:场点,29比29。

(10)比赛结束。

(11)第一局×××(运动员姓名或团体赛队名)胜,××比××。

(12)×××号场地间歇2分钟。

(13)第二局。

(14)第二局×××(运动员姓名或团体赛队名)胜,××比××。

(15)局数,1比1。

(16)决胜局。

3.一般用语

(1)过来挑边。

(2)谁发球?

(3)选择场区。
(4)谁接发球?
(5)准备好了吗?
(6)准备比赛。
(7)把包放好。
(8)从×××发球。
(9)在×××接发球。
(10)右发球区。
(11)左发球区。
(12)发球时,你没有击中球。
(13)接发球员没准备好。
(14)你试图接发球了。
(15)你不能干扰司线员。
(16)你不能干扰发球裁判员。
(17)到这里来。
(18)这个球可以吗?
(19)试球。
(20)换球。
(21)不换球。
(22)重发球。
(23)交换场区。
(24)你们没有交换场区。
(25)你的发球区错误。
(26)你的接发球区错误。
(27)发球顺序错误。
(28)接发球顺序错误。
(29)不得改变球形。
(30)球从网中穿过。
(31)球未从网上越过。
(32)球触到你。
(33)你触网。
(34)球飞入场区。
(35)你站错发球区。
(36)你干扰对方。

(37)你的教练员干扰对方。
(38)两次击球。
(39)拖带球。
(40)侵入对方场区。
(41)妨碍对方。
(42)你要弃权吗?
(43)接发球违例。
(44)发球违例。
(45)延误发球,比赛必须连续。
(46)不得延误比赛。
(47)你未经批准离开场地。
(48)比赛暂停。
(49)警告,×××(运动员姓名)行为不端。
(50)违例,×××(运动员姓名)行为不端。
(51)×××(运动员姓名)行为不端,取消比赛资格。
(52)违例。
(53)界外。
(54)司线员,做手势。
(55)发球裁判员,做手势。
(56)纠正,“界内”。
(57)纠正,“界外”。
(58)擦地板。
(59)教练员离开场地。
(60)关闭手机。

4. 比赛结束

(1)比赛结束,×××(运动员姓名或队名)胜,×××(各局比分)。
(2)×××(运动员姓名或队名)弃权。
(3)×××(运动员姓名或队名),取消比赛资格。

5. 分数(0～30 分)

(二)发球裁判员的临场用语和手势

发球裁判员负责宣判发球运动员是否合法。如不合法,则大声宣报“违例”,并用规定的手势表明违例的类型。规定的手势如图 6-14～6-18 所示。

1. 一旦发球员和接发球员做好发球准备,任何一方都不得延误发球。一旦双方运动员做好发球准备,发球员的拍头第一次向前挥拍即为发球开始。球拍未连续向前挥动

(图 6-14)。

2. 从发球开始至发球结束前,一脚或双脚没有与发球区地面接触或移动(图 6-15)。

3. 发球时,发球员球拍的最初击球点不在球托上(图 6-16)。

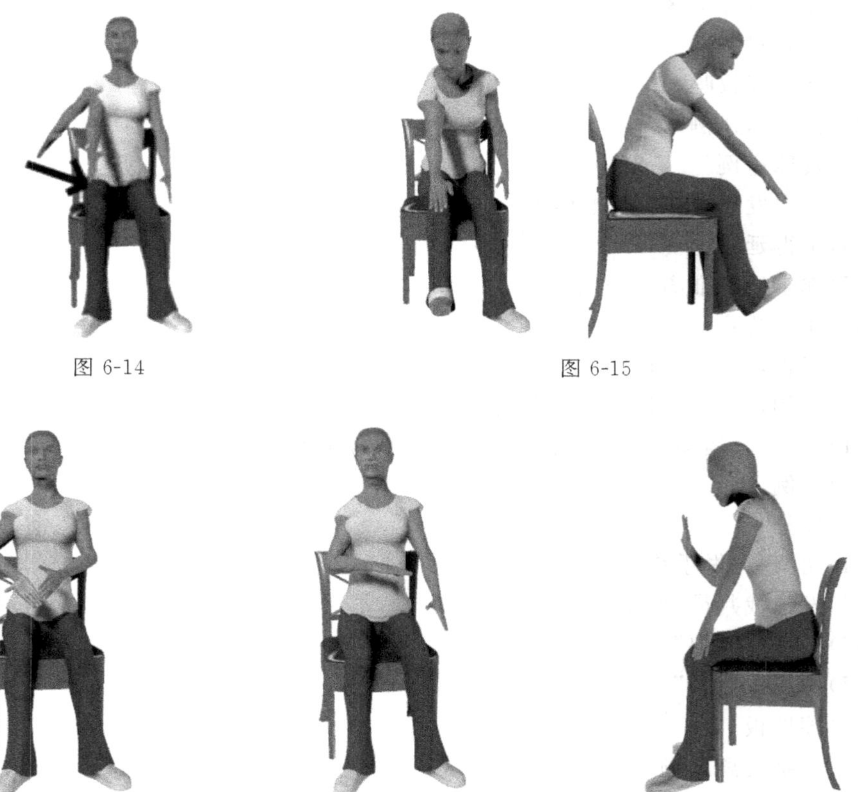

图 6-14　　图 6-15

图 6-16　　图 6-17　　图 6-18

4. 发球员球拍击中球的瞬间,球的整体未低于发球员的腰部(图 6-17)。

5. 发球员球拍击球的瞬间,发球员的球拍杆未指向下方(图 6-18)。

6. 裁判员可给发球裁判员安排额外的任务,但要事先通知运动员。

(三)司线员的临场用语和手势

只有球落在界外时,立即大声、清晰宣报"界外",没有其他的临场用语。

1. 界外:如球落在界外,无论多远均应立即大声、清晰的宣报"界外",使运动员和观众都能听清,同时两臂侧平展,使裁判员能看得清(图 6-19)。

2. 界内:如球落在界内,不宣报,只用右手指向界线(图 6-20)。

3. 未能看清:如未能看清,应立即举起双手盖住眼睛,向裁判员示意(图 6-21)。

4.司线员的位置:在实际安排时,司线员的位置应距离场地界线 2.5～3.5 米;在安排他们的位置时,要注意他们不可受场外干扰,如摄影记者的影响等。

图 6-19　界外

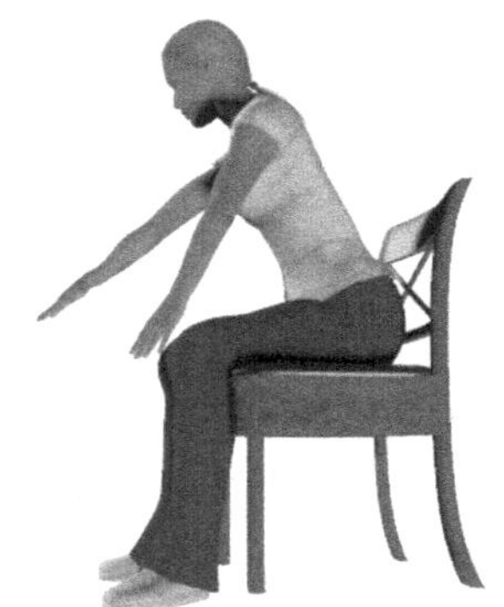
图 6-20　界内

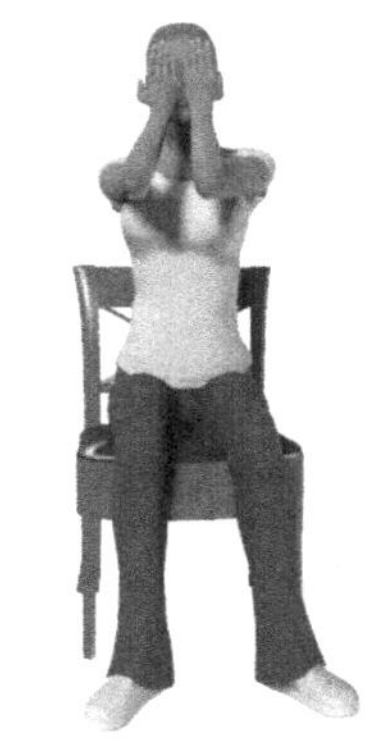
图 6-21　未能看清

思考题

1.发球员在发球时可能出现哪些违例现象?

2.什么情况下判罚"重发球"?

3.比赛过程中,球出现什么情况被视为违例?

4.运动员交换场区主要出现在什么情况下?如果未按规定交换场区,一经发现该如何处理?

5.一场比赛临场裁判员如何宣报比赛开始、间歇及比赛结束?

第四节　羽毛球竞赛的方法与编排

一、羽毛球竞赛循环制方法与编排

参加比赛的队(人)相互之间按程序轮流比赛一次称为单循环赛。其特点是所有参加比赛的队(人)相互之间都要比赛一次,参赛的队比赛机会多、机会均等,但一次比赛所需的场地多、比赛时间长,如果参赛的队(人)数较多时,就要分组、分阶段进行比赛。

(一)比赛次序的确定

羽毛球比赛的单循环制,比赛次序采用的是 1 号位固定的逆时针轮转法。以 4 个队为例:

第一轮	第二轮	第三轮
1——4	1——3	1——2
2——3	4——2	3——4

如果参赛队数是单数，则末位加“0”，遇“0”的队，该轮轮空。以 5 个队为例：

第一轮	第二轮	第三轮	第四轮	第五轮
1——0	1——5	3——4	1——3	1——2
2——5	0——4	5——3	4——2	3——0
3——4	2——3	0——2	5——0	4——5

当在一组循环赛中有两人（对）来自同一个队时，比赛的次序应做适当的改变，按国际羽联的办法是同队的运动员必须最先相遇进行比赛，以避免同队的运动员在比赛中故意输球而造成不公平的情况出现。

（二）比赛轮数的计算方法

1．参赛人（队）数为双数时，轮数＝参赛人（队）数－1。

如有 8 个队进行单循环赛，轮数为 8－1＝7（轮），即 8 个队进行单循环赛，共要进行 7 轮比赛。

2．参赛人（队）数为单数时，轮数＝参赛人（队）数。

如有 7 个队进行单循环赛，共要进行 7 轮比赛。

（三）比赛场数的计算方法

比赛场数＝参赛人数或队数×（参赛人或队数－1）/2 或比赛场数＝每轮的比赛场数×轮数。

例如，有 8 个队进行单循环赛，共要进行的比赛场数是 8×（8－1）/2＝28（场），或 8 个队每轮 4 场比赛，共 7 轮，比赛场数为 4×7＝28（场）。

（四）循环赛比赛名次的确定

循环赛的比赛名次应以下列方法依次确定：

1．以胜次多少排列，胜次多者列前。

2．两者胜次相同的，两者间比赛的胜者名次列前。

3．三者（或三者以上）胜次相同，则依次以他们在本阶段（组）内全部比赛的净胜场、局、分来决定名次，只要任出现有两者净胜场（局、分）相同时，即以他们两者之间的胜负决定名次。

4．如果三者（或三者以上）净胜分也相等时，则以抽签方法决定名次的排列。

表 6-2 为某次三场制团体赛的循环赛成绩表。

表 6-2

	A	B	C	D	胜 次	净 胜	名 次
A		2：1	1：2	2：0	2	+3	3
B	(2：0) (0：2) (0：2)		2：1	2：0	2	+4	2
C	(2：0) (1：2) (2：0)	(2：0) (0：2) (0：2)		2：0	2	+5	1
D	(0：2) (0：2)	(0：2) (0：2)	(0：2) (0：2)		0		4

注：虽然 A、B、C 队胜次相同。但 C 队净胜局为 5，B 队净胜局为 4，所以名次依次为 C、B、A、D 队。

二、羽毛球竞赛淘汰制方法与编排

淘汰制又分为双淘汰和单淘汰。

双淘汰：将所有参赛的选手或队编成一定的比赛秩序，由相邻的两个选手或队进行比赛，胜者进入下一轮比赛，负者与相邻的负者比赛。负两场者被淘汰，仅负一场者为亚军，全胜者为冠军。

单淘汰赛：羽毛球竞赛常用的方法。它是将所有参加比赛的选手或队，按 2 的乘方数成对地进行比赛，负者淘汰，胜者进入下一轮比赛，直至最后一名胜者为冠军。单淘汰赛的特点是对抗性强，比赛从低潮逐步走向高潮，在时间短、场地少的情况下可安排较多的参赛者，但比赛机遇不均等，名次带有一定的偶然性。下面对单淘汰赛进行详细讲解。

（一）比赛次序的确定

参加比赛的人（对）以 2 的乘方数（4、8、16、32……）成对地进行比赛，胜者进入下一轮、负者淘汰，直至最后一名胜者。每次当比赛的轮次进行到还剩 8 名（对）运动员进行争夺进入前 4 名的比赛称四分之一决赛，当还剩 4 名（对）运动员争夺进入前两名的比赛称半决赛，最后争夺冠军的比赛就是决赛了。半决赛的 2 名（对）负者并列第 3 名。四分之一决赛的 4 名（对）负者并列第 5 名，如果增加附加赛就可以决出第 2 名以后的名次。

（二）轮空

参赛人数正好等于 2 的乘方数，第一轮比赛就不会产生轮空。如果参赛的人数不是 2 的乘方数，则第一轮比赛将有轮空。正常情况下轮空位置只能出现在第一轮的比赛时（第一轮比赛有弃权，在第二轮出现的轮空除外）。

（三）轮空数

轮空数是比参赛人数大一级的 2 的乘方数减去参赛人数。例如，有 30 人进行单淘汰赛，第一轮的轮空数是 32－30＝2（个）。

（四）轮空位置

轮空位置应平均地分布在上、下半区，或者 1/4 区、1/8 区，轮空数为单数时上半区多一个轮空。上半区的轮空位置应在 1/4 区、1/8 区的顶部；下半区的轮空位置应在 1/4 区、1/8 区的底部。具体可参照 2013 年羽毛球竞赛规则中种子及轮空位置分布图。

（五）单淘汰赛比赛次序表的制作

表 6-3　单淘汰比赛秩序表

羽毛球单淘汰赛的比赛次序表，只需列出实际参赛人数即可，因为有时轮空位置较多的话就不必将轮空位置都画出。根据规则中轮空位置分布的规律，可以采用简易方法画出羽毛球单淘汰赛比赛次序表（表 6-3），其步骤是：

1. 从上到下写下全部实际参赛人（对）数的序号。

2. 分上、下半区：将写下的序号上下平分，如果是单数，上半区多一个。

3. 分 1/4 区：首先将上半区平分为第一 1/4 区和第二 1/4 区，如果是单数，第一 1/4 区少一个，再将下半区平分为第三 1/4 区和第四 1/4 区，如果是单数，第四 1/4 区少一个。

在每两个区间都画一横线做个记号。

4.分1/8区：首先将第一1/4区分为第一1/8区和第二1/8区，如果是单数，第一1/8区少一个；将第二1/4区分为第三1/8区和第四1/8区，如果是单数，第三1/8区少一个；将第三1/4区分为第五1/8和第六1/8区，如果是单数，第六1/8区少一个；将第四1/4区分为第七1/8区和第八1/8区，如果是单数，第八1/8区少一个。在每一1/8区间也画一横线作为记号。

要注意，参赛人（对）在16以下就不必分1/8区，只要分到1/4区就可以了；参赛人（对）数为28～31时只要分到1/4区（因为轮空数不超过4个）；参赛人（对）数为17～27和33～59时就要分到1/8区（因为轮空数超过4个）；参赛人（对）数在65以上时，就应将轮空数分至1/16（因为轮空数超过8个）。将同一个1/8区（或1/4区）第一轮不轮空的两个相邻位置连接成第一轮相遇的比赛。

（六）每个区位位置数的计算方法

1.上、下半区的位置数计算方法：用实际参加人（对）数除以2，如果参加人（对）数是单数，则下半区多一个，例如参赛有31人，那么上半区应有15个位置，下半区应有16个位置。

2.1/4区位置数的计算方法：用实际参加人（对）数除以4，即为每个1/4区的位置数，如果有余数；第一个余数应在第三1/4区，第二个余数应在第二1/4区，第三个余数则应在第四个1/4区。例如参赛有35人，则第一1/4区有8个位置，其余三个1/4区各有9个位置。

3.1/8区位置的计算方法：以实际参加人（对）数除以8，即为各1/8区的位置数，如果有余数、第一个余数在第五个1/8区，第二个余数在第四个1/8区，第三个余数在第七个1/8区，第四个余数在第二个1/8区，第五个余数在第六个1/8区，第六个余数在第三个1/8区，第七个余数在第八个1/8区。例如参赛有28人，则第一、第三、第六、第八，四个1/8区各有4个位置。

（七）种子选手

为使比赛的结果符合参赛运动员的实际水平，以技术水平较高的运动员列为种子，以便在抽签时平均分布在不同的区域，使比赛的结果更为合理。

1.种子数：参赛人数15人以下设2名种子；16～32人设4名种子；33～63人设8名种子；64人以上设16名种子（在实际操作时，可根据情况适当增减）。

2.种子位置和种子的进位：1号种子在上半区的顶部即1号位；2号种子在下半区的底。

3.4号种子抽签进入第二1/4区的顶部和第三1/4区的底部；5、6、7、8号种子抽签进入第二、四1/8区的顶部和第五、七1/8区的底部。

（八）非种子选手的抽签进位原则

同队的运动员必须做到最后相遇，即一个队只有 1 名（对）参赛者的可以进入任何位置；一个队有 2 名（对）参赛者的必须分别进入上下半区；一个队有 3～4 名（对）参赛者的必须分在不同的 1/4 区；一个队有 5～8 名（对）参赛者的必须平均分在上下半区、1/4 区和 1/8 区。

三、羽毛球竞赛混合制方法与编排

羽毛球分阶段比赛时，各阶段经常采用不同的竞赛制度，如第一阶段采用循环赛，第二阶段采用混合制。在第一阶段比赛结果出来后如何进入第二阶段的比赛位置有两种方法可选择，第一种是固定位置，第二种是再次抽签或小组第一名固定进位、小组第二名再次抽签进位。它集不同赛制之长处，使比赛结果既能比较客观地反映运动员的真实水平，又能在短时间内完成比赛任务。

例如：某次比赛有 16 个队，第一阶段分 4 个小组进行单循环赛，第二阶段由各小组的前两名共 8 个队进行单淘汰决出第 1～8 名。

（一）第二阶段位置领先固定

小组的第一和第二名都进入第二阶段的固定位置。由于是预先知道第二阶段的位置，所以可能会造成有人在小组赛时故意输球，产生不争小组第一而只争小组第二名的问题。

（二）第二阶段抽签进位

如果小组的第一名进入固定位置，而小组的第二名则等第一阶段小组比赛结果出来后，再抽签进位，这样就在一定程度上避免了打假球的可能性。一般的原则是 A、B 组的第二名抽签进入下半区的位置而 C、D 组的第二名则抽签进入上半区。

需要注意的是，在第一阶段进位时，1 号种子应进入 A 组，2 号种子进入 D 组，这样才能使第一、第二阶段相配。

第五节　羽毛球“三对三”竞赛方法与特点

一、羽毛球运动“三对三”竞赛规则及方法

所谓三对三，顾名思义就是三个人对三个人，因此在发球、站位以及一些打法等方面有特别的规定和要求。当然，发球、接发球的站位等基本原则仍要遵循羽毛球的双打规则，如得分为偶数时发球一方站在右半区发球，得分为奇数时发球一方站在左半区发球。

（一）羽毛球三对三比赛规则发球、接发球原则

1. 比赛前每队确定第一、第二、第三发球队员和接发球队员，分别为 A 队（A1、A2、A3）、B 队（B1、B2、B3）。

2. 确定发球队员和接发球队员的次序。如果是比赛，要在赛前将次序单交给裁判，如果是平时打着玩，则双方在开球前要沟通好。

3. 打三对三，按照 A1⟷B1、A2⟷B2、A3⟷B3 的顺序依次进行发球和接发球，这一顺序固定不变。

4. 发球时有效区域以双打比赛规则为准，接发球方只允许一名选手位于接发球区域内。发球结束后，选手站位不限，发球员的同伴（包括自由选手）的站位不限，但不能阻挡接发球员的视线。

5. 对于发球时间的规定：从上一回合结束，到发球员将球发出的时间不得超过 10 秒。

（二）羽毛球三对三比赛规则的站位原则

打三对三前，首先要明确三人的分工和站位，通常情况下，网前技术好，或者实力较弱的那个人站在网前，进攻能力强的人站在后排。当比赛开始后，三个人的位置可以轮换，但一定要注意保持合理的阵形。

（三）胜负判定方式

1. 比赛采用计时方式，即在规定时间内分数高的一方获胜。

➢ 比赛时间共 20 分钟，上、下半场各 10 分钟（中间有 2 分钟间歇），时间由计时器显示。

➢ 在规定比赛时间结束时，如果比赛仍在进行中，则打完这一回合后结束比赛；如果此时双方比分相同，须加赛一球决胜。

➢ 从下半场比赛时间还剩 30 秒时开始，每回合死球至下一次球发出前，计时停止，当球重新发出时开始计时。

➢ 比赛赛事组织方可根据报名参赛队伍数量调整比赛时间。

2. 按计分方式进行：胜负与目前双打比赛规则一致。

（四）场地有效区域

1. 以国际羽联规则规定的双打比赛区域为准。在一场比赛中，运动员未经裁判员允许，不得离开场地。

2. 在 2 分钟间歇时，运动员在裁判员允许的情况下，可以短时间离开场地，但不得延误比赛。

（五）比赛弃权

1. 比赛进行中凡因伤病或其他原因不能继续比赛者按本场比赛弃权处理。

2. 按照比赛规定的时间，迟到 5 分钟一方的运动员，按本场比赛弃权处理。

（六）比赛因伤暂停、技术暂停的规定

1.在全场20分钟比赛中，一方运动员因伤病处理暂停比赛不得超过一次，处理时间不超过5分钟。因伤暂停时，受伤一方教练员和大会医生可以进入场地。伤停时间内，比赛计时停止；伤停结束，运动员回到场内，计时重新开始。

2.在上半场比赛中，一方运动员的得分为15分时，双方进入技术暂停，暂停时间为30秒。

3.在下半场比赛中，双方运动员各有一次暂停机会，暂停时间为30秒。该次暂停须由运动员提出，并经过裁判员允许，方可进行。

4.如果采用计分方式，暂停方式参照目前双打比赛规则。

二、羽毛球运动“三对三”战术特点简介

羽毛球运动“三对三”的基本原则仍需遵循羽毛球的双打规则，但由于场上增加了一个人，因此在发球、站位、打法等方面有特别的规定和要求。三对三最大的特点是由于都不太轻易起高球，平抽挡会比较多，球的运转速度大大加快了，这对提高业余球友的技术会很有帮助。该项目特有的技战术主要包括以下几个。

（一）接发球的站位技术

羽毛球“三对三”的接发球站位要主要保持三角阵形。虽然在发球时，不参与发球、接发球的队员可以站在任何区域，但也要注意自己的站位不能影响发球和接发球的队友。所以一般来说，接发球一方的另外两名队员应在场地的另一侧前后站位，而把接发球区全部让给接发球的队友，并注意在队友接发后立刻补位。以在右侧接发球为例，如果对方发前场球，站在左侧后边的队员要迅速移动到右侧后边场地补位，同时左侧前边队员相应后撤一点；如果对方发后场球，站在左侧前边的队员要迅速向右移动，同时左侧后边的队员要相应前移。总体上，三个队员的站位要保持三角阵形。

（二）比赛中的站位技术

羽毛球运动“三对三”比赛过程中要注意“前后分工，中间补充”。

首先要明确三人的分工和站位，通常情况下，网前技术好，或者实力较弱的那个人站在网前，在前场左右移动。进攻能力强的人站在后排，同样可以根据形势在后场左右移动。

中间队员则要根据场上的形势及时补位。当双方打起来以后，三个人的位置可以轮换，但一定要注意保持合理的三角阵形。

进攻阵形：当一方处在进攻状态下，后场只保留一个人不断地进攻，而前场则有两名选手进行封网。

防守阵形：防守时后场保持两个人，前场保持一个人，两个防守队员守住对方的进攻线路，前场的队员则警惕对方的网前球，当对方进攻时，前场队员则低下头，把球让过去，

两名防守的队员也需要尽量把对方的进攻球顶回后场，不要轻易挡网。

（三）比赛中的注意事项

1.相对双打来说，三对三发球时偷后场的频率可能会比较多，因为三对三时发球的队员不需要发完球往后退。

2.注意避免碰撞。尤其是对于普通大学生而言，因为技术水平有限，在场地内增加一个人，相互间的碰撞会增加。因此，三个人在打球的过程中一定要在及时补位的同时注意避让，相互间要保持一定的空间，避免球拍打到自己队友身上。另外，处于网前的队员要眼睛朝前看，不要回头张望，否则很容易被后场杀球的同伴打到眼睛。

思考题

1.列举羽毛球临场裁判员在竞赛前的准备工作。

2.羽毛球单循环制的轮数、场数的计算方法？

3.制作一张羽毛球 21 人的单淘汰制比赛秩序表。

4.羽毛球运动“三对三”如何计算胜负？

第七章　大学生体质健康标准测试及锻炼方法

国民的体质与健康是社会生产力的组成要素，也是关系到一个民族的强盛与国力兴衰的大事。大学生肩负着祖国建设的重任，应当了解自身的体质健康状况，进行科学的锻炼，不断提高体质与健康水平。

《国家学生体质健康标准》(2014 年修订，以下简称《标准》)的制定与实施，就是落实《国家中长期教育改革和发展规划纲要(2010—2020 年)》，落实"健康第一"指导思想的具体措施。标准作为促进学生体质健康发展、激励学生积极进行身体锻炼的教育手段，是学生体质健康的个体评价标准，也是学生能否毕业的基本条件之一。因此，每年一次的《国家学生体质健康标准》测试，可以让学生清楚地了解自己的体质与健康状况，帮助学生监测一年来体质与健康状况是否发生变化及变化的过程，检查评定增强体质的效果，分析影响体质强弱的因素，从而采取相应的措施，促进学生积极参加体育锻炼，养成良好的锻炼习惯，切实提高学生的体质和健康水平。

第一节　《国家学生体质健康标准》测试项目与评价指标

一、体质

体质(physical constitution)即人体质量，是指人体在先天的遗传性与后天获得性的基础上所表现出来的形态结构、生理机能、心理因素、身体素质、运动能力等方面综合的、相对稳定的特征。遗传是人的体质发展变化的先天条件，对体质的强弱有重大影响，但体质的强弱还取决于后天的环境、营养、保健、运动锻炼等多种因素。体质的形成、发展和衰竭过程具有明显的个体差异和年龄特征。物质生活条件是决定体质强弱的基本条件，而运动锻炼则是增强体质、增进健康的最积极最有效的手段。

体质的范畴主要包括以下五个方面：

1. 身体形态发育水平。即体型、姿势、营养状况、体格及身体成分等。

2. 生理机能水平。即机体新陈代谢水平以及各器官系统的工作能力。

3. 身体素质和运动能力发展水平。即心肺耐力、柔韧性、肌肉力量和耐力、速度、爆发力、平衡、灵敏、协调、反应等身体素质及走、跑、跳、投、攀、爬等身体活动能力。

4.心理发育(或心理发展)水平。即机体感知能力、个性、意志等。

5.适应能力。即对内、外环境条件的适应能力、应急能力和对疾病的抵抗力。

这五个方面的综合状况是否处在相对稳定的状态,决定着人们的不同体质水平。

二、《国家学生体质健康标准》的测试项目

根据2014年修订版《标准》,大学生需要进行体质健康测试的项目共七项:身高体重、肺活量、50米跑、坐位体前屈、立定跳远、引体向上(男)/1分钟仰卧起坐(女)、1000米跑(男)/800米跑(女)。

三、《国家学生体质健康标准》评价指标与权重

表8-1 《国家学生体质健康标准》评价指标与权重

测试对象	单项指标	权重(%)
全日制学生	体重指数(BMI)	15
	肺活量	15
	50米跑	20
	坐位体前屈	10
	立定跳远	10
	引体向上(男)/仰卧起坐(女)	10
	1000米跑(男)/800米跑(女)	20

注:体重指数(BMI)=体重(千克)/身高^2(米^2)。

第二节 《国家学生体质健康标准》测试的操作方法

在实施《标准》的过程中,掌握各项目正确的测试方法是所有测评人员、学生需要了解的内容。测试工作必然和所使用的测试仪器有一定的关系,现在测试器材多种多样,有全手工操作的,也有电子仪器。手工操作与电子仪器的操作流程不完全相同。如使用带有IC卡的测试仪器就可以减少测试人员的记录和计算工作。但无论使用何种仪器,对测试人员的基本的操作要求是一致的,对于不同的测试器材,可参考相应测试器材的说明书。

一、身高体重

（一）测试目的

测试学生的身高体重，评定学生的身体匀称度，评价学生生长发育的水平及营养状况。

（二）测试方法

测试时，受试者赤足，立正姿势站在身高体重计的底板上（上肢自然下垂，足跟并拢，足尖分开约呈60度角）。如图8-1、图8-2所示，足跟、骶骨部及两肩胛区与立柱相接触，躯干自然挺直，头部正直，耳屏上缘与眼眶下缘呈水平位，站稳后屏息不动，水平压板自动轻轻沿立柱下滑，轻压于受试者头顶。

图8-1　身高体重测试

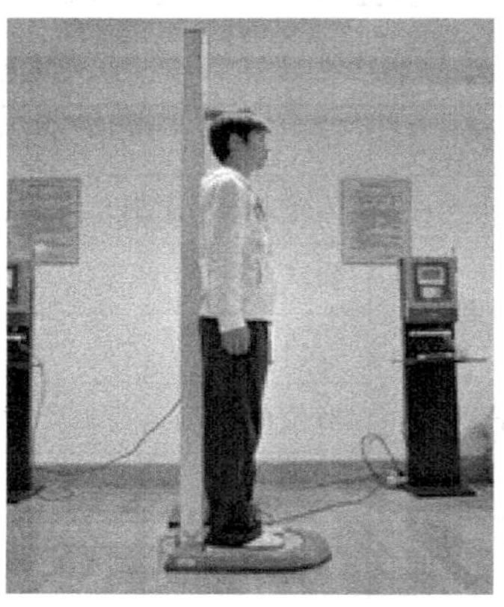

图8-2　身高体重测试

（三）注意事项

(1)测量计应选择平坦靠墙的地方放置，立柱的刻度尺应面向光源；

(2)受试者在测试时保持直立姿势，足跟、骶骨、肩胛骨贴近立柱，耳屏上缘与眼眶下缘呈水平位；

(3)受试者在测试时须站在底座踏板中央，上下踏板动作要轻，保持身体姿势稳定；

(4)受试者在进行身高体重测试前，应避免进行剧烈体育活动和体力劳动。

二、肺活量

（一）测试目的

测试学生的肺通气功能。

（二）测试方法

房间通风良好，使用干燥的一次性口嘴（非一次性口嘴则每换测试对象须消毒一次）。受试者进行一两次较平日深一些的呼吸动作后，更深地吸一口气，然后屏住气向吹嘴处以中等速度和力度慢慢呼出至不能再呼为止，测试中不得中途二次吸气。液晶屏上最终显示的数字即为肺活量毫升值。每位受试者测三次，每次间隔15秒，记录三次数值，测试仪器自动选取最大值作为测试结果。

（三）注意事项

（1）测试时呼气动作只能一次性完成，不得中途二次吹气；

（2）吸气时不得将口对着吹嘴，呼气时不得用手堵住吹筒出气孔；

（3）电子肺活量计的计量部位的通畅和干燥是仪器准确的关键，手持外设施，请将电池仓与液晶屏朝上，防止水汽回流；

（4）每测试100人及测试完毕后用干棉球及时清理和擦干气筒内部，严禁用水、酒精等任何液体冲洗气筒内部；

（5）定期校对仪器。

三、800米跑（女）或1000米跑（男）

（一）测试目的

测试学生耐力素质的发展水平，特别是心血管呼吸系统的机能及肌肉耐力。

（二）测试方法

受试者站立式起跑，手带外设腕表，听到“预备，跑”指令声后，即可开始起跑，冲过终点线，受试者躯干部到达终点线的垂直面时，则测试结束。

（三）注意事项

（1）测试时应注意的液晶腕表报告剩余圈数，以免跑错距离；

（2）跑完后应保持站立并缓慢走动，不要立即坐下，以免发生意外。远离终点线5米以外，不得立即返回到主机附近；

（3）不得穿皮鞋、塑料凉鞋、钉鞋参加测试。

四、立定跳远

（一）测试目的

测试学生下肢爆发力及身体协调能力的发展水平。

（二）测试方法

受试者两脚自然分开站立，站在起跳线后，脚尖不得踩线，听到开始测试指令，即可开始起跳，不得有垫步或连跳动作，从起跳区进入测量区后，向前走出跳毯，完成测试。每人试跳三次，记录其中成绩最好的一次。

（三）注意事项

（1）起跳时，脚尖不得踩线，若听到犯规提示“滴滴”声，应在脚下不离开跳毯情况下往后挪动，直至听不到蜂鸣声即可；

(2)两脚原地同时起跳，不得有垫步或连跳动作，落地后向前或侧面离开跳毯方可进行下次测试；

(3)可以赤足，但不得穿钉鞋、皮鞋、塑胶凉鞋参与测试。

五、50 米跑

(一)测试目的

测试学生速度、灵敏素质及神经系统灵活性的发展水平。

(二)测试方法

受试者至少两人一组测试。站立起跑，受试者听到“跑”的口令后开始起跑，发令员在发出口令的同时要摆动发令旗，计时员视旗动开表计时，受试者躯干部到达终点线的垂直面停表。以秒为单位记录测试成绩，精确到小数点后一位，小数点后第二位数按非零进一原则进位，如 10.11 秒读成 10.2 秒记录。

(三)注意事项

(1)受试者测试最好穿运动鞋或平底布鞋，赤足亦可。但不得穿钉鞋、皮鞋、塑料凉鞋；

(2)发现有抢跑者，要当即召回重跑。

六、坐位体前屈

(一)测试目的

测量学生在静止状态下的躯干、腰、髋等关节可能达到的活动幅度，主要反映这些部位的关节、韧带和肌肉的伸展性、弹性及学生身体柔韧素质的发展水平。

(二)测试方法

如图 8-3 所示，受试者坐在仪器上两腿伸直，两脚平蹬测试纵板，两脚分开约 10～15 厘米，上体前屈，两臂伸直向前，用两手中指尖逐渐向前推动游标，直到不能前推为止。测试计的脚蹬纵板内沿平面为 0 点，向内为负值，向前为正值。测试两次，取最好成绩。

图 8-3　坐位体前屈测试

(三)注意事项

(1)身体前屈，两臂向前推游标时两腿不能弯曲；

(2)受试者应匀速向前推动游标，不得突然发力。

七、仰卧起坐

(一)测试目的

测试学生的腹肌耐力。

(二)测试方法

如图 8-4,受试者仰卧于垫上,两腿稍分开,屈膝约呈 90 度角左右,两手指交叉贴于脑后。另一同伴压住其踝关节,以固定下肢。如图 8-5 所示,受试者坐起时两肘触及或超过双膝为完成一次。仰卧时两肩胛必须触垫。测试人员发出“开始”口令的同时开表计时,记录 1 分钟内完成次数。1 分钟到时,受试者虽已坐起但肘关节未达到双膝者不计该次数。

图 8-4　仰卧起坐测试

图 8-5　仰卧起坐测试

(三)注意事项

(1)如发现受试者借用肘部撑垫或臀部起落的力量起坐时,该次不计数;

(2)测试过程中,观测人员应向受试者报数。

八、引体向上

(一)测试目的

测试学生的上肢肌肉力量的发展水平。

(二)测试方法

如图 8-6 所示,受试者跳起双手正握杠,两手与肩同宽成直臂悬垂。如图 8-7 所示,静止后,两臂同时用力引体(身体不能有附加动作),上拉到下颌超过横杠上缘为完成一次。

图 8-6　引体向上测试

图 8-7　引体向上测试

（三）注意事项

（1）受试者应双手正握单杠，向上引体，吸气，注意抬头挺胸，上体尽量后仰，两肘外展，肩部放松，背部肌肉收紧，将身体向上拉引，下颌超越横杠；

（2）引体向上时，身体不得做大的摆动，也不得借助其他附加动作撑起；

（3）两次引体向上的间隔时间超过 10 秒则停止测试。

第三节　《国家学生体质健康标准》主要测试项目锻炼手段与方法

一、50 米跑

（一）技术要领（见图 8-8）

1. 起跑：50 米一般采用站立式起跑，双脚一前一后站立，双腿屈膝，后腿大约曲 120 度，两臂一前一后自然曲臂准备，弯腰重心前倾，两眼看前下方 5～6 米处，注意力集中到耳部听发令。

图 8-8　50 米跑技术要领

2. 加速跑:起跑后保持重心前倾加速,尽量晚抬头、晚抬体,避免因抬头而引起抬体过快过早增大阻力。

3. 途中跑:途中跑任务是继续发挥和保持高速跑,在途中跑过程中,要求大腿迅速前摆,步幅大,两臂协调配合,加大摆动腿前摆幅度和速度,两腿快速交换步频,上下肢的协调配合,才能取得良好效果。

4. 冲刺跑:要求尽量保持步频、步幅,身体前倾,冲刺。

(二)锻炼手段

1. 技术练习:高抬腿、后蹬跑、起跑练习、摆臂练习、摆腿练习、冲刺跑。

2. 爆发力的提高可采用超等长收缩和跳跃练习,例如跳深、障碍跳、跨步跳、单足跳等。

3. 速度练习:行进间的冲刺跑——例如 20 米加速+20 米冲刺跑、快速高抬腿接加速跑、30～50 米加速跑。

4. 力量练习:深蹲、半蹲、后抛、抓举、提踵等。

(三)锻炼方法

1. 20～40 米行进间快跑练习;

2. 4×(50～250)米接力跑,加速跑,追赶跑练习;

3. 短距离组合跑(20 米+40 米+60 米+80 米+100 米)×(2～3)组或(30 米+60 米+100 米+60 米+30 米)×(2～3)组;

4. 短距离变速跑 100～150 米(30 米快跑+20 米惯性跑+30 米快跑+20 米惯性跑),3 次×2～3 组;

5. 反复跑 300～600 米,(4～5)次×(2～3)组;

6. 小步跑转入加速跑,50～60 米;

7. 高抬腿跑转入快速跑,50～60 米;

8. 后蹬跑转入快速跑,50～60 米。

二、立定跳远

(一)技术要领(见图 8-9)

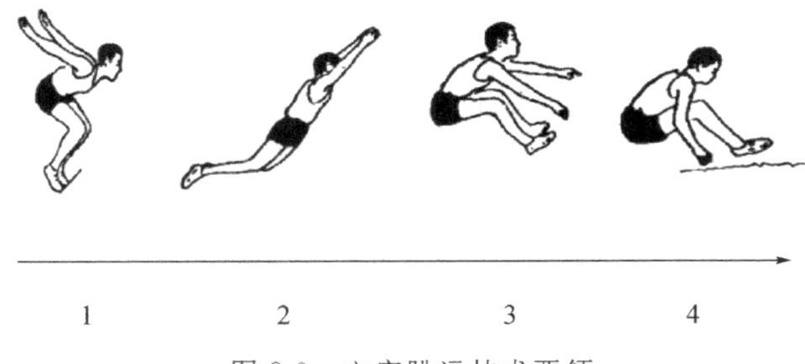

图 8-9　立定跳远技术要领

1. 预摆：两脚左右开立，与肩同宽，两臂前后摆动，前摆时，两腿伸直，后摆时，屈膝降低重心，上体稍前倾，手尽量往后摆。要点：上下肢动作协调配合，摆动时一伸二屈降重心，上体稍前倾。

2. 起跳腾空：两脚快速用力蹬地，同时两臂稍曲由后往前上方摆动，向前上方跳起腾空，并充分展体。要点：蹬地快速有力，腿蹬和手摆要协调，空中展体要充分，强调离地前的前脚掌瞬间蹬地动作。

3. 落地缓冲：收腹举腿，小腿往前伸，同时双臂用力往后摆动，并屈膝落地缓冲。要点：小腿前伸的时机把握好，屈腿前伸臂后摆，落地后往前不往后。

（二）锻炼手段

1. 力量练习

肩部肌群：俯卧撑、仰卧飞鸟、俯卧飞鸟、侧平举、颈后上举。

腹部肌群：仰卧起坐、仰卧举腿。

背部肌群：俯卧背屈、跳箱俯卧举腿、体前屈背起。

臀肌：深蹲、单腿跪举腿。

股四头肌：半蹲、浅蹲、弓步跳、跳箱跳。

小腿三头肌：提踵（单脚和双脚）、原地纵跳。

2. 综合练习

（1）多级蛙跳：屈膝半蹲，上体稍前倾，双脚同时用力蹬地，充分伸直髋、膝、踝三关节，两臂同时迅速上摆。身体向前跃出，双腿屈膝落地缓冲后再接着向前跳；

（2）深蹲跳：全蹲下去，双脚同时用力向上跳起，连续做；

（3）单脚跳：用左脚连续向上或向前跳一定的次数，再换右脚做连续跳；

（4）多级跨步跳：连续以最少的步数，跨出最远的距离；

（5）跳台阶：原地双脚起跳，跃上台阶或其他物体，然后再跳下，反复进行。

（三）锻炼方法

1. 挺身跳：原地屈膝开始跳，空中做直腿挺身动作，髋关节完全打开，做出背弓动作，落地时屈膝缓冲。

2. 单足跳前进练习：一般采用左（右）去右（左）回的方法进行练习，距离控制在 25～30 米左右，完成 3～4 组。

3. 收腹跳练习：从原地直立开始起跳，空中做屈腿抱膝动作或双手在腿前击掌，落地时一定要屈膝缓冲。越过一定高度兼远度或一定远度兼高度。

（四）错误动作纠正

1. 预摆不协调。

解决办法：反复做前摆直腿后摆屈膝的动作，由慢到快。

2. 上体前倾过多，膝关节不屈，重心降不下去，形成鞠躬动作。

解决办法：做屈膝动作，眼睛往下看，垂直视线不超过脚尖，熟练后就可不用眼睛看了。

3.腾空过高或过低。

解决办法：利用一定高度或一定远度的标志线来纠正这类错误效果很好。

4.收腿过慢或不充分。

解决办法：反复做收腹跳的练习，注意要大腿往胸部靠而不是小腿往臀部靠，动作要及时。

5.落地不稳，双腿落地区域有较大的差异。

解决办法：多做近距离的起跳落地动作，手臂的摆动要协调。地面设置标志物，双脚主动有意识地踩踏标志物。

三、坐位体前屈

（一）技术要领（见图 8-10）

1.测试前，受试者应在平地上做好准备活动，以防拉伤。

2.受试者坐在测试板上，两腿伸直，不可弯曲，脚跟并拢，脚尖分开约 10～15 厘米，踩在测量计垂直平板上，两手并拢。

3.两臂和手伸直，渐渐使上体前屈，用两手中指尖轻轻推动标尺上的游标前滑（不得有突然前伸动作），直到不能继续前伸时为止。

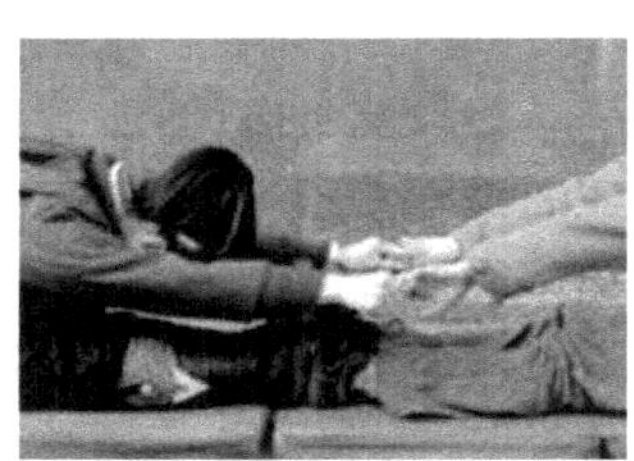

图 8-10 坐位体前屈锻炼方法

（二）锻炼手段

1.静态拉伸：需要拉伸的肌肉被缓慢地拉长并保持在一个舒服的范围 10～30 秒，这里舒服的范围指肌肉被拉长但没有感觉到疼痛的那个位置，也就是说要做到无痛拉伸。当拉伸保持一段时间后，肌肉被拉伸的感觉减少，就可以轻柔地移向更大的位置并保持住。提高柔韧性最佳的静态拉伸时间是 30 秒。

2.被动拉伸：指拉伸者在外力的帮助下完成的拉伸，可以是弹性拉伸，也可以是静态拉伸。被动拉伸时，拉伸者要尽量放松，由外力移动被拉伸的肢体，以获得新的关节活动度。

（三）锻炼方法

1.可以采用各种拉伸将坐位体前屈分解为以下部分进行拉伸：大腿后部肌群——直膝压腿、屈膝（略屈）压腿，脊柱上部周围肌群——手握单杆静力下垂、手握肋木侧向拉伸，脊柱中下部——采用坐姿两腿屈膝分开前压，臀肌——屈膝（全屈）压腿，小腿后部肌群——弓步前压、扶墙单腿前压。

2.坐位体前屈拉伸采用静态拉伸比较好，时间 10～30 秒。

(四)锻炼中应注意事项

经过热身活动使肌肉温度升高,拉伸会更有效,所以应在测试前做准备活动10～15分钟,然后进行2～3次静力拉伸,每次时间10～30秒。

四、1分钟仰卧起坐

(一)技术要领(见图8-11、图8-12)

身体平躺仰卧于垫上,双肩胛骨着垫平躺,两腿屈膝,腹部与大腿呈90度,大腿与小腿呈90度,两手指交叉贴于脑后,臀部不能离垫面,由同伴压住脚面。用收腹屈背,双臂屈肘前摆内收,低头、含胸的力量起坐,动作协调一致,双肘触及两膝,然后后仰还原成预备姿势。

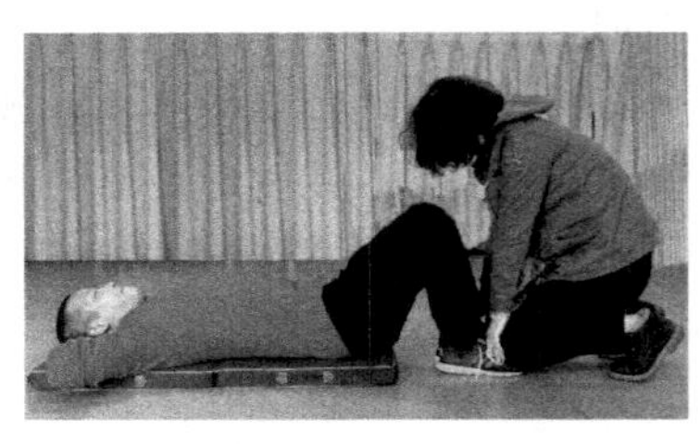

图8-11 仰卧起坐动作示范

(二)锻炼手段

1.腹部:仰卧卷腹、静力卷腹。

2.屈髋肌肉:仰卧举腿、肋木举腿(直腿或屈腿)、站立屈腿举。

3.仰卧起坐最大力量练习:负重仰卧起坐、静力两头起。

4.仰卧起坐耐力:相对慢速,多重复次数;多组相对快速的计时或计次,并控制组间休息时间。

(三)锻炼方法

1.通过分别锻炼腹部和髋部提高躯干屈肌和屈髋肌力量,10～30次,2～4组。

2.负重仰卧起坐,以70%～90%强度,6～8次,3～5组。

3.相对慢速仰卧起坐来锻炼肌肉有氧能力,10～30次,2～4组。

图8-12 仰卧起坐动作示范

4.控制组间间歇的快速仰卧起坐,可采用计时与计次两种方式。计时10～30秒,2～4组,间歇2～4分钟。计次10～30次,2～4组,间歇2～4分钟。

(四)锻炼中应注意事项

虽然仰卧起坐是比较安全的测试方法,但在测试时还有两点需要注意:

1.在抬起上体的过程中尽量避免颈部过分紧张,要有意识地用腹部肌肉群完成动作;

2.避免头部在完成动作过程中摆动幅度过大。

五、引体向上

（一）技术要领

双手正握单杠，握距要宽，两脚离地，两臂身体自然下垂伸直。向上引体，吸气，注意抬头挺胸，上体尽量后仰，两肘外展，肩部放松，背部肌肉收紧，将身体向上拉引，下颌超越横杠。然后逐渐放松背阔肌，让身体徐徐下降，直到回复完全下垂，重复。

（二）锻炼手段

1.屈肘肌群：直立哑铃弯举、单手哑铃弯举等。

2.上臂屈肌：俯卧飞鸟、使用橡皮带的直臂下拉等。

3.模拟引体向上练习：可采用有帮助情况下的引体向上、低杠引体向上、以橡皮带为阻力的下拉（就是双脚不离地，以引体向上动作下拉）等。

（三）锻炼方法

1.对单个关节有针对性地进行力量练习。

（1）增加最大力量。练习方法有增大肌肉生理横断面和改善肌肉协调能力两种，前者采用最大负重的60%～85%的强度，重复4～8次，做5～8组；后者采用最大负重的85%以上的强度，重复1～3次，做5～8组。

（2）增加肌肉耐力，练习方法有大强度间歇循环和低强度间歇循环两种，前者采用最大负重的50%～80%的强度，重复10～30次，休息间歇时间为练习时间的2～3倍；后者采用最大负重的30%～50%，重复30次以上，甚至最高重复次数。

2.模拟引体向上练习。动作接近专项动作，可以同时锻炼肩、肘两个关节肌肉力量与协调性，应在单个关节力量练习后做。

3.完整引体向上可采用分组练习方法来增加练习总次数，例如可以将该人最大完成次数除以2为每组完成次数，做3～4组。

六、1000米跑（男）/800米跑（女）

（一）技术要领（见图8-13）

1000米/800米跑的姿态应该是全脚掌着地，步伐轻盈，摆臂有力（幅度不用太大）。呼吸要均匀，要有节奏，不能忽快忽慢，呼吸节奏是每三步一呼，三步一吸，在保持速度的时候感觉呼吸困难，就需要调整为两步一呼，两步一吸，保持呼吸均匀和深度一致，这样跑起来才会感到轻快；跑步的过程中要注意抬头收腹，身体在比较低的高度上下起伏，双手自然配合脚步运动，减少身体左右晃动，减少不必要的能量浪费；保持步频，提高步长，来达到提高成绩。

图 8-13　1000/800 米技术动作要领

（二）锻炼手段

1. 有氧运动能力

（1）持续跑：慢速持续跑，节奏轻松，时间 30 分钟；快速持续跑，以 10 千米/小时的跑速，时间 10～45 分钟；

（2）长距离低强度重复训练，以 3～10 千米/小时的速度短距离重复跑，次间休息时间等于完成时间，例如以 3～10 千米/小时的速度跑 200 米×10 个×2 组，组间休息 5 分钟。

（3）间歇训练法，重复训练法，法特雷克训练法——在持续跑中加入短时间的快速冲刺，10～45 分钟。

2. 无氧运动能力的锻炼方法

短距离高强度重复训练，80～600 米，强度 80%～100%，间歇 30 秒～10 分钟，3～4组。

（三）锻炼方法

1. 匀速跑 800～1500 米，整个过程都以均匀的速度跑；

2. 中速跑 500～1000 米，要跑得轻松自然，动作协调，放开步子跑；

3. 重复跑：反复跑几个段落（如 200 米、400 米或 800 米等），中间休息时间较长，跑的距离、重复次数、快慢强度都可根据自己的情况而定；

4. 加速跑 40～60 米：反复跑，中间有较短时间的间歇；

5. 变速跑 1500～2500 米：要求快跑与慢跑结合，如采用 100 米慢跑、100 米快跑或 100 米慢跑、200 米快跑等方法交替进行；

6. 越野跑：利用自然地形条件练习，如在公路、田野或山坡（上下坡跑）练习；

7. 跑台阶、跑楼梯练习。

（四）锻炼中应注意事项

1. 不宜空腹进行长跑。热身时间不少于 15 分钟，直至内脏器官及心理处于良好的适应状态。在空腹状态下进行长跑容易引起低血糖，出现心悸、乏力、出汗、饥饿感、面色苍白、震颤、恶心呕吐等，较严重的可能导致昏迷甚至死亡。

2. 正确呼吸。一般情况下，可两步或三步一呼，两步或三步一吸，注意节奏不能起伏过大。吸气方式上，应尽量采用鼻呼吸和口鼻混合呼吸。冬季长跑时，可用舌头抵住上颚，以避免冷空气直接大量吸入而造成对气管、支气管的刺激。

3. 不宜在长跑过程中穿得太厚、太臃肿，妨碍身体的运动，加重身体的负担。宜穿比较宽松吸汗、适合运动的棉质服装。运动完后要及时加衣服或更换干爽衣服，以免发生感冒。

4. 在进行 1000 米/800 米测试前如有身体不适，或在测试中有其他异常现象必须与测试老师沟通。

5. 1000 米/800 米结束后应继续走动，不要立刻停下，以免发生意外。

知识拓展

仰卧起坐练习存在的误区

误区一：有些人没时间到健身房去锻炼，会选择在家里做一些基础而有效的简单锻炼方式来锻炼身体，希望能达到减肥的作用。仰卧起坐就是许多人选择的一种方式，很多人以为只要坚持做，就能达到减肥目的。

纠错：单纯依靠仰卧起坐只能达到局部的健身效果，因为仰卧起坐直接针对的是腹部肌肉群，长期锻炼的效果可能使腹部肌肉力量加强，但是身体其他部位，如大腿、臀部等得到的锻炼就比较少。所以，要注意的第一点就是要把仰卧起坐和其他健身方式有效地结合起来，才能达到身体的完美减肥效果。

误区二：通常许多人做仰卧起坐做得又快又猛，以为这样是腹部肌肉力量加强的表现，其实这么做很容易让腹部肌肉拉伤。

纠错：正确的做法应该是双手交叉抱于胸前，起坐时控制着让腹部发力。或者加大难度，把双手叠放在脑后，尽量展开双肘，这样才能达到锻炼效果。

误区三：许多人在中途做仰卧起坐的时候，身体会不自然地向某一个方向偏离。这样做是错误的，会让腹部肌肉锻炼得不均匀，从而身材走形。

纠错：应该尽量控制起卧的方向，不要偏离直线，而且速度要放慢，来锻炼腹部肌肉的控制能力，最好在起来时用心感觉一下腹部肌肉的运动状况。

第四节 《国家学生体质健康标准》测试成绩的评分标准

学生体测总分由标准分与附加分构成，满分为120分。标准分是各单项指标得分与权重乘积之和，满分为100分。附加分根据实测成绩确定，即对成绩超过100分的加分指标进行加分，满分为20分。大学生的加分指标为男生引体向上和1000米跑，女生1分钟仰卧起坐和800米跑，各指标加分幅度均为10分。

《标准》根据根据学生学年总分评定等级（见表8-2）：90.0分及以上为优秀，80.0～89.9分为良好，60.0～79.9分为及格，59.9分及以下为不及格。

表8-2 《标准》总分与评定等级对应表

得　分	等　级
90分及以上	优秀
80～89.9分	良好
60～79.9分	及格
59.9分及以下	不及格

学生体质健康标准成绩每学年评定一次，按评定等级记入国家学生体质健康标准登记卡。学生毕业时的成绩和等级，按毕业当年学年总分的50%与其他学年总分平均得分的50%之和进行评定。《标准》测试的成绩达不到50分者按结业或肄业处理。

因病或残疾免予执行本《标准》的学生，填写《免予执行〈国家学生体质健康标准〉申请表》，存入学生档案。确实丧失运动能力，被免予执行《标准》的残疾学生，仍可参加评优与评奖，毕业时《标准》成绩注明免测。

《标准》实施办法规定：学生《标准》测试成绩评定达到良好及以上者，方可参加评优与评奖；成绩达到优秀者，方可获体育奖学分。《标准》成绩不合格者，在本学年准予补测一次，补测仍不合格者，则学年《标准》成绩为不及格。

一、体重指数（BMI）单项评分表（见表8-3）

表8-3 体重指数（BMI）单项评分表 （单位：千克/米^2）

等　级	单项得分	大学男生	大学女生
正常	100	17.9～23.9	17.2～23.9
低体重	80	≤17.8	≤17.1
超重	80	24.0～27.9	24.0～27.9
肥胖	60	≥28.0	≥28.0

二、测试项目各单项评分表(见表 8-4、表 8-5)

表 8-4　大学男生各单项评分表

等级	单项得分	肺活量		立定跳远		坐位体前屈		引体向上		50 米跑		1000 米跑	
		大一大二	大三大四	大一大二	大三大四	大一大二	大三大四	大一大二	大三大四	大一大二	大三大四	大一大二	大三大四
优秀	100	5040	5140	273	275	24.9	25.1	19	20	6.7	6.6	3′17″	3′15″
	95	4920	5020	268	270	23.1	23.3	18	19	6.8	6.7	3′22″	3′20″
	90	4800	4900	263	265	21.3	21.5	17	18	6.9	6.8	3′27″	3′25″
良好	85	4550	4650	256	258	19.5	19.9	16	17	7.0	6.9	3′34″	3′32″
	80	4300	4400	248	250	17.7	18.2	15	16	7.1	7.0	3′42″	3′40″
及格	78	4180	4280	244	246	16.3	16.8			7.3	7.2	3′47″	3′45″
	76	4060	4160	240	242	14.9	15.4	14	15	7.5	7.4	3′52″	3′50″
	74	3940	4040	236	238	13.5	14			7.7	7.6	3′57″	3′55″
	72	3820	3920	232	234	12.1	12.6	13	14	7.9	7.8	4′02″	4′00″
	70	3700	3800	228	230	10.7	11.2			8.1	8.0	4′07″	4′05″
	68	3580	3680	224	226	9.3	9.8	12	13	8.3	8.2	4′12″	4′10″
	66	3460	3560	220	222	7.9	8.4			8.5	8.4	4′17″	4′15″
	64	3340	3440	216	218	6.5	7	11	12	8.7	8.6	4′22″	4′20″
	62	3220	3320	212	214	5.1	5.6			8.9	8.8	4′27″	4′25″
	60	3100	3200	208	210	3.7	4.2	10	11	9.1	9.0	4′32″	4′30″
不及格	50	2940	3030	203	205	2.7	3.2	9	10	9.3	9.2	4′52″	4′50″
	40	2780	2860	198	200	1.7	2.2	8	9	9.5	9.4	5′12″	5′10″
	30	2620	2690	193	195	0.7	1.2	7	8	9.7	9.6	5′32″	5′30″
	20	2460	2520	188	190	−0.3	0.2	6	7	9.9	9.8	5′52″	5′50″
	10	2300	2350	183	185	−1.3	−0.8	5	6	10.1	10.0	6′12″	6′10″

表 8-5　大学女生各单项评分表

等级	单项得分	肺活量		立定跳远		坐位体前屈		仰卧起坐		50 米跑		800 米跑	
		大一大二	大三大四	大一大二	大三大四	大一大二	大三大四	大一大二	大三大四	大一大二	大三大四	大一大二	大三大四
优秀	100	3400	3450	207	208	25.8	26.3	56	57	7.5	7.4	3′18″	3′16″
	95	3350	3400	201	202	24	24.4	54	55	7.6	7.5	3′24″	3′22″
	90	3300	3350	195	196	22.2	22.4	52	53	7.7	7.6	3′30″	3′28″
良好	85	3150	3200	188	189	20.6	21	49	50	8.0	7.9	3′37″	3′35″
	80	3000	3050	181	182	19	19.5	46	47	8.3	8.2	3′44″	3′42″
及格	78	2900	2950	178	179	17.7	18.2	44	45	8.5	8.4	3′49″	3′47″
	76	2800	2850	175	176	16.4	16.9	42	43	8.7	8.6	3′54″	3′52″
	74	2700	2750	172	173	15.1	15.6	40	41	8.9	8.8	3′59″	3′57″
	72	2600	2650	169	170	13.8	14.3	38	39	9.1	9.0	4′04″	4′02″
	70	2500	2550	166	167	12.5	13	36	37	9.3	9.2	4′09″	4′07″
	68	2400	2450	163	164	11.2	11.7	34	35	9.5	9.4	4′14″	4′12″
	66	2300	2350	160	161	9.9	10.4	32	33	9.7	9.6	4′19″	4′17″
	64	2200	2250	157	158	8.6	9.1	30	31	9.9	9.8	4′24″	4′22″
	62	2100	2150	154	155	7.3	7.8	28	29	10.1	10.0	4′29″	4′27″
	60	2000	2050	151	152	6	6.5	26	27	10.3	10.2	4′34″	4′32″
不及格	50	1960	2010	146	147	5.2	5.7	24	25	10.5	10.4	4′44″	4′42″
	40	1920	1970	141	142	4.4	4.9	22	23	10.7	10.6	4′54″	4′52″
	30	1880	1930	136	137	3.6	4.1	20	21	10.9	10.8	5′04″	5′02″
	20	1840	1890	131	132	2.8	3.3	18	19	11.1	11.0	5′14″	5′12″
	10	1800	1850	126	127	2	2.5	16	17	11.3	11.2	5′24″	5′22″

三、加分指标评分表(见表 8-6)

表 8-6　加分指标评分表

加　分	引体向上(男)	仰卧起坐(女)	1000 米跑(男)	800 米跑(女)
10	10	13	−35″	−50″
9	9	12	−32″	−45″
8	8	11	−29″	−40″
7	7	10	−26″	−35″
6	6	9	−23″	−30″
5	5	8	−20″	−25″
4	4	7	−16″	−20″
3	3	6	−12″	−15″
2	2	4	−8″	−10″
1	1	2	−4″	−5″

注:1. 引体向上、一分钟仰卧起坐均为高优指标,学生成绩超过单项评分 100 分后,以超过的次数所对应的分数进行加分

2. 1000 米跑、800 米跑均为低优指标,学生成绩低于单项评分 100 分后,以减少的秒数所对应的分数进行加分

学以致用

1. 简述 50 米跑的锻炼手段与锻炼方法。
2. 简述坐位体前屈的锻炼手段与锻炼方法。
3. 简述立定跳远的锻炼手段与锻炼方法。

附件

浙江大学关于学生体质测试中违反规定的处理办法

为了维护学生体质健康标准测试秩序，进一步加强测试规范化管理，倡导优良的风气，杜绝测试违规现象，根据《国家学生体质健康标准》实施办法和学校的有关文件精神，经学校奖惩委员会讨论，特制订违反测试规定的处理办法，具体如下：

第一条　测试违规的界定

1.代替他人和被代替者，在测试时被及时发现尚未实施的、在测试过程中被发现的、以及在测试后被发现的；

2.在《标准》测试中通过不正当手段获取各测试项目加分的。

第二条　处理办法

（一）批评教育

1.在体质健康测试中违规行为，一经发现查实，通报给学生所在的学院、系、学园，由所在院系（学园）对该生进行批评教育；

2.该学生本学年的体测成绩清零；

3.该学生须在本学年内至少全程参加一期体质健康提高班（由体艺部举办，每学年四期，每期五周，每周三次针对性训练），完成课程后参加提高班统一组织的补测，以补测成绩作为该学生本学年的测试成绩。

（二）上报学校

已批评教育的学生再次发生违规行为，一经发现查实，上报学校奖惩委员会按学校相关规定处理。

第三条　本办法自发布之日起施行；上述未尽事宜，由公共体育与艺术部负责解释。

浙江大学公共体育与艺术部

2013年9月29日

主要参考文献

[1]中华人民共和国体育运动委员会.中国教练员岗位培训教材[M].北京:人民教育出版社,1995.

[2] 郁鸿骏,戴金彪.羽毛球裁判手册[M].北京:人民体育出版社,2000.

[3] 张勇,张锐,王丽.羽毛球[M].北京:北京大学出版社,2003.

[4] 于素梅,李志杰,苏明杰.体育与健康课常见运动伤病防治[M].北京:北京体育大学出版社,2003.

[5] 程路明,郑其适,王少春.羽毛球[M].北京:高等教育出版社,2006.

[6] 肖杰,刘萍萍,刘勉.羽毛球[M].南京:江苏科学技术出版社,2008.

[7] 黎加林,蒋炳长.乒乓球·羽毛球运动[M].长沙:湖南科学技术出版社,2005.

[8] 于清,袁吉.运动心理学[M].长春:吉林大学出版社,2010.

[9] 彭美丽.羽毛球技巧图解[M].北京:北京体育大学出版社,2001.

[10] 彭美丽,侯正庆.羽毛球[M].北京:北京体育大学出版社,1998.

[11] 王蒲,许庆发,李建军.乒乓球羽毛球网球[M].桂林:广西师范大学出版社,2000.

[12] 张博,邵年.羽毛球[M].北京:人民体育出版社,1997.

[13] 潘绍伟,于可红.学校体育学[M].北京:高等教育出版社,2005.

[14] 沙海霞.羽毛球运动对大学生身体形态及健康体适能的影响[D].长春:吉林大学,2010.

[15] 杨晓东.羽毛球专项训练对身体素质及相关因素影响的分析与研究[D].大连:辽宁师范大学,2011.

[16] 李萍.体育舞蹈对女大学生身心健康水平的影响[D].广州:广州大学,2012.

[17] 张亚廷.湖北省高校男子羽毛球运动员专项运动素质评价指标的研究[D].武汉:武汉体育学院,2007.

[18] 马嵘.不同运动方式和情境对大学生社会性体格焦虑影响的实验研究[D].上海:华东师范大学,2008.

[19] 赵誉民.运动对心血管系统的影响及其机制[J].体育科技,1988(6).

[20] 郭洁民.大学生羽毛球运动员赛前情绪与心理准备[J].体育成人教育学刊,2007(2).

[21] 黄聪敏.不同选项课影响男大学生心血管机能的比较研究[J].科学之友,2011(5).
[22] 掌玉宏.不同球类运动对大学生焦虑和抑郁的影响探究[J].边疆经济与文化,2010(10).
[23] 李学砦.不同锻炼项目、强度和时间对大学生焦虑、抑郁及自我概念的影响[J].中国临床康复,2005(2).
[24] 曹犇,薛晋智,罗艳芳,等.羽毛球运动对颈椎轻度退行性病防治的影响[J].哈尔滨体育学院学报,2012(6).
[25] 朱其跃.羽毛球运动对改善社交焦虑人群现状的作用[J].科技信息,2011(8).
[26] 朱国苗,华夏,周静,李莉,等.健康教育配合颈椎导引术预防颈椎病效果队列研究[J].上海中医药杂志,2012(46).
[27] 张兰芳.二伯打羽毛球治好颈椎病[J].药物与人,2010(9).
[28] 解玉明.常打羽毛球防治肩周炎[J].科学 24 小时,2011(10).
[29] 魏杭庆.羽毛球运动对残疾人抑郁情绪形态机能的康复作用[J].现代康复,2001(4).